全国教育科学"十五"规划重点课题《心理教育中的价值问题研究》（项目批准号：
教育部"十五"规划课题《学校心理教育原理与实施研究》（项目批准号：

视域融合

Integration of visual angle:

心理教育中的价值问题研究

wertfreiheit and
value-contained
in mental education

刘晓明 著

东北师范大学出版社
长　春

图书在版编目（CIP）数据

视域融合：心理教育中的价值问题研究/刘晓明著. —2版. 长春：东北师范大学出版社，2015.3（2024.1重印）

ISBN 978-7-5681-0355-8

Ⅰ.①视… Ⅱ.①刘… Ⅲ.①教育心理学—研究 Ⅳ.G44

中国版本图书馆 CIP 数据核字（2015）第 280414 号

□责任编辑：王宏志　□封面设计：张　然
□责任校对：曲　颖　□责任印制：刘兆辉

东北师范大学出版社出版发行
长春净月经济开发区金宝街 118 号（邮政编码：130117）
网址：http：//www.nenup.com
东北师范大学出版社激光照排中心制版
河北省廊坊市永清县晔盛亚胶印有限公司
河北省廊坊市永清县燃气工业园榕花路 3 号（065600）
2015 年 3 月第 2 版　　2024 年 1 月第 2 次印刷
幅面尺寸：170 mm×227 mm　印张：19.5　字数：240 千

定价：59.00 元

如发现印装质量问题，影响阅读，可直接与承印厂联系调换

序

刘晓明的著作《视域融合：心理教育中的价值问题研究》一书，即将与读者见面了，我向他致以衷心的祝贺。

刘晓明在咨询心理学方面已有系统的研究，他的这一新著是在已有基础上的深化与拓展，即拓展到心理教育领域。该书以心理教育中价值处理问题为中心展开，这是当前心理教育中的一个难题。

所以称之为"难题"，是因为这一问题无论是在国外还是在国内，都陷入了悬而未决、无法说清的理论困境之中。

具体而言，国外对价值处理问题的研究主要集中在心理咨询学科领域，表现为"价值中立"与"价值引导"之争。在心理咨询领域内，"价值中立"是一个被心理咨询工作者共同认可的、约定俗成的实践原则，但在实际工作中，真正保持"价值中立"又是一个无法实现的原则，然而在理论上又无法给出一个合理的解释。因此，这一问题在西方心理咨询学科领域被暂时"搁置"，成为理论研究上的悬案，有待进一步探索。

至于国内的研究焦点则主要表现在心理教育领域，这是根据我国教育实际，学习国外"心理咨询"的思想理论，根植于中国教育土壤中的一个新的研究领域，因为心理教育自身带有心理学与教育学两大学科的基因，在其不断建构的过程中，会表现出两种不同的学科取向。在理论关照上，存在心理学与教育学两种不同的研究视域；在实际操作上，会出现心理咨询和道德教育两种不同的实践倾向。

分歧的焦点表现在价值处理上，心理学（心理咨询）注重"价值中立"，教育学（道德教育）注重"价值引导"。我曾咨询过一位在高校从事心理咨询的专业人员，怎样对待心理咨询中的价值中立或价值干预问题，他也感到要说清楚这个问题很难。所以在国内学者中也有对这一问题暂时"搁置"、存而不论的。

所以搁置，因为它太难。但合理地对待价值处理，是自觉做好心理教育的一个重要问题。"搁置"是可以的，但问题是仍然存在的。作为心理教育最为重要的理论问题之一，这一问题的解决，将直接决定心理教育学科的理论建构，引领心理教育的实践走向与实践模式，这一问题的解决，也可以从一个更高的层面上认识心理教育在学校教育中的核心地位，走出当前心理教育自身的理论纷争和实践误区，形成中国化的心理教育学科体系。

要不回避问题，就应当认真地对待它，正视它，探讨它。刘晓明在他的博士后研究中，知难而上，承担了这一十分困难而又重要的课题，他吸取了国外有关心理咨询中价值问题的思想理论，结合中国实际，作了深入、系统的研究和探讨。《视域融合：心理教育中的价值问题研究》一书是他艰辛劳动的成果。可以说，该书基本上解开了这个重要的"难结"，填补了相关研究的空白。

同时，刘晓明的著作以心理教育中的价值问题为主线，对心理教育的基本理论问题进行了深刻分析。我个人尚未见过对这一课题进行如此系统而深入研究的著作，我认为刘晓明的著作在心理教育理论体系建构方面，向前迈进了一大步！

该书有以下特点：

1. 超越方法技术与经验层面的探讨，对心理教育的理论问题进行哲学反思，从价值哲学的视角引领心理教育的理论研究。从人学（包括人性论）有关理论方面阐明心理教育中的价值问题以及整个的心理教育问题。

2. 超越固有学科的束缚与局限，避免以心理学视域中单一心理教育的形式替代对心理教育的全面理解，提出心理学、教育学两种研究视域加以融合，对心理教育进行了深层的理论挖掘及理论整合。

3. 超越理念与原则层面的空泛议论，努力从价值融合的高度建构着心理教育的理论，对心理教育的理论基础、作用机制、目标、过程等，分别从价值预设、价值内化、价值引导和价值互动等方面，进行理论构建，不仅系统地论证了心理教育中的价值处理问题，而且为探寻中国自己的心理教育之道，形成原创性的心理教育理论与实践体系，作出了可贵的贡献。

4. 超越过分关注心理教育工具价值的研究思路，表达心理教育的本体论关切，试图通过系统回答"人是什么"这个问题，研究完整的心理教育现象。

该书在论证心理教育中价值处理问题的过程中，同时明确而深刻地阐发了"心理教育"的理念。作者明确地指出心理教育的主旨在于促进心理机能的提高和完善。我完全赞同作者的理解，我认为心理教育的目标定位在心理机能的提高和改善方面，是心理教育区别于非心理教育的唯一标志。心理机能是心理学的研究对象，又是心理教育的对象。该书作者指出心理机能是中性的，没有好坏之分，但有高低之分，提升心理机能，其本身就是价值的体现。我理解的心理教育目标及心理教育工作宗旨在于"优化心理机能"，这与作者的理解完全一致。当然，心理教育目标拓展开来，可以表现为提升精神品质，促进人格和谐，服务人生幸福。

迄今仍然有人对心理教育质疑："心理是可以教的吗？"其实，它与"道德是可以教的吗"属于同一性质的问题。刘晓明的著作在论证心理教育中价值处理问题的过程中，同时也回答了心理是不是可以教以及怎样教的问题。

我要感谢刘晓明博士，因为他选择心理教育的研究课题，增强了我对心理教育的信心，他作研究期间我们在讨论问题的过程中，我从他那里学到了不少东西，我们的相互交流，让我们体验到结伴成长的快乐。

最后，我要祝愿刘晓明在探索中国自己的心理教育之道方面作出更好的成就！

班　华
（中国教育学会德育专业委员会主任委员，南京师范大学教授，博士生导师）

目 录

引 言 /1
    一、问题的缘起 /1
    二、研究的思路与主要内容 /7

第一章 "价值中立"或"价值干预"——心理教育中的价值处理原则 /16
    一、分析：心理教育中为什么要回避"价值干预" /16
    二、追问：心理教育中能够做到"价值中立"吗 /33

第二章 心理教育的概念辨析 /48
    一、心理教育相关概念的阐释与分析 /49
    二、心理教育概念的理解与阐释 /77

第三章 价值与心理教育中的价值 /102
    一、哲学范畴内的"价值" /102
    二、心理教育中的价值 /117

第四章 价值内化——心理教育作用机制中的价值蕴涵 /133
    一、心理机能：心理教育作用机制的内核 /133

二、心理教育作用机制的运行过程分析　/152

三、心理教育作用机制中的价值内化　/161

第五章　人性预设——心理教育理论中的价值蕴涵　/171

一、"认识你自己"：人性研究的心理学审视　/172

二、人性的心理学整合与心理教育的价值起点　/190

第六章　价值导向——心理教育目标中的价值蕴涵　/203

一、分析与借鉴：心理咨询理论中的目标问题　/204

二、人性化教育：心理教育目标的价值定位　/213

三、价值引导：心理教育目标的具体内容　/224

第七章　价值互动——心理教育过程中的价值蕴涵　/234

一、焦点问题解读：心理咨询过程中的价值处理原则　/235

二、价值互动：心理教育过程中的价值处理方式　/249

结　语　/279

主要参考书目　/284

后　记　/303

引　言

　　心理教育，是当前学校教育中最具活力的领域之一。今天的心理教育，不仅是解决学生心理问题的一种权宜之计，且已成为一种新型的教育理念，是学校教育的重要组成部分，是现代学校的标志。作为根植于我国教育实践的一种新型的教育理念与教育活动，在近20年的自身发展历程中，研究者与实践者从各自不同的角度和立场出发，加深了对心理教育的认识，提出了一些有效措施，但同时也带来了认识上的纷争及实践上的混乱，理论研究滞后于实践需要的现实，也使心理教育在实践中出现了诸如医学化、德育化、形式化、功利化、个别化等误区，更多局限于方法层面、经验层面的探讨，缺乏高层次的理论整合与引导，使心理教育陷入困境。

　　实践需要呼唤心理教育理论研究的深化，学科发展的需要也呼唤心理教育对自身"元研究"的关注。当我们把关注的视角转向心理教育自身的时候，才切实感受到其理论研究的苍白和无力以及概念界定的曲解与混乱，切身感受到了心理教育的学科危机。从何处入手，如何寻找心理教育理论研究的切入点和关键点？我们选择了价值问题作为本研究的核心论题。

◀ 理论研究是一个学科得以永续发展的重要前提，理论创新是科学的本质内涵。

一、问题的缘起

　　综观目前我国心理教育研究的现状，毋庸置疑，尚属学科形成的前期，虽然研究者从不同的学科视角进行了许

> 称其为学科形成前期，是因为心理教育尚未形成公认的理论与实践体系。

多卓有成效的探索，但尚未形成被多数人认同的、较为成熟的理论框架和一致的实践体系，主要存在着两种不同的学科研究取向，即心理学学科取向的心理教育和教育学学科取向的心理教育，我们称其为两种不同的研究视域——心理学的研究视域与教育学的研究视域。

1. 两种心理教育研究视域下的实践困扰

心理学学科取向的心理教育，源自20世纪初发端于美国的"咨询心理学"，以及其后发展起来的"学校心理咨询"和"学校心理学"；60年代后引入台湾、香港，形成了与学校教育相结合的"学校心理辅导"；80年代中后期开始走入大陆的学校教育的实践之中，历经心理咨询、学校心理咨询、学校心理学、心理辅导、心理健康教育等不同称谓和各异的实践模式，形成了今天以"心理咨询"为主要特征的心理学取向的心理教育。从心理教育实践的形成来看，也可以说，我国的心理教育最初是发端于心理学的，20世纪80年代初，随着学校与社会对学生心理健康问题的关注，心理学工作者开始深入到教育实践之中进行研究与探索，与教育实践工作者一起，试图应用心理学的理论和方法解决学生面临的心理问题，心理教育也以心理咨询、心理治疗等形式在学校中应运而生。

这一取向的心理教育的主要特点是："重视心理学的理论指导，尤为重视从心理学的体系出发设计心理教育，重视心理学成果的转化和心理学方法及技术的运用，主张着眼于学生心理的整体和发展中的每一名学生的心理提升，审察学生的心理需求，了解心理发展的现状，提供心理互动、心理体验与心理建构的场景。"[①] 这一取向的心理教育，目标指向的是促进被教育者在心理方面的积极改变，其特

[①] 崔景贵. 心理教育的概念解读. 内蒙古师范大学学报：哲学社会科学版，2005(1)：10.

点是"心理性",关注的是人的心理适应和心理发展,研究范式是科学主义心理学的理论与方法,研究内容注重心理的结构与功能,理论依据是咨询心理学和学校心理学。在价值问题上强调"价值中立"和"价值无涉"。

教育学取向的心理教育,最早可以追溯到1803年康德的《康德论教育》一书,其中"心理之训育"一章就直接探讨了心理教育方面的问题,或者说,从教育学的范畴来看,作为一种教育思想的心理教育由来已久,但将心理教育作为一门学科加以认识,却是随着素质教育的推进而不断展开的。心理教育在我国的迅速崛起并成为教育实践中的自觉行动,源自教育改革的兴起,是素质教育的浪潮催生了心理教育的产生与发展,而班华教授的"心育刍议"、《心育论》等研究成果的出现,则标志着教育学取向心理教育研究的开端,昭示着对心理教育理论研究的教育学关照,并明确将心理教育看做"具有现代教育精神的主体——发展性教育"①②,是新兴的教育学科,是当代教育的新发展。

这一取向的心理教育的特点是:"以教育学体系为框架,研究的视野较为宽阔,涵盖面广,把心理教育与教育的各个方面、各个环节结合起来,解决学生心理发展过程中的教育问题,主张心理教育的过程与目的是要挖掘心理潜能,培养心理素质,发展个性,提升人格,进而促进学生整体素质的发展。"③ 这一取向的心理教育,其核心特质在于其"教育性",即将心理教育定位于通过科学有效的教育措施提高人的心理素质的教育活动和教育过程。心理教育"作为一种新的教育实践活动而产生,并作为理论的对

▶康德曾四次在大学讲坛上以哲学家的身份讲授教育学,他的学生林克(Theoder. Rink)根据康德讲课的笔记,整理成《康德论教育》一书出版。

---

① 班华. 心育刍议. 教育研究,1991 (5).
② 班华. 我的心理教育理念. 内蒙古师范大学学报:哲学社会科学版,2005 (1):5.
③ 崔景贵. 心理教育的概念解读. 内蒙古师范大学学报:哲学社会科学版,2005 (1):10.

象而成为教育理论研究的一个新领域，这既是人的发展提出的要求，也是社会发展提出的要求"[1]。教育学视域下的心理教育，将心理教育看成一种有目的、有计划的教育活动，是整体教育的有机组成部分，关注心理的内容，注重教育目标、内容与方法的确定与实施，应用的是教育学的理论与方法。教育本身即是一种价值活动，因此强调心理教育的"价值导向"与"价值干预"。

两种不同的研究视域必然带来不同的实践模式，使心理教育在实践中出现了分歧与混乱。一些研究者认为："目前我国心理教育的最突出问题主要呈现为两种取向：一是偏重于医学与病态取向；二是偏重于思想政治教育与德育取向。"[2] 前一种取向是以"心理"取代了"教育"，后一种取向则是以"教育"取代了"心理"。单纯的医学模式与单纯的教育模式都不是真正的心理教育，这两种极端的心理教育取向，正严重影响着我国心理教育的正常发展。当然，这一问题的出现并非偶然，也不是我国心理教育发展中独有的现象，俄罗斯学校心理教育在目前的发展阶段中同样面临着这一问题，卡尔和拉乌季克（У. В. Кала；В. В. Раудик）认为，俄罗斯的学校心理教育工作者在学校中扮演着两种不同的角色，形成了两种不同的学校心理教育模式。一是"医生的模式"，主要任务是预防和改变学生心理发展上的偏差，这一途径也是许多欧美国家遵循的方向，主要的倡导者是俄罗斯教育科学院教育心理研究所的杜伯罗威娜（И. В. Дубровина）；二是"教育者的模式"，认为学校心理教育工作者是教育群体的成员，要直接参与

> 极端化的心理教育模式是其发展初期不成熟的表现，并未有效反映出心理教育的本质特征。

---

[1] 班华. 心育论. 合肥：安徽教育出版社，1994：49.
[2] 杨鑫辉，等. 危机与转折：心理学的中国化问题研究. 哈尔滨：黑龙江人民出版社，2002：234.

学校教育目标的实现过程，主要工作是保障学校教育的有效性，倡导者是俄罗斯心理学家弗里德曼（Л. М. Фридман）。两种不同的心理教育研究视域，形成了两种不同的实践模式，即"问题中心式的心理教育"和"课程中心式的心理教育"。

◀俄罗斯的心理教育称为"学校心理服务"，在学校中设置专业的"实践心理学工作者"。

不同的研究视域及不同的实践模式本身并不是问题，问题是心理教育在实践中将其推向了极端，以单一的心理教育范式遮蔽对心理教育整体的认识，以一种心理教育的形式替代对心理教育的全面理解；或将心理教育仅仅看做一种解决问题的方法或学校的一项教育措施，使心理教育的本质异化为心理教育的技术，缺乏对心理教育的深层挖掘和理论整合，缺乏对心理教育的哲学反思。这一实践上的混乱，带来了理论上的纷争，如近些年来，在我国心理教育领域出现的"心理教育与德育关系问题"的争论，"心理教育与心理咨询、心理治疗的区别"的争议以及心理教育出现的功利化、形式化等不良倾向，都是这一问题的直接反映。

2. 价值问题：两种心理教育研究视域分歧的焦点

两种研究视域下的心理教育，实际上代表着两种对心理教育不同的分析视角，心理学研究中对"事实"的关注和教育学研究中对"价值"的关注是其分歧的焦点之一，而"价值"与"事实"的分离是心理教育陷入实践困境的主要原因，两种研究视域对价值问题的不同处理方式则成为弥合心理教育中理论纷争的核心问题。

进一步的分析表明，对心理教育中价值问题的争议，主要是在心理学取向的心理教育范围内展开的。不可否认，心理教育的一个最显著的特征就在于其具有"心理性"，而心理学取向的心理教育又是以心理咨询理论为基础的，因此，对心理学理论的遵从和对心理咨询理论的运用，成为

◀我国心理教育最初是以学校心理咨询的形式展开的。

心理教育的重要特征之一。1879年心理学家冯特在德国来比锡大学建立世界上第一个心理学实验室，标志着科学心理学的诞生，而运用自然科学的实证方法使心理学获得独立，也使心理学带上了"实证情结"，将关注的焦点局限于对"事实"的发现，认为存在着不依赖文化或社会意识形态的普遍性知识或规律，这些知识可重复检验或证实，而心理学研究的目的就是发现这些心理事实，忽视心理学本身蕴含的人文精髓。在"科学主义"的支配下，事实与价值剥离，分开了人性中的实然与应然状态，使心理学的研究定位于对内在心理规律和外在行为特点的揭示上，而在此基础上发展起来的心理咨询和心理教育，也仅满足于对某个规律的发现和某种现象的解释，缺乏对个体生命意义的诠释和解蔽，即使出现了像人本主义心理学这样重视个体价值的心理学流派，也仍然回避对个体价值的干预，强调价值中立的原则。

两种不同学科视域下的心理教育，在对待价值的问题上出现了分歧，如何看待与弥合这一分歧，不仅直接影响完整的心理教育学科体系的构建，而且会直接反映到心理教育的实践之中，引发心理教育实践活动的曲解与混乱。从更深的层次上看，这也是心理学与教育学的结合问题，是心理教育的科学问题和哲学问题的论争。实际上，心理教育作为心理与教育的结合，需要将两种不同的研究视角予以整合，从学科范畴的角度而言，心理教育是学校教育的重要组成部分，是整体教育系统的一个侧面，同样需要发挥教育共有的本体功能和社会功能。从其学科性质上加以认识，心理教育属于教育学科，需要遵循教育规律，同德智体美劳等各育具有相同的属性。但同时我们又不能不承认，心理教育是一门特殊的教育学科，其指向是人的心理活动，以心理机能的提升为主旨，必然要以人的心理活动的发生、发展及变化规律为依循，离不开心理学的研究。由此我们不难发现，属于教育学科的心理教育，不同于德智体美劳等其他教育学科，它直接以心理机能的提升与改变为目标，虽然在具体使用教育内容与方法上，会与其他教育有相同和一致的地方，但其不同之处在于主要改变的是心理的结构与功能，而非心理的内容，当然形式与内容是一体的两面，并不能截然分开，但两者如何结合确是心理教育亟待解决的核心问题，即如何通过教育所传递的"心理内容"促进"心理形式"的变化，如何通过优化"心理内容"达到提升和改变心理机能的目的，将教育的价值干预、价值导向与心理结构、功能的改变融为一体，构建起融两种学科视域为一体的心理教育学科体系，是当前心理教育必须面对的难题，也是本研究力图说明的主要论点。

◀ 心理教育是心理与教育的结合，忽视任何一方面都不是完整的心理教育。

◀ 中国的心理教育虽然无法脱离其母学科——心理学与教育学的理论成果和方法论的指导，但借鉴并不意味着照搬，需要在借鉴的基础上予以超越。

为说明上述问题，本文试图从两个层面加以论述：

一是为什么心理学视域下的心理教育要回避价值问题，强调"价值中立"？心理教育中能够回避价值问题吗？在心理教育的理论、作用机制、目标与过程中能够实现纯粹的"价值中立"吗？

二是作为教育学科的心理教育，价值干预是其"教育性"功能发挥的最有效手段，但如何解读心理教育？心理教育中的价值意味着什么？在心理教育的理论基础、作用机制、目标与过程中如何体现价值干预的特点？如何通过具体、可操作的方法将价值干预贯穿于整个心理教育的过程中，达到有效提升和改变心理机能的目标？

二、研究的思路与主要内容

本研究运用辩证唯物主义方法论，采取逻辑分析的方法，以心理教育中的价值问题为基本论域，主张在价值哲

> 心理教育需要哲学智慧的引领，价值哲学是心理教育的理论基础。

学的视点下分析和建构心理教育的理论与实践体系。

1. 研究的逻辑顺序

研究的逻辑顺序是：分析——追问——界定——建构。（分析：心理教育中为什么会回避"价值"问题？追问：心理教育中能够做到"价值中立"吗？界定：如何理解心理教育？心理教育中的"价值"意味着什么？建构：价值干预如何体现在心理教育的理论、作用机制、目标与过程之中？）

论文由引言、第一至七章和结语组成。其中，第一章主要对"分析"与"追问"进行回答；第二、三章主要解决"界定"的问题，对"心理教育"和"价值"进行概念解读，界定其内涵与外延，明确心理教育中价值问题的实质；后四章重点完成"建构"的内容，探讨心理教育中的价值干预问题。其基本思路是：心理教育理论中蕴涵的人性观作为价值预设决定着心理教育的理论建构；心理教育的作用机制是以知识传递为载体，通过活动和内化达到心理建构的过程，知识内化的过程中包含着价值内化；心理教育的目标引领着心理教育的方向，是价值导向的直接体现；心理教育作为教育者与被教育者之间的相互作用过程，难以摆脱价值互动的影响。从心理教育的理论基础、作用机制、教育目标和教育过程等基本问题出发，使价值维度与心理教育维度之间构成了相互联系的整体。

其具体结构关系为：

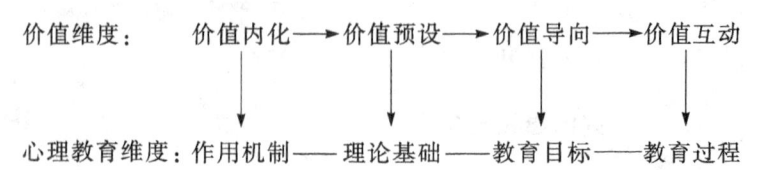

价值维度：　价值内化——→价值预设——→价值导向——→价值互动
　　　　　　　　↓　　　　　　↓　　　　　　↓　　　　　　↓
心理教育维度：作用机制——理论基础——教育目标——教育过程

2. 研究的主要内容

(1) 分析：心理学视域下的心理教育为什么会回避"价值"问题？

对价值问题的回避，主要缘自心理学研究视野下的心理教育，追寻自然科学取向的科学主义心理学倡导的"价值无涉"，人本主义心理咨询理论遵循的"价值中立"原则，是其忽视价值问题的根源与理论依据所在。从教育学的研究视域上看，社会科学的研究方法论中同样存在着"价值中立"的要求。

◀ 科学心理学使心理学变成了研究"事实"的学科。

(2) 追问：心理教育中能够做到"价值中立"吗？

心理教育真的能够忽视价值问题吗？心理教育中真的能够严守"价值中立"吗？失去了价值导向的心理教育能够找到学科生长的空间吗？失去了价值引导的心理教育对学生心理机能提升的目标何在？失去了价值互动的心理教育是否能够完成学生理想人格的建构？……我们认为，不能简单地把心理咨询中的价值中立原则拓展到整个心理教育之中，应当重新厘定心理教育的学科特点，在更大范围上来界定心理教育。而且，进一步的分析表明，如果将"价值中立"的原则放到心理咨询理论的众多流派之中，放到科学发展的大背景之中，放到社会科学研究的整体阶段之中，它就是片面的、不现实的、局部的，因为从心理科学自身发展的角度看，重视人的本性，注重人的需要和价值追求，关注事实与价值的融合已成为心理科学发展的新走向，价值中立也不是所有心理咨询理论普遍遵循的原则，社会科学的方法论中的价值中立仅局限在研究过程中，研究不同于实践，不能用方法论中的研究原则代替教育原则，所以，纯粹的"价值中立"只是理论上的奢望，回避价值干预也是难以实现的。

◀ 现代心理学已经看到"事实"与"价值"的分离，已使心理学陷于"只见树木不见森林"的困境。

(3) 界定：心理教育与心理教育中的"价值"意味着

什么？

心理教育是有目的、有计划地提高受教育者的心理机能，促进受教育者心理发展的活动。心理教育的核心是提升受教育者的心理机能，其形式是培育受教育者的心理素质，其表现是受教育者的心理发展。心理教育就是通过对心理素质的培育，以提升心理机能的水平，优化心理机能的结构，达到促进心理发展的目的。虽然心理机能本身是中性的，没有好坏的不同，但心理机能却有高低、结构上的差异，心理机能的提升是有方向性的；同时，心理机能的提高不是机体自然成熟的过程，离不开外界知识与经验的作用。因此，选择什么样的内容能够有助于心理机能的提升与改变（水平的提高与结构的优化），同样存在着价值指向的问题。

价值是一个哲学命题，也是教育理论的一个首要问题，但在心理学视域下的心理教育中却没有给价值以应有的地位，甚至否认价值干预的作用，弱化了心理教育的"教育"功能和教育导向，这不仅使心理教育的理论体系结构不完整，使心理教育的实践缺乏相应的理论指导，同时也使心理教育囿于学科范围的小圈子内，缺乏与整体教育的整合与互动，走上自我封闭的不正常轨道。因此，心理教育不是一个"价值无涉"的领域，心理教育在质的意义上，是对社会发展与人的发展的"应然"状态的把握，必然要受到价值的影响，价值蕴涵是其显著的特点。

> "如何处理价值"是心理教育陷入理论与实践困境的关键所在。

心理教育中的价值问题，要回答和探讨的焦点问题包括三个方面："是价值"，"有价值"和"如何处理价值"。首先，心理教育"是价值"，即是"心理教育价值"。在哲学的视界内，价值是"人的需要与满足需要的对象之间的特定关系"。从价值哲学的一般价值概念出发，心理教育价值也可以看做主体需要与满足需要的教育现象的属性之间的一种特定关系。心理教育"有价值",表明的是心理教育的功能、效用。这两方面都不是本文探讨的主要问题,在心理教育的理论中,有争议的问题是在心理教育中"如何处理价值"的问题,因此,本研究探讨的心理教育中的"价值",意味着在承认心理教育"是价值"的基础上,心理教育中应当采取什么样的价值立场:是"价值中立"还是"价值干预";如何看待心理教育中蕴涵着价值干预;如何处理好心理教育中的价值干预问题。

(4) 建构:价值干预如何体现在心理教育之中?

如何使两种心理教育的研究视域加以融合,将价值干预贯穿于整个心理教育的学科体系中,达到有效提升和改变心理机能的目标?对这一问题的回答同样是非常困难的,因为它涉及许多心理学与教育学的深层次问题,如心理的实质是什么?教育的本质是什么?社会文化的内容如何导致心理结构与功能的变化?……对于这些深层次的问题,不仅无法给予一个确切的答案,即使仅是提出一点看法,也是难以论述清楚的,因此,本研究只能作一点粗浅的尝试,试图指出在心理教育的整个过程中均有价值问题蕴涵其中,以此表明对心理教育中的价值干预是可行的。下面,我们分别从心理教育的理论基础、目标、作用机制和运作过程等不同侧面来窥见其中的价值蕴涵。

价值内化:蕴涵在心理教育的作用机制中。

通过有目的、有计划的教育活动达到提升和改变心理机能的目标,从作用机制上看,实际上也包含着一个价值内化的过程,反映的是社会文化对人类心理建构的影响。社会文化是人类思想、观念、知识体系、社会意识形态、社会心理等的汇集,既有物质载体,可以超越个体精神而存在,又有观念特征,可以同人的内在精神进行交流,因此,对于提升人的心理机能和心理建构具有独特的作用。以此作为心理教育的内容,作用于人的认知、情感与行为,

◀心理教育是通过内化达到心理建构的过程,要以知识传递为载体,这必然会伴随价值内化的过程。

在提升其心理机能的同时，也成为一种价值观念物化在人的心理结构之中，并作为一种稳定的个性因素对人的行为起着指导和控制作用，同时通过导引个体的价值取向制约着人的心理机能的发展。由此我们认为，心理机能的发展与完善，不是机体自然成熟的结果，而是借助社会文化的载体来实现的，也可以说，心理教育不是单纯的形式训练，在心理建构的过程中同样伴随着价值观念的生成与变化。虽然价值观教育不同于心理教育，心理教育的作用对象是心理机能，而价值观教育的作用对象是心理内容，"广义的价值观教育除包括爱、平等、自由、公正、幸福、安全等人类普遍的价值观念教育之外，在实践中更强调公民价值观和道德价值观的教育"。两者的作用对象不同，但心理教育在发挥作用的过程中是不能排除价值内化的，所以，通过对心理教育内容选择的价值干预，可以更有效地促进心理机能的提升，也可以达到与价值观教育的协调一致。

价值预设：蕴涵在心理教育理论的人性前提中。

人性，是人类特有的客观存在的本质属性，对人性的不同看法构成了一个人的人性观。可以说，任何心理学理论都是以一定的人性观为前提的，而人性观的不同更是直接反映出了研究者不同的价值预设。现代西方心理学的三大理论派别——精神分析理论、行为主义理论和人本主义理论，也都是心理教育重要的理论基础，他们基于各自不同的研究视角，提出了三个完全不同的"人性模型"。精神分析理论"从无意识的基本假定出发，对人的本性作出了本能主义的和社会生物主义的解释，把人的存在看做是一方面受先天性本能驱使，另一方面又受社会文化影响的矛盾状态"；行为主义理论"丢开人的主观内心世界而转向了人的外显行为，它把人理解为社会现实环境的产物"；人本主义理论"主张从自我实现和自我创造的层面来探究人性

▶ 心理教育理论的建立必然蕴涵着不同的人性假设，而人性观则是不同价值预设的直接表现。

的内容，将典型化和理想化的自我人格作为人性研究的尺度"[①]。三种"人性模型"实际上代表着三种不同的价值预设：精神分析理论对人的看法是消极的、负面的和悲观的；而行为主义理论对人的看法是不善不恶，是中性的，善恶的变化完全取决于环境的塑造；人本主义理论对人持有的是性善论的看法，认为人性是好的，人天生具有自我实现的倾向。由此可见，不同的心理学理论蕴含着对人性的不同看法，已经事先预设了价值的内容，如何看待人性，如何认识完整的人。心理教育理论的建立，特别是心理教育目标的确立，同样离不开对人性的价值选择，所以，人性观作为一种价值预设必然蕴涵在心理教育的理论之中。

价值引导：蕴涵在心理教育的目标定位中。

心理教育以提升心理机能，促进心理发展为主旨，其中蕴涵的基本假设是：相信人的心理机能是可以改变的，承认人有着对人性完美的追求，有着超越自身既定特征的能力，有着诸多得以生成和发展的可能性，而发展和改变是有方向的，这就引申出心理教育将使学生心理机能的发展向何种方向改变的问题。

从内在价值的视角看心理教育目标，其价值重心应当体现在提升人的主体地位，充分关注人的主体意识，关注现代人性的生成和完善，追求人的生命成长。从外在价值的视角看心理教育的目标，其价值重心则应当体现在使被教育者沿着社会发展和文化发展的主流方向变化，体现着教育的社会规定性的特点，心理教育同样需要对人与自然、人与社会的关系作出价值认识、价值评价和价值判断，心理教育的目标应当是适应性目标和发展性目标的统一。

◀ 心理教育目标引领着心理教育的方向，其"应然"的特点体现着价值引导的特性。

---

① 欧阳谦. 20世纪西方人学思想导论. 北京：中国人民大学出版社，2002：5—6.

价值互动：蕴涵在心理教育的实现过程中。

心理教育是一个人际互动的过程，是人与人之间的一种平等交流，是生命与生命之间的深层沟通，这一过程必然包含着教育者与被教育者的价值观之间的碰撞、交流和交换。因为价值观是一个人内在的评价系统，它决定着人对外在事物的评价态度，规范和引导着人的一切认识和行为，而价值观存在着合理性、同一性的差异。因此，在心理教育过程中就难以避免价值干预的问题，但价值干预不是价值灌输，它的目的不在于塑造价值观本身，而是通过价值调整使被教育者适应社会生活，发展个人潜能。其中，教育者扮演的是建议者、参与者的角色，他既不应价值说教，也不应对对方的价值观作好坏、正误的判断，而是设法充分调动起被教育者自身的力量，让其认识到自己的价值观，认识到自己价值观之间的矛盾冲突，认识到自己的价值观与其行为、情感等的联系，最终由自己作出价值判断和价值选择，或在价值混乱时通过价值澄清形成同一的价值观。

所以，心理教育的过程也可以看做一个价值互动的过程，是一个将"价值中立"与"价值干预"有效结合的过程。我们须要明确的是：在心理教育的过程中，纯粹的价值中立是不现实的，并与心理教育的"教育属性"相背离，但完全放弃价值中立也是不可取的，因为其同样有存在的必要性与必然性。因此，心理教育过程中的价值互动应当是"价值中立"与"价值干预"的协调整合，在心理教育过程的不同阶段，应体现出不同的价值处理策略。如果将心理教育过程分成初期、中期、后期三个阶段，则初期应遵循"价值尊重"的原则，中期应遵循"价值澄清"的原

> 心理教育的过程不可能摆脱教育者与被教育者原有价值观的影响，无法回避价值互动的作用。

则,而后期则应遵循"价值引导"的原则。

上述分析表明,心理教育中完全的"价值中立"是不现实的,它抑制了心理教育中"教育性"的发挥,"价值中立"既难以为其他心理咨询理论所认同与接受,也不符合当今科学与心理学发展的趋势,关注事实与价值融合已成为现代科学与心理学发展的新走向。而且,心理教育不能仅仅以"价值中立"为原则,价值干预应当是其功能发挥的主要途径,心理教育的理论基础、目标、作用机制和运作过程等不同侧面都有价值干预蕴涵其中,所以,心理教育中的价值干预是必要的,也是可行的。我们希望通过对心理教育中价值问题的研究,弥合心理教育领域理论研究的分歧,使心理教育的实践成为充满价值意义的活动。

第一章 "价值中立"或"价值干预"
——心理教育中的价值处理原则

在心理教育的诸多理论问题中，对价值问题的处理始终是敏感和令人棘手的难题，因为这是一个牵涉面极广的问题，从微观层面上看，它涉及研究者与实践者遵循的理论流派及个人的心理特质，牵涉心理教育工作者对心理教育理论与方法的应用，以及心理教育功能发挥的科学性与职业道德规范的伦理性之间的矛盾。从宏观层面上看，它涉及心理教育的哲学基础、目标取向、作用机制等核心问题，对这一问题的处理，是建构心理教育理念不能逃避的核心论题，也是建立中国心理教育学科体系的特色所在。正视问题是解决问题的开端，在心理教育领域为什么会回避价值干预问题，回避的原因何在？心理教育中能够回避价值问题吗？这是本章将要探寻的主要内容。

一、分析：心理教育中为什么要回避"价值干预"

在心理教育的研究与实践中，并非不承认价值的存在，或否认价值的作用，心理教育中价值问题的实质，实际上是如何在心理教育中处理价值的问题，是倡导"价值中立"还是赞同"价值干预"。为什么会产生这样的选择？简单地说，是心理学研究视域下的心理教育使然，其中，人本主义心理咨询理论遵循的"价值中立"原则，以及追寻自然科学取向的科学主义心理学倡导的"价值无涉",是其忽视价值问题的根源与理论依据所在。

(一)"价值中立":人本主义心理咨询理论的价值处理原则

20世纪80年代在我国兴起的学校心理教育活动,虽然可称为是一种教育思想,但最初主要是作为一种教育方法走进我国学校教育实践之中的。面对应试教育给学生带来的大量的心理健康问题,传统的德育、思想政治教育等遇到了阻力与困惑,教育者逐渐发现,心理问题更应运用心理学的方法予以解决,因此心理教育受到了欢迎,急需有针对性的心理教育方法介入到学校教育之中,需要有效的心理干预措施的出现,此时,借鉴和使用国外心理咨询的理论与技术成为一种必然的选择,并逐渐形成了以"心理问题"为取向的心理教育模式,而"心理咨询"就成为这一时期占主导地位的心理教育的有效形式。

在心理咨询的理论体系中,存在三种主要的理论流派,即心理分析理论、行为主义理论和人本主义理论,其中,占中中心地位的是人本主义理论。20世纪60年代以来,人本主义心理学不断发展与完善,迅速成为继心理分析理论、行为主义理论之后心理学理论的"第三种势力"。人本主义心理学家认识到,心理分析理论对人的研究建立在研究精神病患者的基础上,忽视了健康人的积极的心理品质和特征;而行为主义理论则建立在动物行为的研究基础上,注意人的外部行为倾向,忽视人的内部心理作用。人本主义心理学认为心理学研究应关心人的价值和尊严,应以研究个性的积极面代替研究个性的消极面,使心理学成为健康个性的心理学。

◀在心理学的诸多理论流派中,只有人本主义理论强调"价值中立"。

1. 回避"价值干预":因为人有自发追求价值实现的内在倾向

人本主义强调人的价值意义,独立自主的人格,强调人所具有的现实潜在能力，帮助人认识自身价值，发现真正的自我，对自己的成长负责，使他们向着自我实现的目标前进。

在百年科学心理学的发展历程中，人本主义心理学旗帜鲜明地将人的价值纳入到心理咨询理论的视野之内，将其看做心理咨询的终极目标。

人本主义心理学的代表人物马斯洛在他的后期著作中，反复论证价值的问题，并从生物进化论和比较心理学的角度提出了"存在价值"的概念，他认为，本能性的低级需要是人类和一般动物共有的，高级需要是一部分近似人类的动物和人类共有的，而创造性则是人类独有的。越是高级的潜能，越带有人性的特征，在这里马斯洛用潜能说明人的内在价值，其意即一种潜能就是一种价值，潜能的发挥就是价值的实现。一个自我实现者会全身心地投入到事业上，并充分挖掘自己的潜能，寻求自己的"存在价值"。这种"存在价值"的种类有自主、真理、幽默、完整、直率、公正、圆满、独特、嗜好、实效、善、美、全面。这些"存在价值"像需要一样在起作用，是一种"超越性需要"。马斯洛特别强调人的价值的作用，认为人的价值是由人的本性派生的，而潜能的充分发挥具有最高的价值，"只有充分实现人性的全部价值的人，才能成为自由的、健康的、无畏的人，才能在社会中充分发挥作用"[①]。因此，心理咨询就是要最大限度地帮助挖掘来访者自身的潜能，最大限度地实现其人性的价值。

既然如此强调价值的意义和重要性，那么，在人本主义的理论中，为什么还要回避价值干预的问题呢？原因在于对价值实现过程的认识存在差异。按照人本主义心理学

> 马斯洛认为，人的最高价值是潜能的充分发挥。

---

① [美]马斯洛，等. 人的潜能与价值. 北京：华夏出版社. 1987：5.

的观点,健康的人有自发追求价值实现的内在倾向,这是人的本性,这个本性具有与人的生物学特征相似的特点,是与生俱来的并指向发展和潜能实现的。"人按照他自己的本性,表明有指向越来越完善的存在,越来越多地完全实现其人性的压力。这一点与下述事实具有同样精确的自然科学的意义。一棵橡树籽可以说'迫切要求'成长为一棵橡树;一只老虎可以看成正向老虎的样子'推进';一匹马也朝着马前进。人最终不是被浇铸成或塑造成人的,或教育成人的。环境的作用,最终只是容许或帮助他使他自己的潜能现实化,而不是实现环境的潜能。环境并不赋予人潜能或智能,是人自身以萌芽或胚胎的形态具有这些潜能,正如他有胚胎形式的胳臂和腿一样。"① 由此可见,在人本主义心理学家看来,潜能的存在不是教育的结果,价值的实现也不是干预的结果,不恰当的价值干预反而会阻碍价值的实现,所以,避免价值干预就成为人本主义心理学的重要思想。

◀ 教育也只是使人的潜能现实化的外在环境。

2. 回避"价值干预":避免自我概念的混乱与歪曲

人本主义心理学理论认为,自我实现是人类最基本的动机,人都有一种自我实现的需要,即最大限度地实现自身的各种潜能的趋向。因此,人是"积极主动的、自我实现和自我指导的",这是人本主义心理学理论的核心。为了进一步说明问题,人本主义心理学家罗杰斯提出了"自我概念"这一术语,自我概念包括人对自己的认识以及他人价值标准的认识,它是人在自我发展的过程中,在与环境和他人的接触和相互作用中逐渐形成的。在罗杰斯看来,自我概念的发展以及是否能形成健康的自我,取决于儿童在婴儿期获得的抚爱。在自我概念的形成和发展中,儿童

---

① [美] 马斯洛,等. 人的潜能与价值. 北京:华夏出版社,1987:80—81.

需要爱的哺育，罗杰斯把这种需要称作"积极性尊重"，他指出，每个人都具有积极尊重的需要，每个婴儿都被驱使着去寻找积极尊重需要的满足，只有那种能获得爱抚，能得到情感上的满足，能深得别人赞扬的儿童，才能得到这种尊重需要的满足。儿童能否养成一种健康的人格，完全取决于这种积极尊重的需要是否能得到充分满足。罗杰斯认为，在人际交往中，人总是愿意自己的行为受到别人的尊重。当一个人的行为产生了积极的自我体验，同时又得到他人的肯定时，他的自我概念是准确的，他的人格就能正常发展。但如果他的个人体验与他对自己的要求评价相抵触，他就有可能采取歪曲和回避真实情感的办法，以缓和受尊重和自尊的需要与个体体验之间的矛盾冲突。也就是说，一个人如果只知道按照别人的看法和评价去做，为此不惜改变自身的标准，其结果是使自己失去标准，这样就会使自我概念发生歪曲，从而也就可能导致心理上的混乱，自我概念歪曲得越严重，各种心理异常表现如焦虑、抑郁、罪恶感和精神错乱等就表现得越明显。例如，一个人生长的条件良好，受到父母毫无保留的爱护和尊重，就会发展一种坚强和积极的自我概念。如果父母的爱总是带有附加条件的，如限制儿童只能做这个，不能做那个，不然就不能得到父母的爱护等，即评价的标准总是由别人来规定，慢慢地儿童也会对自己的经验持一种有条件关注的态度。"当儿童开始有区别地对待自我经验，认为某一些自我经验值得给予关注，从而倾向于追求这些经验；认为另一些经验不值得给予自我关注，从而倾向于回避这些经验时，我们就说他习得了一些有条件的价值感。"[①]

有条件的价值感，也称为"价值条件"，个体在没有价

◀ 不当的价值干预会导致人性的迷失。

---

① 江光荣. 人性的迷失与复归：罗杰斯的人本心理学. 武汉：湖北教育出版社，2000：89.

值条件作用之时，能够允许经验自由地进入意识，但有了价值条件之后，就会使个体不能坦率地面对任何经验，而是有选择、有偏向地面对经验。"当经验与价值条件一致时，自我就能够正确地使之符号化，能够较准确地知觉它，让它进入到意识；而那些与价值条件相冲突的经验在知觉过程中则要受到挑选和歪曲，它们要么不能被当事人意识到，要么被歪曲成与价值条件一致（至少是不抵触）的样子。"① 这就是说，当个体在内心世界中形成了充满价值条件的自我时，就会同其生而具有的自尊和受尊重的倾向发生矛盾、冲突，将导致失望、否认和歪曲，从而引起整个人格的瓦解而导致出现心理问题。也就是说，在儿童与成人的交往过程中，儿童了解到有许多事情他们是可以做的，因为由此可能获得温暖、喜欢、尊敬、同情、认可、爱抚和关怀等积极性尊重，反之，有些事情是不许可做的，因为由此会失去积极性尊重。这就产生了"价值条件"，即指定了儿童能够体验到尊重的条件，通过反复体验这些价值条件，儿童把它们加以内化，从而变成他们自我结构中的一部分。

伴随着他人的积极尊重而来的，是儿童需要自己对自己的积极尊重，即自尊的需要。但是，儿童用以评价自己行为的内部参照系，是成人的价值条件投射到儿童的自我结构中产生的。所以，当儿童评价自己的行为时，他的标准就不再是他自身原有的自我概念，而是包含了与别人的价值观相一致的因素。或者说，当儿童的价值条件建立起来以后，儿童对他们自身作出评价的形式，是按照他所内化的其他人的价值观来行动的。这时，儿童的行为不再受机体估价过程的指导，而是受其环境中同尊重有关的各种

◀罗杰斯认为，形成有条件的价值感，是个体心理发展的不幸，它会埋下日后产生心理障碍的种子。

---

① 江光荣. 人性的迷失与复归：罗杰斯的人本心理学. 武汉：湖北教育出版社，2000：92.

条件的指导。正如罗杰斯所说，儿童的自我概念中掺入了虚假的因素，这些因素并不基于他们的本来面目。由此出发，在儿童以后的生活中，他们会迫于这种价值条件而拒绝对自己经验的自我评价，去优先迎合他人的评价。个人的经验和自我开始疏远了，自我的不协调状态产生了。

所以，按照罗杰斯的观点，价值干预的结果会导致自我概念的歪曲与混乱，价值条件的形成是个体心理发展的不幸。因为个体有自己，是有价值、值得关注的内在发展的动机，而价值条件提供了判别经验的标准，使得个体能够分辨哪一种经验使人有自我价值感，哪一种经验会使人困窘，个体就不能坦率地面对任何经验，有些经验也不能有效地变成自己的经验，或不能被准确地符号化，以歪曲的面貌进入自我结构，造成经验与自我概念的不一致、不协调，出现心理失调状态。按罗杰斯所言："在我们看来，这是发生在人身上的一种基本的异化。他不是真实地面对自己，面对自己自然产生的对经验的机体评价，而是为了维持他人对自己的积极关注，曲解自己经验得到的价值，仅仅依据对于他人的意义来知觉自己的经验。当然，这不是他们自己的选择，而是儿童身上一种自然的，然而也是悲剧性的发展。"①

> 当自我结构中充斥着价值条件时，导致出现自我的异化。

为了防止这种心理失调状态的产生和异化的出现，唯一的办法就是给儿童"无条件尊重"，即儿童无论做什么都可以得到尊重。罗杰斯认为，如果个体体验的是无条件的尊重，那么就不会形成价值条件，自尊也将是无条件的。尊重的需要和自尊的需要就不会同机体估价过程相矛盾，因而个体就会不断获得心理上的调节，成为功能完善的人。

> 无条件地给予儿童关怀、喜爱或认可。

---

① 江光荣. 人性的迷失与复归：罗杰斯的人本心理学. 武汉：湖北教育出版社，2000：92—93.

这就是说，儿童的价值条件是在趋奖避惩的条件下产生的。当儿童的行为获得积极尊重时，产生价值感；当儿童的行为遭到反对时，产生无价值感。所以儿童必须学会防备某些条件，于是防御成为儿童行为的一部分。这种防御行为一旦产生，儿童的自由便受到了限制，真正的自我就不能得到充分表现。在罗杰斯看来，具有价值条件意识和具有防御行为的人必定要限定自己的行为，曲解现实，从而在自我观念和周围现实之间产生不协调。相反，如果提供无条件尊重，不管儿童行为如何都给他抚爱的情感，则在这种环境中成长起来的儿童就不会产生价值条件意识。假如没有价值条件意识，那么也就没有防御性行为的需要。这样，在自我与感知现实之间也就不存在矛盾，自我也就得不到充分的表现。罗杰斯认为，只有这样成长起来的人，才能获得自我实现，才能发展自己的全部潜能。

所以，在人本主义心理学的自我理论中，价值干预的结果，会导致价值条件的形成，而价值条件的出现是导致自我概念异化的主要原因，无条件的积极尊重是促进自我概念形成与发展的唯一手段。

3. 回避"价值干预"：人本主义心理咨询原理的实践

同人本主义的人性观和自我发展理论一致，人本主义心理咨询的原理同样强调"人之初，性本善"，认为人的本性是好的，不应当对人性采取悲观消极的看法，应采取积极态度。人天生具有一种自我完善或自我实现的倾向，人是有理性的，在适合的环境下，会努力朝使潜能充分发展的方向前进。心理问题的发生是自我发生了扭曲，内在的向善性发展受到阻抑而致，咨询时应当注重提供良好的、充满关怀和信任的氛围，给来访者以真诚、无条件的尊重和准确共情，这样就能够调动来访者自身的潜力，开放迈向自我实现的境地。人可以独立自主，自我引导自己的生活，无需凭借心理分析和行为指导即可有效地解决自己的问题，咨询的中心应是最大限度地发掘来访者自身的潜能和积极的能动作用，依靠自己的努力解决心理问题，使来访者已被扭曲的自我得到自然的恢复，使自我完善的潜能得到发挥，从而更好地适应生活。

在这一原理的引导下，人本主义心理咨询理论将咨询目标确定为：为来访者提供一个安全与信任的气氛，在这个氛围中，来访者能够利用咨询关系进行自我探索，能以更开放、更自信与更积极的愿望进行咨询，以此减少来访者的内在冲突，增强自我整合与自尊，对生活方式感到满意，变成一个充分起作用的人。这些目标的实现往往有赖于次级目标的获得，如改变自我结构，对情绪经验开放。衡量目标的价值标准依赖于一个人机体经验的"道德权威"，而不是外界更高的权力、社会或父母。

> 人本主义心理咨询目标的核心是重整人格、重建自我。

在具体的咨询方法方面，同样是不对来访者进行价值干预和价值判断，而是强调如何提供一种适宜的气氛，以引导来访者作自我探索，认识成长中的障碍，体验从前被否定与扭曲的自我，从而能开放自我，相信自我，增加自发性。因为不进行直接的价值干预和价值判断，所以人本主义心理咨询理论没有具体明确的咨询方法和技术，它强调的是如何调动来访者自身的潜力，认为融洽的咨询关系是咨询获得进展的决定性因素，同时也提出了建立适宜的咨询气氛的三种最重要的态度，即无条件的积极尊重，精确的共情和真诚。

由于罗杰斯认为心理异常是在违反人的本性的人际交往中产生的，因此，他主张消除心理异常的关键就是要在人与人之间建立无条件的相互关心、相互尊重的关系，并创造一种真诚相待、相互谅解和彼此尊重的良好气氛。这样，人的心理可以由僵化变为灵活，由静态变为动态，由依赖变主动，由异常转化为正常，并使其全部潜能得以逐步发挥，从而达到自我实现的目标。人需要发展并运用他们具有的天赋和潜力，以使自己发展并达到自我实现，这就是心理健康。因此，在具体的咨询过程和咨询方法上，人本主义心理咨询理论依然保持着"价值中立"的主张，强调应极力避免以任何个人或社会的价值规范来影响来访者，不对来访者的经验作价值判断。咨询者对来访者的价值观念必须无条件接受，即使两者间的价值观相对立，也不能指责或评判对方，即"教育者需要超然于双方价值观念的冲突，采取中立的态度，创造一种和谐、轻松的氛围，从而使来访者能够充分展示自己的思想、情感和行为"①。目的是通过"价值中立"的手段，使来访者能够对自我进行发现，自己进行价值判断和价值选择。

◀这是一种协助的关系，以助人成长为基本特征。

从上述对人本主义心理学的人性观、自我发展理论及心理咨询原理的视角，我们分析了其回避价值干预的内在原因，由此不难梳理出人本主义的价值立场：

人本主义强调人的价值意义，独立自主的人格，强调人具有的现实潜在能力，帮助来访者认识自身价值，发现真正的自我，对自己的成长负责，使他们向着自我实现的目标前进。判断一个人生活得是否有价值，就要看其是否符合人的本性，凡是符合自我实现的趋向，有助于满足人的基本需要的生活，就可以看做健全、有意义的生活，凡是阻碍、压抑人的本性，否定和剥夺人的基本需要满足的生活，就是病态、不正常的生活。

人本主义心理咨询理论强调咨询者与来访者的平等协调、情感沟通和心理交融，强调充分调动来访者主观能动性的重要作用，强调来访者在咨询过程中自己来发掘自身

---

① 路瑞峰，蒋伟龙. 对心理咨询中"价值中立"的认识. 理论月刊，2002（8）：79.

> 人本主义咨询理论重视个体的价值和尊严，相信只要给予适当的环境，每个人都有能力进行自我指导。

的潜能，自己来了解真实的自我，从而达到自我实现。因此，在实际的心理咨询实践中，就要极力避免以咨询者和社会的价值规范来影响来访者，不对来访者的经验作价值判断，将咨询者的解释和劝告降到最低限度。"即使你认为外界的价值规范中也有与人的本性一致的，那也不行，因为个人利用机体估价同样能够达到与该外部价值一样的评估结果，而外加的价值即便合乎人性也会妨碍个体对自我的重新发现，更何况谁能保证你这位咨询者所认为合人性的价值是不是真的合人性呢？"① 所以，回避价值干预，保持价值中立，是人本主义心理学重要的价值立场。

（二）"价值无涉"：科学心理学的自然科学走向与社会科学的价值中立论

心理学视域下的心理教育作为心理学的一门应用学科，对心理学理论与方法的借鉴是其重要的理论来源。从科学心理学诞生之日起，在摆脱对哲学的依赖之后，看到自然科学在揭示自然规律方面取得的巨大成就，看到自然科学的发展给人类生活带来的巨大变化，心理学发现了自己效仿的目标，找到了自己发展的榜样，建立像自然科学一样的心理学，就自然成为心理学为自己选择的发展道路，形成了今天的主流心理学，而自然科学的"价值无涉"思想，也就顺理成章地成为心理学研究必然遵循的原则。另外，教育学视域下的心理教育作为教育学的一门学科，可以归类为社会科学的范畴，但即使是作为具有社会科学特点的研究领域，也同样面临着价值中立的问题，因为社会科学研究中的价值问题也是社会科学方法论的核心问题，其中，价值中立论是西方较有影响的社会科学的方法论。所以，

---

① 欧阳华. 析西方心理咨询中对价值问题的处理. 镇江师专学报：社会科学版，1996（2）：76.

不论是以自然科学还是以社会科学的面目出现，价值中立都是心理教育无法回避的研究方法和研究原则。

1. 遵循"价值中立"：心理学的自然科学情结

科学心理学在其建立以来的百余年发展进程中，一直以断绝与哲学的联系，效仿自然科学为其发展目标，试图成为像物理学、化学那样的规范学科，在蹒跚前行的探索道路上，也形成了两条不同的发展路线，即科学主义心理学和人文主义心理学，其中，科学主义心理学一直占据着主导地位，称为主流心理学。"曾占据心理学统治地位长达半个世纪的行为主义心理学和目前处于主导地位的现代认知心理学，采纳传统自然科学中盛行的物理主义与机械主义的观点，实证的研究方法和实证科学的理论规则，标举科学主义的大旗，将严格实证研究的立场推向了极致。"①

◀科学以关注经验世界的"事实"和"真理"为己任，科学的实证方法推崇的是"价值中立"。

科学心理学主张应坚持自然科学观，遵循自然科学的研究原则，即自然一致性原则、实体原则、因果性原则，以"求真"为其目标追求。作为自然科学研究范畴的心理学，必然要受到科学的"价值无涉论"思想的左右。科学需要广泛地运用概念和原理来构建自己的体系，力求探寻客体与对象的规律性联系，在相当大的程度上，科学结论具有普适性，并尽可能避免人的主观因素的干扰和影响，价值无涉成为其重要的研究原则。

关于自然科学中的价值问题，主张"价值中立"或"价值无涉"，有其重要的哲学方法论基础和形成发展的历史背景。

中世纪的教会把科学看做神学的婢女，把神的意志看得高于一切，把宗教教义作为衡量一切事物的最高价值标准，排斥理性，排斥真理。为了给对事实和真理的追求创

---

① 高峰强. 现代心理范式的困境与出路. 北京：人民出版社，2001.

> 中世纪的经院哲学将上帝视为最高的价值或一切价值之源。

造一种自由的氛围，以哥白尼的《天体运行论》为开端的近代科学的兴起，就力求排除主观因素的干扰，把科学看做纯粹求真的事业，把与近代实验科学方法和逻辑论证无关的政治、伦理等同科学严格区分开来，以保持科学的纯洁与独立。伴随着以反叛宗教神学为特征的近代科学的诞生与发展，科学的价值无涉论逐渐形成，不仅反对任何价值权威凌驾于科学之上，而且提出了以观察、实验、逻辑和数学为核心的科学方法，分析和还原的思维方式，并将政治、伦理、道德等都排除到科学的视野之外，甚至将这一价值中立的思想推向极端。爱因斯坦的话很贴切地反映出了这一极端观点，爱因斯坦说："一切科学陈述和科学定律都有一个共同的特征，它们是'真的或者假的'，粗略地说，我们对它的反应是'是'或者'否'。科学的思维方式还有另一个特征，它为建立它的贯彻一致的体系所用到的概念是不表达什么感情的。对于科学家，只有'存在'而没有什么愿望，没有什么价值，没有善，没有恶，也没有什么目标。只要我们逗留在科学本身的领域里，我们也决不会碰到像'你不可说谎'这样一类句子。追求真理的科学家，他内心受到像清教徒一样的那样约束，他不能任性或感情用事，附带地说，这个特点是慢慢地发展起来的，而且是现代西方思想所特有的。"①

> 在休谟看来，事实与价值是两个不同的领域，面对价值问题，以客观事实为对象的科学是无能为力的。

从哲学研究的视角上来分析，英国哲学家休谟首先通过对"是"与"应该"的划分，从逻辑上区分了事实判断与价值判断。认为事实的错误本身不是罪恶，而是非的错误可以成为不道德的一种。在价值领域没有真伪可言，因为在这里"不再是命题中通常的'是'与'不是'等联系

---

① 欧阳华. 析西方心理咨询中对价值问题的处理. 镇江师专学报：社会科学版，1996（2）：76.

词，而是没有一个命题不是由一个'应该'或一个'不应该'联系起来的"①。他认为我们不能从"是"的命题中推断出"应当"的命题，也可以说，我们不能从纯事实的描述性说明中推断出应当做什么的标准，或推断出有关道德的准则或规定，即事实判断与价值判断是不可通约的，价值判断独立于事实陈述，人不能从事实判断中自然获得价值判断，而必须依靠人的主观洞察对事实判断进行价值确认，尽管经验事实可以表达得无限丰富，但这种意义必须由作为解释者的人，通过自己的价值辨析才能给出。其后，德国哲学家康德又进一步从逻辑上论证了这种区分。康德指出，自然哲学探讨的全是"是什么"的问题，而道德哲学探讨的全是"应该怎样"的问题。②到了20世纪二三十年代，逻辑实证主义更是进一步区分出科学与价值的不同，认为科学（知识）和价值是两个完全不同的领域。科学是一个抽象、直观的知识体系，它使用描述命题，确认在原则上应该证实的事实；而价值与目的相关，它使用命令命题，表现人的主观意向，提出不应证实的，没有真假的种种愿望和规定。"价值问题完全是在知识的范围之外。那就是说，当我们断言这个或那个具有'价值'时，我们是在表达自己的感情，而不是在表达一个即使我们个人的感情各不相同但仍然是有效的事实。"③

当心理学成为一门独立的科学之后，以效仿自然科学为原则，以实证主义作为方法论，以此形成的科学心理学，必然难以摆脱对"价值中立"的遵从，对心理与行为事实的探讨，也努力像自然科学一样，极力避免主观倾向和价

◀休谟法则：事实与价值分属两个完全不同的、互不相关的领域，事实判断并不承担价值判断，价值判断绝不能从事实判断中推导出来。

---

① 休谟. 人性论. 北京：商务印书馆，1980：501，509.
② 康德. 纯理性批判. 北京：三联书店，1957：570.
③ 罗素. 宗教与科学. 北京：商务印书馆，1982：123.

值判断，追求逻辑化的、一元的结论，强调"可证实性"和"可证伪性"，将丰富多彩的人类心理现象极力还原为基本的"元素"，竭力用概念、模型、推理等方法追求对心理规律的把握。心理学家铁钦纳曾经直接指出，心理学是一门纯科学，不能涉及心理的功用和意义，心理学研究的是"是什么"，而不是"为什么"。"科学并不涉及价值、意义和功用，而仅涉及事实，在科学里并不存在好或坏，有病或健康，有用或无用，当科学的成果应用于日常生活的时候，它们就被转变为价值……可是科学本身的工作仅在于确定真理，发现事实。"① 所以，遵循"价值中立"的原则，是心理学的自然科学情结的表现，也是科学心理学的必然结果。

2．遵循"价值中立"："从自然科学奔向社会科学"的社会科学方法论

当前，社会科学面临的一个最大困难，就是如何使社会科学成为一门严格的科学，与此相一致，当代科学的发展也出现了"从自然科学奔向社会科学"的潮流，其表现是自然科学的各种研究模式、手段与概念正在向社会科学领域渗透，形成了实证主义的社会科学方法。其中，逻辑实证主义的观点极具代表性，石里克甚至认为，即使像伦理学这样的学科，专门研究"善恶"、"正义"等道德价值观念的科学，也同样需要遵循价值中立的原则。伦理学只给人以知识而不给人以任何别的东西，它的目标只是真理，就是说，任何一门科学，就其对科学而言，都是纯理论的。"对于一个伦理学家来说，最大的危险就是从伦理学家变成道德家，从研究者变成说教者。"② 实证主义的研究者认为，

▶ 实证主义的创始人孔德提出，要模仿自然科学的方法来取得关于社会的实证的知识，按照自然科学的标准来改造社会科学。

---

① 杨清．现代西方心理学主要流派．沈阳：辽宁人民出版社，1983：116．
② 洪谦．逻辑经验主义：下卷．北京：商务印书馆，1984：619．

应当有统一的科学观,虽然自然科学以自然现象为研究对象,社会科学以社会现象为研究对象,但自然界与人类社会有着基本的连续性,就性质而言,社会发展过程与生物发展过程是相同的,社会现象不过是自然现象的高级阶段,因此,可以用自然规律来解释社会现象。按照实证主义思想家的看法,社会现象也是一种"事实",社会科学的根本任务是对社会的客观描述和分析,对社会变化进行说明和预测,客观性是社会科学最基本的要求之一,社会科学的研究过程同样要严守"价值中立"的态度,"价值中立"是社会科学客观性本质的主要体现。

在社会科学的研究领域中,如何理解"价值中立"的内涵?有的学者认为,社会科学中的价值中立,其含义是指:"一旦社会科学家根据自己的价值观念选定了研究课题,就必须终止使用自己和他人的价值观念,而遵循所发现的资料的指引,不能把自己或他人的价值观念强加于资料,无论研究的结果对自己有利还是不利都应该如此。"[1]这是对价值中立的一般理解,对这一问题进行系统研究的,应当首推德国社会学家马克斯·韦伯(Max Weber),他在《"伦理的中立性"在社会学和经济学中的意义》一文中,提出了"价值中立性"的概念,并将其看做科学的规范原则。韦伯主张,科学家对自己的职业态度应该是"为科学而科学",他们"只能要求自己做到知识上的诚实——确定事实,确定逻辑和数学关系"。经验科学应当与价值判断之间有明显的界限,"一门经验科学,并不能教人应该做什么,而只能告诉人能够做什么,或在特定情况下想要做什么"。而价值判断属于"规范知识"或称"当为知识","至于人们表达的那些价值判断是否坚持其终极立场,那是他

---

[1] 肖昭理. 论社会科学的价值中立性. 河北广播电视大学学报,2002(7):4,29.

个人之事，这关乎意志和良心，而与经验知识无关"。韦伯认为，从研究态度上看，科学研究者要严格以客观、中立的态度进行观察与分析，这样才能保证研究的客观性与科学性，研究者只能向人描述或说明客观事实，不应当教人进行价值选择。要对事实领域和价值领域、事实判断和价值判断作出严格的区分，不能从"事实的陈述"推出"应该的陈述"[①]。

从上述学者和思想家的观点中我们不难看出，社会科学的研究对象虽然总是与个人的主观意志有着一定的关联，社会科学的研究者同时也是自己研究对象的参与者，研究者与研究对象之间存在着内在相关性，研究者可能会有意无意地把自己的兴趣、情感或价值取向转化为一种认知定势和理解模式，渗透到对客体的观察、理解和结束之中，进而对研究结果的真实性产生影响，这也影响到社会科学成为一门严格的科学，影响到人们对于社会科学的"科学性"的怀疑。因此，在社会科学研究的方法论中，强调价值中立，强调研究者对自己的好恶和主观态度的暂时悬置，不失为一种有效的选择。也就是说，为了保证社会科学研究的客观性，必须坚持价值中立。

> 社会科学有其一定的"主观性"，适度加入来自自然科学的"客观性"，可以增强社会科学理论的科学性和普适性。

通过对以上内容的剖析，我们不难看出，心理教育的重要理论基础——人本主义心理学理论，将心理的发展看成"潜能"自发实现的倾向，在心理咨询的具体活动中，强调咨询者要严守"价值中立"，对来访者的价值观念必须无条件地接受，超然于双方价值观冲突之外，采取中立的态度，目的是通过"价值中立"的手段，帮助来访者形成自主、独立的意识，学会自己进行价值选择和价值判断，这一观点贯穿于人本主义心理学理论与心理咨询的实践之

---

① 刁生富. 科学的价值中立与价值负载. 学术研究, 2001 (6): 69.

中，成为心理学取向的心理教育活动的重要原则。在科学的视野中，以自然科学为楷模建立起来的科学心理学，将科学看做起于观察并可由经验证实的知识，是诉诸人类理性而不是诉诸权威的知识，是从经验中得来的而不是靠信仰得来的知识，在事实与价值之间，以探讨事实，获取客观真理为核心，在工具理性与价值理性之间以工具层面的理性为归宿，强调科学研究的价值超越性，将科学心理学定位于研究事实与知识，回答"是不是"的问题，不研究价值、意义，不回答"该不该"的问题，也使得心理学视域下的心理教育必然要步科学心理学的后尘，努力遵循"价值中立"的原则。随着社会科学自身规范化、严格化呼声的不断鹊起，作为科学方法论的"价值中立"原则也由"自然科学奔向社会科学"，价值中立并非取消价值关系，而是要求研究者在进行社会科学的研究中，要严格划清经验事实与价值评价的界限，在选择了研究课题之后，严格以客观的态度进行观察与分析，价值中立并不意味着抛弃价值，正是因为社会现象是有价值的，才要求社会科学的研究者在研究过程中保持中立的立场，以保证研究的客观性，所以，在教育学视域下建立起来的心理教育，至少在研究方法与研究过程的角度也同样存在着是否需要保持"价值中立"的问题。

◀科学心理学只研究事实判断，回避价值判断，但要真正将两类判断区分开来是困难的。

二、追问：心理教育中能够做到"价值中立"吗

不论是人本主义心理学理论中的"价值中立"，还是科学心理学中的"价值中立"，抑或作为社会科学方法论中的"价值中立"，其核心都是希望将价值干预问题排除在心理教育的范畴之外。难道心理教育真的能够忽视价值干预吗？心理教育中真的能够严守"价值中立"吗？失去了价值取向的心理教育能够找到学科生长的空间吗？失去了价值引

导的心理教育对学生心理提升的目标何在？失去了价值互动的心理教育是否能够完成学生理想人格的建构？……面对这样一些问题，如果我们把目光依然局限在心理学的视野之内，从心理学的角度构建心理教育的学科体系，则难以对这些问题给出令人满意的答案。那么，出路何在？我们认为，不能简单地把心理咨询中的价值中立原则拓展到整个心理教育之中，应当重新厘定心理教育的学科特点，在更大范围上界定心理教育。而且，从心理科学自身发展的角度看，重视人的本性，注重人的需要和价值追求，关注事实与价值的融合已成为心理科学发展的新走向，价值中立也不是所有心理咨询理论普遍遵循的原则，因此，纯粹的"价值中立"只是理论上的奢望。

价值是教育最重要的特征之一，心理教育要引导人的心理发展，同样无法回避价值参与、价值导向等有争议的话题，这也是心理教育能够得以正常发展的核心论题。对心理教育中的价值问题进行探讨，是心理教育中"教育"内涵的彰显，是心理科学发展的必然，也是心理咨询理论自身完善化的结果。

（一）价值中立：不是心理咨询理论普遍遵循的原则

将"价值中立"作为心理咨询的重要原则，源自人本主义的咨询理论，这一理论强调人性是善的，人有独立意识和自我实现的倾向，人性规定了价值，人性知道价值，应当让人自己发现价值，因此在咨询中严守价值中立的原则。

人本主义理论一方面重视人的尊严与价值，另一方面却忽视了人对社会的责任与贡献，漠视社会文化中的既有价值倾向，如果将心理咨询中的这一原则扩展到心理教育中，实际上等于抹杀了教育的社会性功能，放弃了社会文化对人性的制约，也放弃了与社会相适应的理想人性的提升。舒尔茨曾批评罗杰斯的心理咨询理论，认为这一理论

▶ 心理教育不同于心理咨询，"教育性"是其核心的特质之一。

体系"看来缺乏对他人的责任感和清楚明确的目标和目的。这一理论好像是鼓励个人过一种完全自私和率性而为的生活，它强调的是体验、感受，完全地为自己而活，而没有相应地强调对事业、目标或人而不是'我'和'我'在每时每刻的新鲜体验的爱、奉献和义务。……机能充分发挥的人……所关心的只是一己的存在，而不是促成他人的成长和发展"[1]。在舒尔茨看来，在罗杰斯的健全人格的身上，缺少对他人和社会的那种主动、关心和负责的关系感。这个充分发挥机能的人，像是这个世界的中心，而不是世界中的一个相互作用着的、有责任心的参与者，他关心的仅是自己的存在，而不是促进他人的成长和发展。从这个意义上看，以为来访者负责为己任的心理咨询，过分强调个人的发展似乎还可以理解，但作为现代教育的重要组成部分的心理教育，是不能放弃其社会责任的。因此，人本主义的心理咨询理论不是心理教育的唯一理论基础。

◀人本主义理论只强调人的尊严和价值，而忽略人对社会的责任与贡献，完全的"价值中立"则忽视了人的社会性。

事实上，"价值中立"并非西方所有心理咨询流派的共同观点，也不是所有心理咨询理论普遍接受的咨询原则，只是因为人本主义心理咨询理论在心理咨询中的主导地位，以及对价值问题的特别关注，在一定程度上掩盖了其他咨询理论的声音，行为主义咨询理论、认知咨询理论等均未放弃对价值干预的认同与使用，甚至认为咨询过程中的价值干预和价值引导是必不可少的。

行为主义咨询理论的基本假定为：只有根据一个人的外显行为才能确定此人是正常还是异常，如果某人行为不正常，则这个人就是异常的。异常行为习惯同正常行为一样，都是学习的结果；既然人的行为习惯可以通过学习获得，同样也可以通过学习而改变或消除。因为心理问题是

---

[1] 江光荣．人性的迷失与复归：罗杰斯的人本心理学．武汉：湖北教育出版社，2000：277．

不适应的条件反射造成的，是错误学习的证据，因此把心理咨询的着重点放在直接消除或纠正适应不良或异常行为上，只以特殊的行为为目标，并通过经典条件反射，操作性条件反射、模仿学习等行为改变技术给予调整。通过这一假定我们发现，行为主义咨询理论的咨询目标主要是消除不良行为，并代之以更有效能的行为。这里虽然没有直接涉及价值的问题，但仍不乏从其中窥见价值的观念与内容，什么是有效能的行为或正常行为，又如何确定不良行为或异常行为习惯？对行为好坏标准的确定，必然反映着咨询者的价值选择和价值取向。在行为主义咨询理论看来，异常行为也是习得性行为，习得的方式跟正常行为一样，与正常行为的区别在于它是非适应性的。一般情况下，当某一行为的结果已不再具有社会适应性时，该行为就会减弱、消退。而异常行为则与此不同，它们在丧失了适应性后仍不消退，甚至泛化，咨询就是要通过行为咨询的方法来帮助来访者改变这些行为。通过对个体的再训练的方法，帮助个体对其周围环境中的刺激作出新的适宜反应。由此可见，所谓不良行为或异常行为，实际上是不具有社会适应性的行为，对于"社会适应"，从社会学的观点来看，其实质属于个体社会化范畴。个体社会化依教育社会学的观点，一般是指"个体在社会因素与主体因素的交互作用下，有选择地接受社会文化价值规范，获得社会生活需要的知识技能，由生物个体转化为社会成员的过程"[①]。因此，良好的行为是具有社会适应性的行为，而社会适应性的形成又离不开对社会文化规范的接受，价值干预自然成为行为主义咨询理论的必然选择。

> 行为主义咨询理论重视强化的作用，实质上体现的就是某种价值引导。

至于如何矫正来访者的不良行为，塑造来访者的良好

---

① 董泽芳. 教育社会学. 武汉：华中师范大学出版社，1990：203.

行为，斯金纳认为是强化的结果。为了消除某种不良行为，首先要找到对这一个体具有强化作用的刺激物，然后等待理想行为的出现。当个体作出不良行为时就不给予强化，当个体表现出理想的行为时则给予强化。通过这个过程，不良行为逐渐消失，理想行为得以巩固。斯金纳进一步提出，强化的原则也可以应用于人格发展领域。在斯金纳看来，人的特性同他的强化史是一致的，在人身上保留下来的即是那些受到强化的东西，所谓的个性不过是一组反映强化史的行为模式。这一原则也可以扩展到社会文化的传递和社会规范的延续中，用以解释文化和社会规范具有的连续性。假如一个民族具有特定的文化及社会规范，并有一套判断的价值观念，当一个新的个体进入其中时，他所表现的行为若符合该民族的社会规范和价值体系，则获得"强化"，如同他人关系和谐，获得尊重等，这个新进入者就会表现该民族的规范和价值。若违反了该民族的规范和价值则会受到处罚，如受到歧视，剥夺自由，丧失声誉等。因而，这个新加入者会努力克服他的不符合规范的行为。

◀ 由此可见，在行为塑造过程中没有价值影响或完全保持价值中立是不切实际的。

按照斯金纳的观点，行为的形成与改变，都是强化的结果，即使是一个人的个性，甚至社会规范也是强化累计下形成的定型化的行为模式，良好行为的确定要受到价值规范的左右，反过来，社会规范的形成也是通过强化的方式积累行为经验的产物。斯金纳认为，在咨询和治疗中幻想没有价值影响，或完全保持价值中立是不切实际的。所以，行为主义咨询理论并不回避对来访者行为的直接影响和对价值的间接干预。

认知咨询理论是 20 世纪五六十年代在美国兴起的一种心理咨询的理论，它重视对心理内部过程的研究与探讨，重视认识、理性的作用，以改变来访者的适应不良性认知为根本目标，认为适应不良性认知是一种认知歪曲，认知歪曲是引起情绪不良和非适应行为的根本原因,一旦认知歪曲得到改变或矫正,情感和行为障碍就会相应好转。这种认知歪曲也称为不合理认知,其表现是形成了不合理信念(或非理性信念),因此,对不合理信念的干预是这一理论的核心思想。

具体而言,认知咨询理论是根据人的认知过程会影响其情绪和行为的理论假设,通过改变来访者的不合理认知,从而减轻或消除其情绪问题和非适应性行为,主要着眼点是来访者的认知问题,企图通过改变来访者对自己、对他人或对事物的看法与态度,来改变其呈现出的心理问题。它不仅重视异常行为的改变,更重视来访者认知和态度的重要性。在认知咨询理论看来,每个人都会因对自己、他人、事物有不同的认识而产生不同的心理变化。认知是刺激与反应的中介,反应并不是刺激的直接后果,而是由认知引起的。存在于刺激与反应间的认知是一个复杂的变化过程:刺激通过感觉器官而成为感觉材料,经过贮存的过去经验和人格结构的折射,借助思维过程为感觉材料赋予意义,由此构成一个知觉过程;通过这一知觉过程,个体可对过去事件作出评价,对当前事件加以解释,对未来可能发生的事件作出预期;这些评价、解释和预期激活了情绪系统和运动系统,产生各种情绪和行为。如果认知发生错误,就可能导致错误观念,继而产生不适应的行为与情绪。认知咨询理论强调,一个人的心理问题常常是受其错误的、扭曲的认知影响而产生的,与其说是某种事件引起了心理问题,不如说是因为自己的认知偏差而产生了心理问题,因此,心理咨询的重心在于改变或修正扭曲的认知,而不是重点改变适应不良的行为。正如贝克所言:"适应不良的行为与情绪,都源于适应不良的认知。"在此基础上,认知咨询理论将咨询目标定位于帮助来访者找出头脑中不

▶ 认知决定着人的情绪和行为。

现实的、不合理的、错误的、扭曲的观念，并帮助他建立较为现实的认识问题的思维方法，减少扭曲的认知造成的情绪及行为的不良后果，不仅要帮助来访者消除已有的症状，同时也帮助他尽可能地减少产生情绪及行为问题的倾向性，改变其人生哲学，促使其人格产生深刻的变化。

认知理论认为，人们的心理问题是由其不合理或扭曲的认知造成的，咨询的重点就是要以理性信念代替非理性信念，以合理的思维方式代替不合理的思维方式，从而最大限度地减少不合理认知给心理带来的不良影响，减少或消除已有的心理问题。从这一心理咨询的思路出发，我们可以看到，认知心理咨询的关键是帮助来访者对理性信念和非理性信念的区分，以帮助来访者用理性信念代替非理性信念，而人的信念也是价值观的重要组成内容，对信念的干预就是价值干预的过程。

◀人的非理性信念不可能脱离其价值观而独立存在，它本身就是价值观的反映。

所以，价值中立不是所有心理咨询理论遵循的普遍原则，大多数心理咨询理论并不排斥价值干预，如行为主义咨询理论重视将理想行为的形成作为咨询目标，认知咨询理论将改变非理性信念作为咨询的重点，都直接体现出了对来访者的价值引导。同时，心理咨询也是一个人际互动的过程，心理咨询的过程就是咨询者潜移默化地影响来访者的过程，其中，价值观的交流与碰撞是必不可少的，咨询者的价值取向总会有意无意地体现在咨询过程中，因而纯粹的"价值中立"是无法实现的。

（二）事实与价值融合：科学与现代心理学发展的新走向

纵观心理科学自身发展的历史，是以科学主义心理学的建立为其诞生标志的。科学主义心理学以自然科学为楷模，以实证主义为方法论基础，表现出非常强的"价值中立"倾向，即"强调研究方法、程序、结论的客观性；认为探讨的是心理和行为的事实与规律；达到的目标是真实地反映意识与行为的本质；实验的设计、进行及结果的分析都不应涉及个人的任何主观倾向与价值判断。"① 主张心理学只研究事实、知识，即回答"是不是"的问题，不研究价值、意义，不回答"该不该"的问题。

> 科学的目的是认识世界，它表述的是经验事实，并通过数学计算和经验证实的方法，建立起科学的体系。

在追随自然科学的过程中，按照自然科学的标准，科学心理学在努力创造由经验的词句组成的学科知识，追求纯粹的、具有可操作性的概念体系，试图用数学公式和逻辑推理表达心理学规律，不遗余力地摆脱主观因素和价值影响……就在科学心理学效仿自然科学的道路上渐行渐远的时候，在当代，自然科学自身也在发生着变化，"价值中立说"开始遇到来自各个方面的挑战，开始受到了质疑。

> 科学不是真理的同义语，科学对真理没有垄断权，人类文化的其他形式同样可以把握真理。

科学的价值中立说，是以"主体与客体，存在与意义，事实与价值，'实然'与'应然'的划分为理论基础的，主张价值中立或价值自由、价值无涉，比较彻底地解决了科学与价值的区分，其基本观点是一致的：科学知识与价值观念是完全对立的两极，两者互不相关——科学是关乎事实的，价值是关乎目的的；科学是客观的，价值是主观的；科学是追求真理的，价值是追求功利的；科学是理性的，价值是非理性的；科学是可以进行逻辑分析的，价值是不能进行逻辑分析的"②。科学与价值之间的鸿沟真得不可逾越吗？如果科学作为关于自然界的知识体系，它的基本规律、基本事实是不依人的价值为转移的，科学规律、科学事实本身是价值中立的。但科学不仅仅是一种客观的知识体系，科学也是一种社会的活动，科学是由作为道德载体的人来实现的，科学作为一种社会实践活动，是无法摆脱价值干预的。

---

① 高峰强. 现代心理范式的困境与出路. 北京：人民出版社. 2001.
② 刁生富. 科学的价值中立与价值负载. 学术研究，2001；6，68—69.

在科学哲学中，以库恩为代表的历史主义学派，已经注意到了科学事实与认知主体的理论建构之间的关联性。库恩认为，科学的演进是深刻而复杂的，不仅包括方法论的变化，而且包括科学观念、价值标准等对科学发展的影响，这绝不是一个单一的过程。"科学是以价值为基础的事业，不同创造性学科的特点，首先在于不同的共有价值的集合。"① 而劳丹则进一步指出，价值本来就内在于科学本身结构之中，也只有纳入科学的内在结构，才能更好地解释科学的合理性。科学理论、方法论和价值论总是处于一个网状的互动关系中。因为科学家对一种理论的选择，必须符合他持有的方法论原则，同时也能够体现他的价值论和所欲达到的目的，而科学家接受的理论，又会对方法论和科学目的的选择提出要求和限制。科学家对方法论原则的争论，不仅由他们持有的共同认识目标来解决，还有检查按照哪一种方法论原则得到的理论，体现了他们的认知目的，而科学家关于适当方法论的认识，又可以作为一个工具来确定一种认识目的的可实现性。他力图从科学的内在结构来揭示其发挥作用的机制，提出了理论、方法与目的三者相互依赖的网络结构模型。换一个角度来看，如果将科学也作为一个客体，从更广义的一般价值意义上来认识科学，则科学也是一种社会存在，也是人的物质和精神需要满足的方式。"应该说，科学、真理在每一具体场合，对于每一特定价值主体来说，是中立的；而在总体上，在科学、真理与人类生存发展的一般关系上，它们不是价值中立的，而是有正价值的。科学、真理的价值中立性和正向价值性的对立统一，就是科学、真理的价值相对性与绝

---

① 库恩. 必要的张力. 福州：福建人民出版社，1989：326.

对性的统一，个别与一般的统一。"①

科学的价值中立说的一个重要论点，就是事实与主体是无涉的，因而事实与价值也是无涉的。这个观点是否成立呢？我国学者江涛认为，事实实际上可以分为两类，一类是指客观存在的现象或过程，这一类事实是客观的，可以称为"客观事实"。但在科学活动中，事实是指人们从实验或观察中得到的映像或结果，是人们通过实验或观察对客观事实的一种反映和描述，应当属于"经验事实"。客观事实属于本体论范畴，经验事实属于认识论范畴，人们在科学活动中以及在日常生活中获得的事实都是经验事实，由客观事实到经验事实，其间经历了一个由自在之物向为我之物的转化过程，因为科学家在进行研究时，面对的是无数的客观事实，其中何者被注意、被描述，无不由实践的目的和方法来聚焦和过滤。同时，经验事实不像客观事实那样独立于认识主体，而是与主体密切相关。因此得出结论：一个独立于认识主体的、纯粹的客观自然事实是没有什么意义的，有意义的只是进入认识活动的经验事实，主体认识客观事实的过程是一种积极的、创造性的过程。在这个过程中，主体只能在认识活动中从经验事实出发建构理论。② 因此，既然事实有客观事实和经验事实之分，而科学活动本身又是指向经验事实的，经验事实是被主体建构的，那么，事实与主体就是无法分开的，事实就不能逃脱价值的定向和制约。

对上述观点的分析启示我们，随着对科学内涵认识的不断延伸，科学中的"价值中立"观念也在发生着变化，科学作为一种自然界实存的知识体系，是客观的，是价值中立的；但科学作为一种社会实践活动，作为科学家的一

▶ 爱因斯坦说过："那些我们认为在科学上有伟大创造成就的人，全都浸染着真正的宗教信念，他们相信我们这个宇宙是完美的，并且是能够使追求知识的理性努力有所感受的。"

---

① 李德顺. 价值论. 北京：中国人民大学出版社，1987：379.
② 江涛. 科学：是价值中立，还是负荷价值. 中共中央党校学报，1997（2）：27.

种主体活动，又是无法摆脱价值干预的，因为科学事实需要认知主体通过理论构建加以发现，必然要与认知主体所持有的方法论、认知目的密切相连，即使就事实本身而言，只有经验事实才是有意义的，而经验事实同样离不开主体的主动建构；从大科学的视角加以认识，科学自身也是人的物质和精神需要满足的方式，所以，科学应该把"求真"与"求善"有机地统一起来。如果说，在具体单一的层面上加以认识，价值中立是可行的，但从整体上考察科学与社会、科学与事实的关系，则价值中立只能是一种幻想，单纯强调价值中立是不现实的。

近些年来，在心理学内部，心理学家也开始对科学主义的心理学研究取向提出了质疑，认为价值是人的本质力量在物上对象化的结果，即指客体对主体的意义，而价值观又渗透在精神文化和物质产品中，因此作为精神科学的心理学是不可能回避价值问题的。人本主义心理学更是直接指出：科学主义心理学从近代自然科学那里继承下来的价值中立的立场和价值无涉的研究，将导致两种结果，一是使心理学无法完整准确地理解人的心理，二是使人的价值追求得不到科学的论证和支持。因此，关注事实与价值融合已成为现代心理学发展的新走向。重视人的本性，注重人的需要和价值追求符合心理科学的发展趋势，而作为心理学视域的心理教育，更应当将价值探寻作为重要的研究内容之一，一味地固守"价值中立"的原则，实际上是与心理科学的发展趋势相背离的。

◀即使就学科属性而言，心理学科归属为"科学"还是"人文"，仍然是一个不确定的争议问题。

（三）"科学内的价值立场"：作为社会科学研究法则的价值中立

在社会科学研究领域，价值中立被一些研究者作为社会科学研究法则加以强调，如何理解和认识这一方法论层面上的价值问题，社会科学研究者的价值立场，与其研究结果的客观性之间呈现什么样的关系，对这一类问题的关照，对于我们澄清心理教育中价值中立的内涵同样具有现实意义。

实际上，自从韦伯提出价值中立这一研究思想之后，对价值与社会科学研究之间的关系，成为许多社会科学研究者探讨和争议的内容。一些研究者认为，将价值中立作为社会科学的研究原则，追求社会科学研究领域的客观性，能够使社会科学从形而上学的统治下解放出来，成为真正的"科学"；还有的研究者认为，价值中立混淆了社会科学与自然科学之间的界限，将"社会真理"混同于"科学真理"。看来，如何正确地理解韦伯的"价值中立"思想，对于我们厘清争议，确立正确的心理教育的科学方法论不无益处。从韦伯提出价值中立思想的理论背景来看，这一思想的提出有一定的历史必然性。在对待社会科学中的价值问题上，存在着两种相互对立的方法论，一是实证主义的社会科学方法论，孔德、斯宾塞等哲学家是主要代表，他们反对理性主义，以自然科学的研究方法作为社会科学的楷模，将理性和价值驱逐出社会科学研究领域；与此对立，以李凯尔特、文德尔班为代表的"新康德主义"则提出在社会科学研究中要给理性与价值以应有的地位。认为"自然科学属于可感知的科学世界，旨在探讨自然现象之间的因果联系和一般规律性，属于'规范性科学'；社会科学属于不可感觉的价值世界，研究的是不可重复的历史个体——人及其行为，它又属于'表意性科学'。自然科学要描述事实，寻求一般规律，它不属于价值领域，与价值无涉；而社会科学则属于价值领域，研究任何社会现象都与构成这一现象的人的行为有关，人的行动是在一定的价值观指引下和在一定的动机驱使下作出的，为此，必须借助价值判断或价值关系来理解和解释社会现象背后隐藏的'意义'，即以参照价值对人的行为意义作出理解，并最终

▶ 韦伯采取的是反实证主义的路线，对价值中立问题的探讨，重在强调社会科学与自然科学在本质上的差异。

认识社会现象"①。虽然带有人本主义特色的新康德主义纠正了实证主义的唯科学主义倾向，但是，又走向了另一个极端，认为社会历史无规律可循，人们只能从自己的理想观点出发评估过去的价值，对社会历史事件只能靠伦理的和审美的体验来把握，由主观主义走向了非理性主义。

两种社会科学方法论的论战，成为韦伯提出价值中立说的直接动因。韦伯首先试图摆脱实证主义价值中立的局限性，认为价值与社会科学研究是密切相连的，社会科学工作者在收集和分析研究资料时，总要受其具有的某种价值取向的影响。而且，任何科学都存在着一种普遍的预设，即假设人类掌握宇宙法则是值得的，对人类来说是有意义的，在韦伯看来，这本身就是一种价值假设。同时，韦伯又直接从新康德主义那里继承下来了价值关联的思想，但也不满意新康德主义的非理性主义色彩，因此，提出了自己的价值中立的观点。

◀说明价值立场和价值判断总是先于科学研究，强调价值中立，并不意味着科学本身无价值立场。

李凯尔特认为，价值关联是文化科学研究的主要方法，因为人类的认识不是关于现实的反映，是研究者本人对现实的重构。在历史文化科学的研究中，只有研究者运用自己的价值立场，考察被研究的经验现实，才有可能真正揭示出这一经验现实的本质特征，并揭示出这一经验现实存在的真正意义。韦伯继承了这一价值关联的思想，并进一步提出"经验现实对我们所以是文化的，是因为我们总是将它们与我们的价值观念联系在一起，并因此使社会现实的这些基本部分变得对我们有意义"②。然而，如何使价值关联和价值中立能够统一在科学的场域之中呢？韦伯认为，价值需要分为"科学外的价值立场"和"科学内的价值立

---

① 赵一红. 浅论社会科学方法论中的价值中立问题. 暨南大学学报：哲学社会科学版, 1999 (1)：45.

② 侯钧生. "价值关联"与"价值中立"：评韦伯社会学的价值思想. 社会学研究, 1995 (3)：2.

场"，"科学外的价值立场"是研究者的世界观和阶级利益倾向，是主观生成的，决定着研究者对社会现实的实际评价，会直接影响科学结论的客观性。"科学内的价值立场"是研究者进入科学研究领域后应遵循的保证科学结论客观性的准则，功能在于描述事实本身。对于社会科学研究者而言，在选定研究对象时，可以参照"科学外的价值立场"，而一旦进入研究过程，则必须杜绝任何科学外的价值解释倾向，将价值解释严格限定在"科学内的价值立场"的范围之内，严格遵循科学认识方法本身的逻辑规范，仅仅描述事实本身"是什么"，而不要加入"怎样做"的价值引导。

> 科学可以反身去认识价值，但不能判断价值是否得当。

由此可见，在社会科学的研究方法领域，纯粹的价值中立是难以实现的，韦伯曾经将人文科学的研究划分为三个阶段：内容选择、研究过程和推导结论，其中只有研究过程这一阶段存在价值中立问题。[①] 以韦伯为代表的价值中立的观点，并不是简单排斥价值干预的作用，相反，对价值关联的作用也同样重视，而且韦伯的价值中立是相对于价值关联而言的。毕竟社会科学的研究对象与自然科学有着本质的区别，社会科学的理解必然包括在特定的价值之中，遵循一定的价值观念解释社会现象，所以韦伯的价值中立原则是在肯定社会科学的价值特征之后才提出的，价值中立不是取消社会科学的价值本质，而是要区分经验事实与价值评价之间的界限。然而一旦进入到科学研究的过程之中，社会科学研究同样是人类追求真理的理性活动，又必须排除研究者个人情感的好恶，又要避免以自己的价值立场解释客观现象，坚持做事实判断，遵循价值中立的方法论原则。"社会科学是用理性来整理经验事实的领域，而不是研究者表达自己的社会政治理想的领域。所以科学需要具有'理性思考'的人，不需要从感觉出发去'追求

---

① 薛晓阳. 价值中立与教育研究的学术立场. 教育科学，2003（4）：18.

理想'的人。"

综合上述分析我们不难看到，心理教育中"价值中立"原则的提出，不是偶然的，其背后有着一定的历史与理论根源。从心理学的研究视域上看，有人本主义心理咨询理论的支撑，从更深层次上看则可以追溯到科学心理学的自然科学走向，即科学的价值无涉论；从教育学的研究视域上看，社会科学的研究方法论中同样存在着"价值中立"的要求。但进一步的分析则表明，如果将"价值中立"的原则放到心理咨询理论的众多流派之中，放到科学发展的大背景之中，放到社会科学研究的整体阶段之中，它就是片面的、不现实的、局部的，因为从心理科学自身发展的角度看，重视人的本性，注重人的需要和价值追求，关注事实与价值的融合已成为心理科学发展的新走向，价值中立也不是所有心理咨询理论普遍遵循的原则，社会科学的方法论中的价值中立仅局限在研究过程中，研究者不等同于教育者，研究过程不等同于教育过程，因此，也不能将研究过程中的价值中立简单地推演为教育过程中的价值中立。所以，纯粹的"价值中立"只是理论上的奢望，回避价值干预也是难以实现的。

另外，心理教育不同于心理咨询或心理治疗，不应当将目光仅仅局限在来访者个体的心理问题或心理障碍上，片面强调"以来访者为中心"，而忽视心理教育的教育功能和社会责任。作为学校教育的重要组成部分，心理教育的教育性需要得到彰显，心理教育要引导人的心理发展，价值参与或价值导向需要加以体现，我们认为，不能简单地把心理咨询中的价值中立原则拓展到整个心理教育之中，也不能把目光仅局限在人本主义心理咨询理论的视野之内，以心理咨询理论来构建心理教育的学科体系。另外，心理教育也不等于心理学教育，应当重新厘定心理教育的学科特点，在更大范围上界定和建构心理教育学科的理论与实践体系。

◀ 心理学研究的本土化问题，也寓示着心理教育研究不能漠视不同国家、不同民族的文化传统，不能忽视文化价值的影响。

第二章 心理教育的概念辨析

什么是心理教育？这是研究和探讨心理教育问题首先要界定的一个概念，是学校心理教育的理论与实践无法回避的重要命题之一，也是我们进一步探讨心理教育中价值问题的逻辑起点。

如何界定"心理教育"概念的含义？迄今为止，这依然是一个我们无法明确回答的理论问题，甚至在概念使用的名称上都尚未取得一致。在我国心理教育理论与实践的发展历程中，与心理教育相关联的名称可谓多种多样，有的研究者分析认为，与心理教育有关的概念可以划分为四大类：一是属于综合性宏观的心理教育，即与心理教育具有相同或相近内涵和外延的概念，包括心育、心理素质教育、心理品质教育、心理健康教育、个性教育、人格教育、心理辅导、心理卫生等；二是属于方法、技术类的概念，包括心理训练、心理测验、心理咨询、心理治疗等；三是属于某种心理教育模式的概念，包括愉快教育、希望教育、和谐教育、成功教育、挫折教育、磨难教育、生存教育、我能行教育、创造教育、创新教育等；四是属于某一领域或某一方面的专项心理教育，包括兴趣教育、情感教育、性格教育，以及思维训练、能力培养、生活技能训练、意志锻炼、社会适应性培养等。[①] 当然，这种分类方式和具体的归类内容我们并非完全赞同，但由此可以看出"心理教

> 基本术语和概念的众说纷纭，使心理教育缺乏共同的话语，也引起了实践的混乱。

---

① 王希永. 对心理教育的几个基本问题的认识. 中国青年政治学院学报，2002（4）：68.

育"概念理解与使用上的混乱，这种众说纷纭的局面，一方面说明了心理教育基本理论问题研究的不足，理论研究滞后于实践需要，致使实践创生出对心理教育的多种理解，形成多种不同的实践模式；另一方面，这种状况也极易造成实践工作者的困惑，使得心理教育的实践多数靠实践工作者运用"尝试错误"的方式来进行，经历着同样的成功，也品尝着同样的失败，导致我国学校心理教育的实践徘徊在低水平重复的现状下，直接影响到了学校心理教育的科学性、规范性和有效性。因此，对心理教育基本概念的澄清与诠释，不仅对心理教育自身的理论建设关系重大，而且对学校心理教育的实践同样具有十分重要的意义。

一、心理教育相关概念的阐释与分析

与心理教育相关的概念很多，如"心育"、"心理素质教育"、"心理健康教育"、"心理卫生教育"、"心理辅导"、"心理咨询"、"学校心理咨询"……五花八门，不一而足。如何在这些众多概念的基础上厘清"心理教育"的内涵与外延，首先需要确定的是具体的分析思路，这涉及对心理教育的基本看法，以及对心理教育众多概念整合的基本视角。

◀这些概念在我国心理教育发展的不同时期、不同实践领域都曾使用过。

"心理教育"作为心理教育学科最关键的基本术语，对其界定应当是综合性的、宏观的，应当是对其本质属性的有效把握。从方法技术层面、实践模式层面及个别内容层面来解释心理教育或代替心理教育，实际上，仅仅是将心理教育看成学校教育中的一项具体工作，其反映的是心理教育工作途径、形式、方法的差异，没有看到心理教育在宏观上更是一种教育理念，在内涵上与素质教育等概念是相同的，学校教育的全部过程与内容都应体现出促进学生心理发展的要求。因此，应当从宏观、综合的层面上来界

定心理教育的概念，只有这样，才能真正把握心理教育的质的规定性。

心理教育概念使用上的混乱，有自身理论研究的不足，学科发展阶段的局限，同时也反映出人们对心理教育概念的不同理解，但我们不能否认的是，这些相关概念的存在也都有其一定的历史必然性，也反映出心理教育研究与实践的不同学科视点，不能简单地否认，也不能完全的相互等同，应当在辨析的基础上加以整合。通过辨析抽取出各相关概念中反映心理教育内涵的本质成分，通过整合创生出更具本质特性的心理教育的概念内涵。

> 在辨析的基础上予以整合，在整合的基础上进行创生。

面对众多的心理教育的相关概念，选取一个什么样的分析视角进行比较与分析，以整合与形成心理教育的特质？通常做法是将这些概念本身的内涵进行横向、静态的比较，在阐释与辨析的基础上，寻找心理教育概念的独特内涵，但这种做法对心理教育概念而言，则显得有些无能为力，不足以消除概念认识上的歧义，所以出现概念使用上的混乱，一个比较重要的原因，就是研究者原有研究领域的差异，从不同的学科视野出发，对心理教育概念内涵的理解必然带上相关学科的烙印，而且任何概念的出现都难以脱离其产生的社会历史条件及这一概念自身发展、演进的过程，随着认识的不断深入，同一概念的内涵与外延也在不断变化，因此，对心理教育概念的分析，还应当进一步从其相关概念的产生与发展的视角予以审视，从纵向、动态的分析中认识和把握心理教育的实质。按照这样一种分析思路，我们定位在宏观、综合的层面上界定心理教育的概念，首先截取几个有代表性的相关概念，分别分析各自概念的特有内涵，然后进一步考察其产生与发展的过程，从纵向上分析这些相关概念的内在联系，以此突显出心理教育的本质特征。

(一) 相关概念的静态解读

在心理教育的众多称谓中，实际从宏观、综合层次上反映心理教育内涵的相关概念，主要有三种不同的生成来源，即源自于"咨询心理学"的"心理咨询"和"学校心理咨询"，源自于心理咨询但经过港台地区本土化的"心理辅导"，以及源自于"素质教育"的"心理健康教育（或心理素质教育）"。三种来源分属于心理教育的两种不同的研究视域：心理学研究视域和教育学研究视域。我们无法将所有涉猎心理教育的相关概念都拿来进行分析，这既不可能，也没有必要，而通过对心理咨询、学校心理咨询、心理辅导和心理健康教育的解读，同样可以提纲挈领地把握心理教育的全貌。

◀ 通过对相关概念的横向、静态解读，确定心理教育概念的本质特征与内涵。

1. "心理咨询"与"学校心理咨询"

"咨询心理学"是我国学校心理教育最早、最重要的理论来源之一，即使到目前为止，心理咨询依然是心理教育的重要组成部分。在心理学的研究视域中，倾向于将心理教育等同于学校心理咨询，用学校心理咨询的理论与方法指导学校心理教育的实践。因此，不了解"心理咨询"和"学校心理咨询"的含义，就无法看到这些概念发展的内在联系，无法更深入地去界定"心理教育"的内涵。

咨询（counseling）一词来源于拉丁语 consultation，基本涵义为商讨或协商，也具有考虑、反省、深思、忠告、交谈等意思；咨询一词在中国，最早载于古籍《书舜典》，"咨"表示商量，"询"则是询问的意思。由此可见，"咨询"的基本含义就是"通过商谈寻求帮助"。

心理咨询的定义在国内外有许多不同的说法。就心理咨询一词本身而言，它既代表着心理学的一个分支学科——咨询心理学（在美国被列为心理学第17分支学会），其任务和目的很广泛，主要是研究教育、就业和个人适应

◀ 强调心理咨询是一门学科，也是一项职业活动。

中的心理学问题以及助人的技术和方法，也考虑心理疾病的诊断和治疗；同时它也表示一种工作——心理咨询服务，涉及对人的具体的指导、帮助和改变。

心理学家帕特森（Cecil H. Patterson，1967）认为："咨询是一种人际关系，在这种关系中，咨询者提供一定的心理气氛或条件使咨询对象发生变化，作出选择，解决自己的问题，并且形成一个有责任感的独立个性，从而成为更好的人和更好的社会成员。"这个定义突出强调了咨询是一种特殊的人际关系，通过这种人际关系能够使咨询对象发生改变，以便更好地面对自己的问题，更好地成长。这种观点对现代心理咨询工作有十分广泛的影响，有相当多的咨询者在咨询过程中都十分重视融洽的咨询关系的建立，由此发展起来的态度及相应的技术如真诚、无条件的积极尊重和共情等，已被证明对提高咨询的有效性具有重要作用。

美国《哲学百科全书》则从心理咨询的特征上来界定它的含义，该书提出心理咨询有六个方面的重要特征：（1）主要着重于正常人；（2）对人的一生提供有效的帮助；（3）强调个人的力量与价值；（4）强调认知因素，尤其是理性在选择和决定中的作用；（5）研究个人在制订总目标、计划以及扮演社会角色方面的个性差异；（6）充分考虑情景和环境的因素，强调人对环境资源的利用以及必要时改变环境。

国际心理科学联合会编辑的《心理学百科全书》（1984）肯定了心理学咨询的两种定义模式，即教育模式（educational model）和发展模式（development model）。该书指出："咨询心理学始终遵循着教育的而不是临床的、治疗的或医学的模式，咨询对象（不是患者）被认为是在应付日常生活中的压力和任务方面需要帮助的正常人。咨询

▶ 反映出心理咨询应遵循发展性和教育性的模式。

心理学家的任务就是教会他们模仿某些策略和新的行为，从而能够最大限度地发挥其已经存在的能力，或者形成更为适当的应变能力。""咨询心理学强调发展的模式，它试图帮助咨询对象得到充分的发展，扫除其正常成长过程中的障碍。"心理咨询定义的教育模式和发展模式对教育和发展两方面的功能和作用作了恰如其分的阐述，也使我们对心理咨询有了更进一步的了解和认识。

我国一些学者对心理咨询的定义也提出了自己的见解，认为：心理咨询是心理咨询者通过和咨询对象的商谈、讨论、帮助、启发和教育，帮助他们解决各种心理问题，以便使其更好地适应环境，保持身心健康。认为心理咨询是运用心理学的知识、理论和技术，通过咨询者与来访者的协商、交谈和指导，提供可行性建议，针对正常人及轻度心理障碍者的各种适应和发展问题，帮助来访者进行探讨和研究，从而达到自立自强、增进健康水平和提高生活质量的目的。

根据以上中外学者的见解，可以对心理咨询作如下概括：心理咨询是心理学的一门重要分支学科，也是心理学为实践服务的一个重要领域，是一门正在兴起并日益受到人们重视的新学科。具体而言，心理咨询是借助于一种特殊的人际关系，运用心理学的理论知识和方法，通过言语、文字及其他信息传递方式，给咨询对象以帮助、启发和指导的过程。通过心理咨询，可以帮助咨询对象避免和消除不良心理因素的影响，并产生认识、情感和态度上的变化，解决在学习、工作和生活等方面出现的各种疑难问题，从而更好地适应环境，发展自我，增进心理健康，这是我们根据对心理咨询的理解作出的界定。

◀作为一项助人的职业，需要借助专业化的理论、方法予以实施。

这一定义涉及我们对咨询特征的认识，即：(1) 咨询必须建立一种特殊的人际关系，其特征是平等、理解、尊重、和谐、相互信任,这是促使咨询对象接受影响、发生变化的最基本的心理气氛;(2)咨询是在心理学有关理论指导下的活动,必须运用心理学的知识、方法和技术;(3)咨询是对咨询对象进行帮助的过程,这种帮助须通过言语等手段来实施,而且用"过程"一词来表述也进一步表明帮助在时间上的延续性。同时也阐明了咨询的作用和根本目的,即帮助咨询对象发生积极的转变,解决面临的问题,摆脱困境进而更好地适应环境,发展自我,增进心理健康。这一定义较好地反映了心理咨询的广义和狭义之分,概括出了心理咨询的内涵,也概要地反映出了心理咨询的性质和构成要素,使我们对心理咨询有了一个更全面的理解。

学校心理咨询,顾名思义,是指在各类学校内开展的心理咨询工作。关于学校心理咨询的概念,到目前为止也还没有较为明确的、公认的定义,人们一般都习惯于从它的职能和对象上来理解和把握它的含义。严格地说,学校心理咨询有广义和狭义之分。

广义的学校心理咨询是指在各级各类学校中开展的,面向学校中各类成员的心理咨询,它的对象包括学校的学生、教师、职员、工人、领导等,其内容和职能由于对象的广泛性和复杂性决定它具有多侧重、多角度、丰富而广泛的特点。但从我们目前掌握的资料看,在国内及西方心理咨询比较发达的国家和地区,学校心理咨询主要是面向学生,至于其他人员主要由社会性的心理咨询机构来承担。这也许主要是由于学校中教师等人员的心理问题与学生的问题往往差异很大,不属于一个性质,同时学校作为一个教育机构,其主要精力应放在对学生的教育和培养上。所以广义的学校心理咨询实际上几乎没有或者很少有实践的模式。

狭义的学校心理咨询即专指面向学生的心理咨询。在许多文献和专著中，也都是在这个意义上使用学校心理咨询的概念的。狭义的学校心理咨询是指学校内的心理咨询人员对于前来求助的学生从心理上进行指导和帮助的活动。咨询人员根据前来求助的学生的具体情况，运用心理学的知识和原理，通过与学生谈话和讨论的形式，在与学生建立相互信任、理解的良好人际关系的基础上，帮助其发现自己的问题及产生根源，改变原有的认识结构和行为模式，以提高学生处理学习和生活问题的能力，促进他们的发展和成长。

◀ 本书也是在狭义的学校心理咨询的视角上加以论述。

2. 心理辅导

在我国学校心理教育形成之初，借鉴港台地区的"心理辅导"工作的实践模式，并运用于我国学校心理教育的实践之中，指导中小学心理教育工作的开展，也是我国学校心理教育发展的来源之一。虽然港台地区心理辅导的理论与技术也是源自于欧美，并深受欧美的影响，其源头也是"咨询心理学"，但在其发展过程中，经过移植、消化和创新，也形成了具有中国文化背景、本土化特色的心理辅导体系。

何谓"心理辅导"？台湾学者吴武典在其主编的《学校心理辅导原理》一书中，介绍了一些西方研究者对辅导一词的诠释，并提出了自己对心理辅导内涵的理解，能够代表台湾地区对"心理辅导"的看法。

◀ 综合学者对辅导的理解，可以归纳为：辅导是给予人协助或帮助，而辅导又是一个过程。

琼斯（Jones，1970）认为，"辅导是某人给予另一人的协助，使其能作明智的抉择与适应，并解决问题"。阿暴克（Arbuckle，1966）指出，辅导是一种概念、一种组合和一种服务，它是应用某种观点，结合某些经验，以达成助人关系的方法和历程。莫廷生与夏谬勒（Mortensen&Schmuller，1976）将辅导定义为："整个教育计划的一部分，它提供机会与特殊性服务，以使所有学生根据民主的原则,充分发展其特殊能力与潜能。"夏兹尔与史东（Shertzer&Stone,1981）将辅导看成"协助个人了解自己及其世界的历程"。其中,历程是指一系列朝向目标迈进的行动或步骤；协助是指预防、矫治和改善困境的工作；个人指学校情境中的一般学生,未必是有特殊困难者；了解自己及其世界,指深入而完整地自我了解、自我接纳、体察环境和了解人群。查布伦（Chaplin,1985）认为："辅导是协助个人在教育与职业生涯中获得最大满足的方法,它包括使用晤谈、测验和资料收集,以协助个人有系统地计划其教育与职业的发展。"

在综合上述对"心理辅导"不同定义的基础上,吴武典教授认为,"辅导乃是一种助人的历程或方法,由辅导人员根据某种信念,提供某些经验,以协助学生自我了解与充分发展。在教育体系中,它是一种思想（信念）,是一种情操（精神）,也是一种行动（服务）"。并进一步将心理辅导的内涵界定为八项服务：

> 只是从心理辅导的工作任务来把握其内涵。

（1）评估服务。主要是借助于各种主、客观的方法来了解学生的个别差异,以此收集有关学生个人、家庭和同伴的资料,并加以分析和运用,常采用的方法有测验、问卷、观察、家访和社会计量等。

（2）资讯服务。主要由辅导人员配合教师及行政人员,为学生提供需要的教育、职业与生活资料,增进学生对环境的了解,以便于选择与作决定。

（3）咨询服务。指面对学生的、直接的个别或团体咨询,通过受过专业训练的辅导员来实施,其在与来访的学生建立起相互信赖的关系的基础上,帮助学生自我了解和自我发展。

（4）会商咨询服务。会商服务,类似于"间接心理咨询",主要是面对与来访学生有关的"重要他人"（如父母、教师、朋友），帮助他们深入了解来访的学生，掌握必要的助人知识与技能，以进一步作用于来访的学生。

（5）定向服务。主要是对于进入到新环境的（入学或转学等）学生，帮助他们认识新环境、新课程和新关系，使他们尽快适应新环境，把握住自己努力的方向。

（6）安置服务。主要包括校内的学习安置和校外的升学辅导、就业安置，通过提供必要的外部条件，帮助学生求学与求职。

（7）延续服务。对于离校的学生，不论是升学还是就业，都有必要保持联系，并提供必要的服务，帮助他们在新的环境中，继续获得良好的适应与发展。

（8）研究服务。实际上是通过对辅导工作的定期与不定期评价，来确定辅导的需求与辅导的绩效，并为制订新的辅导计划提供参考。

台湾地区的心理辅导经过引进、吸收、实践与本土化的过程，将心理辅导看成一种思想（信念）、一种情操（精神）、一种行动（服务），但在具体辅导实践的内容上，依然没有脱离心理咨询的理念，将心理辅导的目标确定为"助人自助"，将辅导的重点定位于适应性心理问题的预防与解决上。大陆学者在使用"心理辅导"的概念时，也延续了这一内涵。如刘华山教授在其1998年出版的《学校心理辅导》一书中，将"学校心理辅导"定义为"是指在一种新型的人际关系中，学校辅导人员运用其专业知识和技能，给学生以合乎其需要的协助与服务，帮助学生正确地了解自己，认识环境，根据自身条件确立有益于个人发展和社会进步的生活目标，使其能克服成长中的障碍，增强社会适应，作出明智的抉择，充分发挥自己的潜能"[1]。

◀将心理辅导定位于回应人的心理问题，解决心理问题的层面上。

---

[1] 刘华山. 学校心理辅导. 合肥：安徽人民出版社，1998.

3. 心理健康教育

素质教育的兴起与学生心理健康的现实困境，使得关注学生的心理发展成为学校教育的一种必然选择，心理教育也开始走入教育学研究的视野，并逐渐在教育学的学科体系内形成自己的一席之地，在国家及教育行政部门的推动下，心理教育也开始由一种教育理念，转化成一种大范围的教育实践活动，在我国广大中小学蓬勃开展起来。所以，素质教育也是我国心理教育的理论来源之一。

在这一阶段，由于研究者与实践者对心理教育关注的重点不一，认识的层次不同，出现了概念使用上的分歧与差别，与此相关的概念有心理卫生教育、心理素质教育等。"心理卫生教育"起源于心理卫生运动，以预防心理疾病为宗旨，重在普及心理卫生、心理保健知识，增进心理健康水平。"心理健康教育"是针对我国中小学生心理健康问题频发及心理健康水平降低而提出的旨在改变学生心理健康现状的一种教育措施，随着对心理健康概念内涵的认识不断深入，心理健康教育的涵义也在不断拓展，并且已经成为我国教育行政部门认同、使用的一个概念。但也有许多研究者提出，"心理健康教育概念不是绝对客观的表述，含有十分明显的价值判断倾向，并不是一个科学的概念"[1]。心理健康教育的包容面太窄，"是从心理疾病预防角度进行教育的，而心理疾病在中小学生中虽不同程度地存在着，但似乎不是主流"[2]。上述两种概念的表述，实际上都没有脱离心理咨询的学科轨道，依然以维护心理健康，减少心理疾病为出发点。

伴随着素质教育理论与实践研究的不断深化，对心理

▶ 1994年，《中共中央关于进一步加强和改进学校德育工作的若干意见》中第一次正式使用"心理健康教育"一词。

---

① 崔景贵. 解读心理教育：多学科的视野. 南京师范大学博士学位论文，2003：18.
② 王福兰. 近十年我国心理健康教育研究综述. 教育理论与实践，2002（7）：59.

教育的认识也在不断更新,开始真正从教育的大视角来看待心理教育问题,在这一时期,开始看到"心理健康教育"概念的局限性,看到心理素质是人的整体素质的核心,在修正"心理健康教育"概念的过程中,提出了"心理素质教育"的概念,并把"心理素质教育"界定为有目的、有计划地对受教育者的心理施加影响,使其提高心理健康水平,全面发展个性的过程。将心理教育的主旨定位于开发心理潜能,提高心理素质的方向上。其后,虽然概念上的纷争并未平息,但即便仍然使用"心理卫生教育"、"心理健康教育",其内涵已经发生了很大的变化。如教育部《关于加强中小学心理健康教育的若干意见》中认为,中小学心理健康教育"是根据中小学生生理、心理发展特点,运用有关心理教育方法和手段,培养学生良好的心理素质,促进学生身心全面和谐发展和素质全面提高的教育活动;是素质教育的主要组成部分;是实施《面向21世纪教育振兴行动计划》,落实跨世纪素质教育工程,培养跨世纪高质量人才的主要环节"。教育部印发的《中小学心理健康教育指导纲要》中进一步明确:"心理健康教育是提高中小学生心理素质的教育,是实施素质教育的主要内容。"其总目标是:"提高全体学生的心理素质,充分开发他们的潜能,培养学生乐观、向上的心理品质,促进学生人格的健全发展。"此时的心理健康教育与心理素质教育已经成了同义语。

(二)相关概念产生与发展的历史逻辑分析

三种不同的发展源流,为我们提供了各具特色的对"心理教育"概念的不同解读,如果仅从这些众多的不同表述中理解心理教育的概念,似乎很难找到一个较为一致的界定,也难以使我们真正看到心理教育概念的实质。因为任何概念的形成均有一个不断演进的发展过程,同时也难

◀我们看世界的方式,及我们在世界中存在的方式,都是历史的、文化的力量塑造的。

以脱离其所处的特定社会历史条件，因此，对概念的界定也同样不能只是静态地局限于对其字面内容的简单分析上，不能够脱离其形成与发展的历史逻辑过程，也可以说，只有将概念放在其形成的特定社会情境的背景之下，放在其发展的演进历程之中加以考察，才能深入、全面地把握其实质。

如果纵向考察与心理教育相关的几个主要概念，从时间顺序上看，其发展的逻辑关系依次为心理咨询、学校心理咨询、心理辅导和心理健康教育。下面我们将分别考察其产生与发展的历史，以发现这些概念的内在关系。

1. "心理咨询"概念的产生与发展

谈到心理学发展的历史，人们常会记起一句名言："心理学有一个长期的过去，但只有一个短暂的历史。"追溯心理咨询的过去，也可谓非常久远，在科学不发达的时代，如在古代中国、古希腊和古印度，当人们在精神上感到困惑时，或者是遇到难解的问题时，为摆脱困境往往到巫师、哲人和牧师那里去求得帮助和劝导。在人类社会处于愚昧落后的那些阶段，正是这些"咨询者"或精神生活的"指导者"，帮助人去应付无情的现实，改变人们对社会生活的不满态度，安慰那些蒙受创伤的灵魂。

古希腊哲人哥尔（F. J. Gall）创立的颅相学（phrenology），可算是古代"心理咨询"的典型代表。哥尔认为，人的各种心理才能都在人脑中占有一定的位置，脑的某一部分发达与否，都会反映到颅骨外形上。此后，颅相学作为一种推测心理才能，特别是智力才能的方法，西方一直流传到20世纪初。我国古代流传至今的"相面术"、"手相学"，也类似于"颅相学"的一些内容，在古代人们的精神生活中曾起过重要作用。尽管从科学心理学的角度来看，这些方法都是违反科学的，但它们在那个时代曾起过类似

▶ 此类帮助和劝导，因缺乏科学观察和实验依据，常带有神秘主义和超自然的色彩。

于今天心理咨询的作用，这一点是毫无疑问的，包括中国古代的医学典籍中，也不乏有许多成功的心理咨询的案例。先秦时期的医学典籍中，《黄帝内经》甚至提出了心理咨询的三种形式：说理开导式、以情胜情式、惊式心理咨询。这些都使我们不难看到心理咨询（尽管是非科学的）有一个漫长的过去。

心理咨询作为一门科学，或者说科学意义上的心理咨询，其发展历史相对来说则要短暂得多。它起源于20世纪初，到20世纪50年代基本趋于成熟，也就是说才刚刚走过了不到百年的历史。我们可以把心理咨询的发展大致划分为两个时期。

第一个时期是从20世纪初至20世纪50年代，是心理咨询的起源和形成时期。建立在科学理论基础上的心理咨询，起源可追溯至20世纪初。它的产生除了社会生产和生活的客观需要外，与心理学自身发展的水平也密切相关。目前学术界普遍认为心理咨询的起源与以下四个方面的工作有关。

第一方面的工作是职业指导运动的兴起。20世纪初美国工业的发展带来了职业的多样性，也创造了新的教育方式和职业指导机构，其后几年职业指导在美国全国逐步兴起，并发展成为有组织的职业指导运动。职业指导的目的主要是通过对青年人提供指导性的服务来改善人们的职业选择，帮助人们根据自己的性格、兴趣、才能来选择自己最合适的工作。帕森（F. Parson）的这项工作被认为是心理咨询的开端，1909年，帕森发表了《选择职业》一书，为心理咨询又奠定了一块基石。在这本书中，他提出了帮助个人选择职业必须与其本人的兴趣、能力和个性相符合，为了获得理想的职业，不仅要对所处的环境进行正确的评估，还要对自我进行正确的认知。这些观点也构成了今天

◀ 职业指导运动直接推进了心理咨询的发展和职业化的进程。

心理咨询的一些核心内容。

第二方面的工作是现代心理卫生运动的发展。1905年，28岁的美国保险公司职员比尔斯（C. W. Beers）根据自己在精神病院中的经历和感受，写了《发现自己的心灵》(A Mind That Found Itself) 一书，书中描述了住院精神病人的悲惨状况，如医院设备简陋，医护人员态度粗暴等，并揭示了社会上对精神病人的偏见、误解和歧视。当时美国著名的心理学家詹姆斯（Willian James）和著名的精神病学家迈耶（A. Meyer），在社会各界的帮助下发起成立了美国全国心理卫生委员会，其主要宗旨是防止心理异常和精神疾病的产生，增进人的心理健康。心理卫生运动的兴起使人们对如何保持心理健康，防止心理疾病更加重视，为心理咨询人增加了新的内容，促进了它的发展。

第三方面的工作是心理测量运动和心理学对个性差异研究的进展。伴随着职业指导运动，人们开始注意到个体之间的差异，使心理测量在美国开始发展起来。在这之前，即19世纪末20世纪初，法国心理学家比内（A. Binet）等人就已经进行了智力测量运动，促进了个体差异的研究，对人的能力和兴趣等提供了客观评估的依据。到了第一次世界大战期间和战后，关于人的兴趣、能力等个体差异方面的心理测验研究已成为指导与帮助人类发展的一个重要方面。如美国在第一次世界大战时对招募的士兵进行甄别和分类就使用了智力测验。法国为鉴别儿童智力进行了比奈—西蒙智力测验的研究等。到20世纪30年代，心理测验、职业指导和社会教育逐渐汇合成为一体。心理咨询开始更深入全面地走进人们的生活。

▶ 心理测量技术的发展，为心理咨询提供了保证。

第四方面的工作是新型的、非医学的、非心理分析的咨询与心理治疗的发展。卡尔·罗杰斯（Csrl Rogers）于1942年发表了《咨询与心理治疗》一书，第一次把咨询与心理治疗连在一起,其观点改变了人们长期认为只有经过专业训练的精神科医生才能进行心理治疗的看法,也改变了当时心理咨询过分依赖测验和滥用测验,过多地直接指导的情况。他以真正心理学的眼光分析咨询关系和咨询过程,致力于找出心理治疗中真正起作用的要素,从而使咨询变成了一个以科学研究为基础的实践学科。罗杰斯的人本主义心理学扩展了心理咨询的领域,使职业指导和学校辅导不再是支撑咨询的两支单拐,咨询内容扩展到人生的各种问题,也涉及变态行为问题,这使得咨询和治疗开始靠拢,有时甚至到了难分彼此的地步,这在心理咨询发展史上也是一件大事。

◀ 罗杰斯的非指导性咨询,形成了与职业指导和行为治疗截然不同的心理咨询理念。

伴随上述四个方面的工作,心理咨询开始逐渐确立自己的学科内容,逐渐趋于成熟。以1909年帕森的《选择职业》一书的问世作为现代心理咨询的起点,我们大致可以为心理咨询的形成划一个如下的轨迹:

20世纪20年代中期,由于个别差异的研究和心理测量的发展,出现了测量职业能力、兴趣倾向等个别差异的有效方法。

20世纪30年代,由以心理测量为基础的职业心理咨询,扩展到以人格为对象的家庭、学校、社会、健康、学业、经济及情感等方面问题的咨询,在此时间,心理学家卡特尔(J. M. Cattell)关于个性差异和心理测验的研究,进一步丰富了心理咨询的内容。卡特尔16因素人格测验在心理咨询中得到广泛应用,并对咨询起着指导作用。

20世纪40年代,行为心理学和心理分析的理论促进了心理咨询的进一步发展。由于社会政治经济及文化受战争影响变化很大,直接影响到了人的情绪和人际关系,这使得如何调整心理冲突比选择职业更为重要。同时在心理学领域,以罗杰斯为代表的一批人本主义心理学家的开创性工作，促成了指导运动向当代心理咨询的转变，这是心理咨询发展史上最深刻的转变。罗杰斯提出了"非指导性咨询"（nondirective cottnseling）的概念，强调发挥咨询对象的主观能动性，由此心理咨询得到了更迅速的发展，并逐渐确立了在心理学应用领域的独特地位。

20世纪50年代以后，是心理咨询的发展时期。在美国，心理咨询事业几乎深入到美国人生活的各个领域。其特点是服务面广、要求严格、方法繁多。心理咨询所以在美国人生活的各个领域盛行，主要原因就是对自身健康的关注程度较高，并且认为人的心理正常与不正常之间没有一个明显的界限，正常人会因某些特殊意外事件变得不正常，而不正常的人也会有其表现正常的时候，所以都有进行心理咨询的必要。美国人把心理咨询看做维持个人精神生活和谐、心理平衡的重要环节，以此不断地调节自己的内心世界和与外人的关系。

▶ 主要指心理咨询服务领域开始呈现多样化的特点。

这个时期心理咨询在理论指导方面，主要是精神分析、行为主义和人本主义三大学派的影响。基本上分为指导性咨询和非指导性咨询，这代表了心理咨询的三种模式，即障碍性咨询、适应性咨询和发展性咨询，这种划分直到今天在心理咨询的理论与实践中仍居于经典的地位。在工作内容方面，则注重对正常人开展心理咨询服务及辅导工作，主要开展职业、发展与教育、家庭、心理卫生、医疗等领域；从工作的性质上看主要有两类，一是以提供信息、意见为主要特征的业务，属于心理知识咨询的范畴，另一种是要求进入来访者的内心世界并引起其心理感受或外显行为变化的工作，即着重帮助来访者宣泄消极情绪，改变思维方式，从这开始，心理咨询作为一种社会职业最终被确立，并在世界各地蓬勃发展。

上述心理咨询产生与发展的脉络显示，心理咨询是人类迫切要求了解自己，改变自己的产物，特别是人类对消除自身心理困扰，解除心理疾病的需要，迫切要求给予有效的心理救助，这就为心理咨询的产生提供了动力。而职业指导运动、心理卫生运动、心理测量运动及非医学的心理治疗模式的提出，则催生了心理咨询的诞生，同时也将心理咨询的主旨定位于对前来寻求咨询的来访者予以帮助，帮助他们解决在社会生活中出现的适应和自我发展方面出现的心理困扰，或轻、中度的心理疾病、心理障碍，虽然心理咨询的目标是帮助来访者增进心理健康，发挥自身潜能，能够有效适应社会生活环境，但仍然是以心理问题为取向的，以帮助前来求助的咨询对象解决他们面临的心理问题为主要任务。

◀心理咨询的发展表明，它不仅关注心理障碍的解决，也关注心理困扰的消除和心理发展的训练。

2."学校心理咨询"概念的产生与发展

作为心理咨询重要组成部分的学校心理咨询，其产生与发展的过程也是伴随着心理咨询的脚步而前行的。

学校心理咨询的起源，一样可以上溯到古希腊时期。科西尼（R. J. Corsini）主编的《心理学百科全书》认为，学校心理咨询的古代源头应当到古希腊先哲对人们提供的劝导和帮助中寻找。例如。苏格拉底（Socrates，公元前469—400年）的"助产术"，不仅是一种启发、引导的教学方法，其中也含有"面谈"的性质，这同现代学校心理咨询常用的"会谈法"有着一定的历史渊源，但是，苏格拉底等的类似活动，比起中国古代著名教育家、思想家孔子的学校心理咨询活动却要晚大半个世纪。

◀中国丰富的心理教育思想，应当成为我们建构中国心理教育理论的重要源泉。

孔子（公元前551—479年）在长期的教育实践中不仅积累了丰富的教育心理思想，而且直接进行了大量的学校心理咨询活动。我们从《论语》中可以看到有关这一方面活动的大量论述。例如，孔子曾告诫他的学生子路"不得中行而与之必也狂狷乎？狂者进取，狷者有所不为也"。这里所说的"狂"和"狷",即相当于今天我们所说的性格上的外倾与内倾。可见孔子对人的性格问题已经有了比较深入的认识。又如孔子关于"知之者不如好之者,好之者不如乐之者。""学而时习之,不亦说乎?""学而不思则罔,思而不学则殆。""博学而笃志,切问而近思。"等的论述,体现了孔子对学生学习问题的指导。孔子所说的"益者三友,损者三友。友直,友谅,友多闻,益矣。友便辟,友善柔,友便佞,损矣。""己所不欲,勿施于人。""与朋友交,言而有信。"等,实际上就是孔子就人际交往和交友问题对学生所做的劝导和帮助。孔子关于"由也,千乘之国,可使治其赋也","求也,千室之邑,百乘之家,可使为之宰也","赤也,束带立于朝,可使与宾客言也","雍也可使南面"等论述,可以说是世界上最早以日常观察经验为根据对学生进行职业指导的实例。据上述事例,一些学者认为学校心理咨询在中国源远流长,我国是世界上有据可考的进行学校心理咨询活动最早的国家。

当然,古代学校心理咨询的思想和实践都是零散的、不系统的或不自觉的,更谈不上作为一门专业或职业活动来形容和对待。因此,中外的一些学者认为,现代学校心理咨询的历史,应以 20 世纪初美国职业运动的兴起为发端。关于美国的职业指导运动在介绍心理咨询的发展史时已提到,它除了作为现代心理咨询的源头之一而被载入史册之外,在现代学校心理咨询的历史上,也有其特殊的地位。职业指导运动最有影响的先导者帕森(F. Parson)于1908年在美国马萨诸塞首府波士顿创立的一家具有工艺服务和培训性质的职业介绍所,就率先对公立学校的中学毕业生开展了职业指导咨询活动,其后出版的《选择职业》一书,则较为系统地介绍了他的职业指导观。他认为,职业的选择必须与青年的能力、兴趣、个性特点和客观条件

▶ 应以天人合一的思想建构中国心理教育的理论体系,其立足点是儒家天一合一思想与道家天人合一思想的互补结合。

相结合。只有正确认识自己的素质、专长并对环境条件有客观评估，才能实现人与职业的合理匹配，作出恰当的职业选择。帕森的观点对学校心理咨询的发展至少有两个方面的重要意义。一方面，它沟通了学校教育、心理咨询服务和社会发展的关系，为学校心理咨询的社会服务功能打下了基础；另一方面，它也为学校心理咨询的明尼苏达指导模式奠定了最初的理论基石。

如果说最初的职业指导运动开创了学校心理咨询的先河，那么，第一次世界大战期间及之后心理测验的蓬勃发展，则为当时以职业指导运动为中心的学校心理咨询提供了科学的手段，促进了学校心理咨询的发展。这期间，以美国明尼苏达大学帕特森（F. H. Patterson）和威廉森（E. G. Willismdon）为代表，创立了颇负盛名的明尼苏达指导模式，这种指导模式注重的是职业信息的收集和传递，个体特质要素的评价和分析，以及相应的问题解决技能训练，是一种将认知评价和行为训练结合起来，帮助个体作出理性职业选择的指导模式。这一模式的创立，使学校心理咨询在理论研究、指导范围和咨询效果上，都较先前有了很大进步。1939年，帕特森与威廉森等合作出版了《如何对学生进行咨询》一书，这本书被视为学校心理咨询的开端，在学校心理咨询的发展史上占有重要地位。

20世纪三四十年代，在心理咨询的发展过程中出现了被称为"心理治疗的年代"这一时期，这对学校心理咨询产生了较深的影响。"心理治疗的年代"的代表人物罗杰斯（C. Rogers）提出的非指导性咨询和患者中心的治疗模式，被学校心理咨询工作者普遍接受。他的非指导性咨询及患者中心模式主要强调来访者在咨询、治疗过程中的积极作用和责任，对来访者自我意识的提高和自我决定能力的发挥予以高度重视。由于罗杰斯治疗模式的出现，这个时期之后，学校心理咨询的重点就由学生的职业指导逐步转到学习和生活的适应以及情绪障碍的诊治上来了。

> 学校心理咨询的发展，使其由矫正模式转向发展模式，开始关注发展性咨询。

从 50 年代开始，学校心理咨询又有了新的发展。这是由于埃里克森（E. Erickson）等人提出了毕业发展的理论，也因此产生了以"帮助学徒实现最佳发展，努力排除正常发展障碍"为目标的发展性咨询。发展性咨询的代表人物之一布洛克尔（R. BLocker）在《发展性咨询》一书中指出，发展性咨询关心的是正常个体在不同发展阶段的任务和应对策略，尤其重视智力潜能的开发和各种经验的运用，以及各种心理冲突和危机的早期预防和干预，以便帮助个体顺利完成不同发展阶段的任务。发展性咨询的提出标志着学校心理咨询发展史上的一个新的转折，即从重指导、重治疗的模式向重发展、重预防的咨询模式的转变。今天来看，这种转变进一步拓宽了学校心理咨询的范围，深化了其功能，也标志着学校心理咨询在理论与实践上基本趋于成熟。

> 重要的是，学校心理咨询也逐渐成为学校教育的一个组成部分。

学校心理咨询发展的历程显示，作为心理咨询的一个分支，目前学校心理咨询已经成为心理咨询工作的一个重要方面，甚至是主要方面，并在一定程度上发展了心理咨询的理论与实践活动。其表现为：

（1）从学校心理咨询的内容和职能上看，它很好地体现了心理咨询的教育和发展这两大基本职能（根据国际心理科学联合会《心理学百科全书》关于心理咨询的两种定义模式，即教育模式和发展模式），实际上教育和发展正是学校心理咨询的核心内容。

（2）从学校心理咨询的工作对象来看，它主要是针对各级各类学校的学生，主要是全日制大、中、小学校的学生。学生时代是每个人完成社会化，走向成年的一个必须经历的阶段。在这个发展阶段中，每个人都会遇到各种各样的问题，尽管这些问题在成人看来微不足道，但由于学生缺乏经验，心理脆弱，这些问题对他们来说可能是不可逾越的，很容易导致各种心理问题的发生。而学校心理咨询则可以帮助他们有效地解决面临的问题，较好地完成自我发展的任务，以一个比较完善的个体形象步入社会。也就是说，学校心理咨询是在每个人成长和发展的关键时期，给他们提供适当的支持和帮助，无论是对人的个体发展还是社会整体进步都有着举足轻重的作用。

（3）从学校心理咨询的效能看。由于各级各类学校的学生特别是全日制学校的学生，正处在心理发展的动荡和不稳定时期，学生的心理问题是大量的，因此，学校心理咨询的工作也是大量而经常的，它伴随着学生学习、生活的整个过程，实行全过程的监护和指导。由于学校的管理比较集中、规范、系统、正规，也使得学校心理咨询通过与学校各项工作的紧密结合，成为一项正规、规范和系统的工作，从而大大地提高它的工作效能和作用，使它对学生的指导和帮助更加及时、深入和系统，这是其他行业的心理咨询工作不能比拟的。至于学校心理咨询在提高学校的教育质量，促进学生全面充分地发展方面的作用，更是显而易见的。

随着学校心理咨询的不断发展，使学校心理咨询的深度和广度有了进一步的拓展，不仅仅停留在事后心理问题的处理和调适上，而与普及知识、事前预防结合起来，使它在学生的成长和进步中发挥着越来越重要的作用。在学校心理咨询的方法和理论模式上，出现了强调整体和综合以及重视社会环境影响的趋向。由于受目前整个心理科学在方法上注重整体，在理论建设上重视社会因素对个体心理问题的影响等潮流的左右，目前在开展工作时，已不再局限于某种单一的咨询模式，而是注重多种模式的综合考虑和运用。并且，在对个体心理问题的咨询中团体和校内外环境对个人的影响以及咨询中双方的人际影响和相互作用等问题，也越来越引起人们的注意。对进一步提高学校心理咨询的质量，具有积极意义。

学校心理咨询是心理咨询在学校中的运用，虽然它与心理咨询在理论基础和实践方式上是一致的，但就工作对象、工作任务、工作原则而言，已经具有自身的特点。工作对象是学生，是在适应和发展方面出现问题的并希望得到解决的各级各类学校的学生；工作任务是一方面帮助适应困难的学生解决他们面临的心理问题，帮助他们实现正常的发展，另一方面还应当帮助学生充分挖掘自身的各种潜能，促进其身心和谐、全面的发展。由此可见，学校心理咨询已经开始出现超越问题取向心理咨询模式的趋向，将发展性咨询作为心理咨询的重要任务，美国心理咨询协会1992年提出的口号就是"多样化—发展—尊严"。但是，我们也需要看到，这里所提的发展，并不是教育意义上的有目的、有计划地促进所有学生的发展，而是指在解决学生适应性问题基础上的促进发展。

3. "心理辅导"概念的产生与发展

我国台湾、香港地区分别于20世纪50年代和70年代开展心理辅导活动。

> 心理辅导更强调预防性和教育性的特点。

台湾地区的学校心理辅导工作是作为教育辅导制度的一部分来实施的，从50年代开始推行这项工作，经历了介绍、实验和推广三个时期，到60年代末、70年代初开始全面实施。到今天在辅导的目标、实施原则、方式方法、工作过程、工作机构、工作评估及辅导人员的素质要求和培养方面，已经形成了一整套完整的东西。台湾的心理辅导工作，现在已经成为其教育战略的有机组成部分，在辅导目标中体现出来的对学生自我发展的关注和对社会适应性的重视，证明其辅导工作的现实性和有效性。

香港的学校心理辅导工作是从 70 年代开始的，当时，香港受心理困扰的青少年数量迅速增加，青少年的犯罪率急剧上升，他们迫切需要心理辅导工作者的帮助，而教育界和社会福利界则强烈呼吁关心青少年的健康成长。这样，为广大青少年服务的中小学心理辅导机构便应运而生。

我国的台湾、香港地区引入心理咨询较早，只是在称谓上进行了调整，台湾和香港均称作"心理辅导"。而且最早是在学校里发展起来的。台湾在 50 年代初就开始选送人员赴美进修，积极向岛内介绍专业理论，并着手培养专业人员、制订计划、开展试点、积极推广，到 60 年代末至 70 年代初，已经在大、中、小学校全面铺开。香港则在 70 年代中后期开始在学校中推行辅导工作，目前两地在学校辅导方面都有长足的进步，尤其重要的是台港两地行政当局，均以政令形式规定了学校辅导工作在学校中的正式地位，这对于辅导工作的发展有着重大的意义。

可以说，心理辅导是心理咨询在学校中发展并加以本土化的概念，由于面对的群体不同，对于成长中的中小学生，促进其心理的健康成长成为辅导的重点，而辅导的目标就转向了帮助学生了解自己，制订计划，作出选择，担负起个人和社会的责任，开发自己的潜能，过健康、有意义、自我满意的生活，心理辅导开始系统地走入学校教育之中。如果说早期的心理辅导强调辅导是诊疗的过程，辅导是安置与适应，辅导是"作决定"，而当代的心理辅导模式则转向认为辅导是发展性的，辅导是有目的行为的科学，辅导即社会的改造，辅导即个人的发展等，表明心理辅导也在进行着自身的发展与超越，由治疗、预防向教育、发展迈进。

心理辅导概念的提出，一方面它较"心理咨询"更准

◀ 倡导辅导的初衷，是希望能够通过教师的协助，帮助学生通过心理调适适应多变的社会。

确地反映了学校心理咨询的特点和工作目标,另一方面也进一步扩大了学校心理咨询的范围,由存在心理困扰的学生扩大到了全体学生,并将学校心理咨询由被动转为主动,扩展到学校教育的体系中,成为学校教育的组成部分。心理辅导虽然弱化了问题取向的心理咨询模式,也变成了一种教学行为,但依然没有完全摆脱问题中心的束缚,只是更加关注发展性的心理问题。此时的心理辅导依然作为学校教育的一种方法,停留在学校教育的一项具体工作的层面,没有将其看做一种重要的教育理念,是学校教育的目的之一。

4. "心理健康教育"概念的产生与发展

20世纪80年代以来,社会的发展变化对学校人才的培养提出了更高的要求,应试教育的人才培养模式已经不能适应当代社会发展的需要,针对"应试教育"存在的种种弊端,根据国际教育改革的潮流和特点,素质教育的思潮在我国逐渐兴起,1985年《中共中央关于教育体制改革的决定》指出,教育体制改革的根本目的是提高民族素质,1993年中共中央、国务院公布的《中国教育改革和发展纲要》进一步提出要由"应试教育"转向全面提高国民素质的轨道。在应试教育向素质教育转轨这样一个大的教育背景下,心理素质的地位和作用开始凸现出来。

在对素质概念内涵的揭示过程中,教育研究与实践者逐渐发现,素质是人的身体和心理发展的客观基础。人的发展是从量的积累到质的变化连续不断的过程。每一阶段新质的出现,都作为下一个阶段的基础,而促成其在新的水平上生长,人的可教育性,就是在不断提高基础水平的嬗变中体现出来的。因此,素质是一个人身上处在发展中的"基础条件"。个体的素质结构,主要包括生理、心理两大基本要素,生理方面主要指受教育者身体的发育,机能的成熟和体质、体力的增强；心理方面则指受教育者认识、情感、意志、个性的发展和完善，其外显形式表现为受教育者在智、德、美等几方面的发展。为了使受教育者在身心两大素质方面得到健康全面的发展，教育者有必要对其实施有针对性的教育，因为就受教育者个体而言，其内在的身心发展的素质结构，必须通过同外部影响的结合，即教育的作用，才能得以形成。这就为素质教育的提出和实施提供了必要的前提，而素质教育也相应地分为身体素质教育和心理素质教育。

  同时，随着我国改革开放进程的不断加快，市场经济大潮的冲击，价值观念的多元化，社会竞争的日趋激烈，无不给人以强烈的心理刺激，在这样一种大的社会背景下，学生的心理问题日渐突出，心理困扰普遍增加，急需学校教育有所创新，"心理健康教育"的提法也随之应运而生。此时，"心理素质教育"与"心理健康教育"这两个概念常常混用，常随强调的内容、场合不同而分开使用。1994年《中共中央关于进一步加强和改进学校德育工作的若干意见》中，正式使用了"心理健康教育"的概念。1999年《中共中央国务院关于深化教育改革全面推进素质教育的决定》中，进一步明确提出："针对新形势下青少年成长的特点，加强学生的心理健康教育，培养学生坚忍不拔的意志，艰苦奋斗的精神，增强青少年适应社会生活的能力。"其后，心理健康教育逐渐归为学校德育的范畴，成为学校教育的一项工作任务，而"心理健康教育"概念则更多地被使用，并开始固定下来。

  在这一时期，开始明确提出心理健康教育是素质教育的重要组成部分，而心理健康教育则是有目的、有计划地对受教育者的心理施加影响，使其提高心理健康水平，全面发展个性的过程，它包括对学生心理潜能的开发和各种

◀1999年8月，教育部专门颁发了《关于加强中小学心理健康教育的若干意见》，心理健康教育开始正式走入学校教育实践之中。

优秀心理品质的培养和发展，同时预防各种异常心理和心理问题的产生。

心理健康教育概念的提出，本质特点就是将心理健康教育看成教育的目的之一，明确提出心理素质是一个人整体素质提高的基础，而心理健康教育是一切教育的前提和基础，因为教育提供给学生的文化精华，要通过个体心理机制选择、内化，才能渗透到学生的头脑中，学生由幼稚走向成熟，也是心理素质水平不断提高的过程。从更大的范围看，人类自身的行为活动不外乎生理活动和心理活动两个方面，生理活动的外显形式是身体活动，可以通过体育求得发展，心理活动是内隐的，可以直接表现为人的认识、情感、意志、个性等心理现象，也可以通过道德行为、智慧行为、审美行为及劳动行为等外显形式表现出来，因此，德育、智育、美育、劳动技术教育等实际上都可以看做心理健康教育的具体途径。

与其他几个相关概念发展不同的地方，就是心理健康教育概念的提出，进一步确定了心理健康教育在学校教育中的核心地位和作用，而且真正使心理健康教育成为学校素质教育的突破口。其理由是：就全面发展的标准而言，一名学生应该具备良好的思想品德素质、知识技能素质、身体素质和心理素质四个方面。可以说，前三方面的素质在学校中都有相应的手段和途径。如思想品德素质由各种思想教育和品德课来培养，身体素质可以通过体育课和课后体育锻炼来提高，知识技能素质更是学校的重头戏，有大量的时间和丰富的手段，唯有心理素质的培养找不到相应的途径和手段。

▶ 真正看到心理健康教育已成为人的全面发展不可缺少的组成要素。

那么是不是学生的心理素质已经很不错了呢？回答当然是否定的。许多学生问题恰恰是由于心理问题引起的。从考试怯场到害怕发言，从人际紧张到抑郁孤僻，等等。

是不是心理素质不重要呢？回答也是否定的。心理素质恰恰在很大程度上决定着一个人的成败。现在人们已经认识到，一个人情绪稳定、乐观、充满自信，善于与人相处、合作，往往能够更成功地应付生活的荣辱浮沉，也就更容易成才和发展。用时下盛行的"木桶理论"也更容易说明这个问题。这个理论讲的是由多块板构成的木桶能盛多少水，并不取决于多块板中最长的一块，而是取决于其中最短的一块板的长度。也就是说，心理素质这块板很短，其他板再长，也是盛不了多少水的。现在的学生中几乎都是独生子女，由于独生子女在其成长过程中受到来自家庭以及社会的多方面的不良影响，他们的心理素质问题也就更为突出，提高他们心理素质的任务也就更加紧迫和繁重。

当然，并不是说我们的各级学校和广大教师培养学生心理素质方面什么也没做。实际上许多学校和老师在这方面也进行了积极的探索，做了许多工作，取得了一些成绩。但也应该指出，这些工作基本上是自发的、无序的，也是经验型的，既缺乏系统的规划和有计划的实施，也缺乏科学的手段和方法，更谈不上各级学校之间的衔接和配合了，而且地区之间、学校之间工作也很不平衡，存在很大的空白。因此也就很难适应学校教育和学生成长的需要。现在各级各类学校学生中心理问题大量存在，得不到及时解决。出现自杀、伤人、出走等恶性事件，这都说明了日前学校教育在这方面存在的不足。

◀ 多是将心理教育作为一种解决学生心理问题的手段，或是作为学校教育中的一项具体工作，将心理教育置于学校教育的从属地位。

而心理健康教育则以系统的理论、完善而丰富的手段和方法，关注学生的身心健康，有效地指导和帮助学生克服各种心理问题。同时，心理健康教育面向全体学生开展工作，系统、规范、有针对性地指导不同发展时期的学生，有效地提高学生的适应水平。并在此基础上，指导学生塑造健全完整的人格。可以说，走过了几十年发展历程的学校心理健康教育，在走入中国各类学校的时候，适时地填补了我们教育中的一大空白，在中国教育向现代化发展的过程中将发挥其应有的作用。

目前，心理健康教育已经在广大中小学从无到有，从小到大地成长起来，现在它已不单是一种教育方法，也不只是解决学生心理问题的一种权宜之计，它实际上是现代学校教育的一个重要组成部分，是学校教育的目的之一，为学生的成长和成才提供强有力的保证，它将伴随学生学校生涯的整个过程，关注其身心状况，支持和帮助他们适应学校生活，指导他们开发自身的心理潜能，提高心理素质，促进学生的全面发展。我们相信，心理健康教育会以它独到的理论和方法，在现代教育中为自己赢得一席之地，进而推进传统教育向现代教育发展的进程，构建起适合现代社会需要，面向 21 世纪的新型教育模式。

> 心理教育是一种教育理念，是学校教育的核心任务。

通过上述心理教育相关概念产生与发展过程的分析表明，这些概念均从各自不同的研究视角对心理教育予以解读，并都在不同程度上对心理教育的理论研究与实践产生相应的影响。有的研究者从心理学的学科视角来认识心理教育，认为心理教育就是"学校心理咨询"、"心理辅导"，在方法和技术的层面上界定心理教育，将心理教育置于学校教育的从属地位，更多关注的是学生的心理问题；有的研究者则从教育学的学科视角来认识心理教育，将心理教育看做"心理健康教育"或"心理素质教育"，将心理教育看做一种教育活动，是学校教育的目的之一，应当纳入到学校教育的整体过程之中，更多关注的是通过有效的教育活动促进学生的心理发展。两种不同的研究视角，实际上也代表着对心理教育的认识在不断深入、全面，因为心理咨询作为心理学的一门应用学科，主要强调心理咨询是一种服务，在学校教育的情境下就是对学生的具体指导、帮助与改变，是以学生个体为指向的，强调以每名学生自身利益为出发点，其价值评判标准是客观的；而随着心理咨询、心理辅导工作的影响不断扩大，学生心理素质的重要性不断显现，将心理咨询、心理辅导的作用由矫正扩大到预防，由预防扩大到促进心理发展，将心理咨询、心理辅导的范围由个别学生扩展到全体学生，必将成为一种期望，将学生的心理发展同整个学校教育相一致、相协调，将心理发展引导到社会发展的总目标上，也必然是一种趋势。所以，将心理教育统整到教育的学科之下，将心理咨询、心理辅导等心理服务的方法纳入到学校教育体系之中，不能不说是一种必然。而此时在素质教育浪潮的推动下，教育学研究视角的心理健康教育开始在学校教育中大面积普及开来。

二、心理教育概念的理解与阐释

什么是心理教育？对于这一问题至此我们依然没有给出一个明确的概念，对于心理教育概念使用上的混乱，从上面的分析中我们不难发现，有横向与纵向两方面的原因，横向上是因为不同的概念表述是因其有不同的理论渊源，纵向上是由于不同的认识是不同历史现实条件的产物，因此也看到了心理教育概念形成与发展的脉络。

与心理教育直接相关的几个主要概念：心理咨询、学校心理咨询、心理辅导、心理健康教育，虽然其理论来源不同，但有一个逐渐发展的历程，从上述分析中不难发现，它们产生之初主要是针对学生的心理困扰或心理疾病，以对学生个体心理诊治为核心，但随着对心理问题认识的不断深化，逐渐将概念的内涵加以拓展，呈现出的共同趋势就是扩大了对心理问题外延的认识，由障碍性心理问题延伸到适应性心理问题及发展性心理问题，由被动解决问题

◀ 对于任何一个学科而言，最无法达成一致的就是对自身的界定，因为这一界定是本学科一切探索的前提。

到预防心理问题的产生,再到教育的目的之一,同时也使各相关概念的内涵由诊治、预防延伸到了发展。此时各相关概念的内涵已超出了最初意义上的限定,而心理教育也需要一个确定的词语予以标示,选择一个什么样的词语来统摄所有相关的概念,来包容心理教育丰富的内涵。

> 不同的概念使用源于不同的学科和理论取向,其存在也有其历史发展的必然。

我们认为,学校心理咨询、心理辅导、心理健康教育这四个概念虽然各有侧重,并不断发展变化,但这四个概念均有各自的不足。学校心理咨询属于心理学的一门分支学科,以咨询心理学、心理测量学、心理治疗学等心理学理论为理论基础,重视站在对方的角度思考问题,强烈的个体化取向、方法性取向等,使其"教育"的特性难以反映出来。"辅导"一词虽然与"教育"有相近的意义,但有的研究者则提出,辅导与教育是有区别的:辅导是自下而上的,是一种服务,而教育是自上而下的;辅导是由内向外的,注重学生内在需求的满足和内在潜能的展现,而教育是由外向内传授的;辅导关注每名学生的具体问题,重视个别差异和个别化对待,而教育则比较关心学生中共同存在的问题,重视共同性。从这些区别中我们不难看出,心理辅导也不能有效反映出"教育"的特性。而心理健康教育虽然反映出了"教育"的特性,但日常生活中对"心理健康"词义的一般理解,又容易窄化心理健康教育的内涵,将心理健康教育理解为一种补救性教育。为了避免这一倾向,有的研究者提出了"心理素质教育"的概念,认为这一提法既与素质教育的概念相一致,又反映出了教育的学科特性,但如果与心理健康教育相对照,心理素质教育的提法又会出现单纯强调正向培养的倾向。所以,心理教育应当是最具包摄性的概念。学校心理咨询、心理辅导、心理健康教育等都可以看做心理教育的组成部分,笔者赞同崔景贵博士的观点:"事实上,这些提法的含义有相同之处，即离不开'心理'二字，都以人的心理为指向，归根到底都是为了人的心理素质方面的发展，对人的心理的辅导、指导、咨询、训练等，最终还在于或可以归结为'教'与'育'，即成为教育内容的一部分，成为素质教育的一部分。因此所有这些提法与做法，都可以用'心理教育'这一概念来统摄，也只有心理教育这一提法才能充分体现这一教育的实质及全部内涵。"

◀ 心理教育指向的是"心理"，采取的手段是"教育"。

（一）国内关于心理教育概念的已有界定

概念是构建理论的基本单位，每一种概念都有其特定的内涵，概念的内涵反映着概念的本质特征。我们在讨论一个问题时，首先需要明确其中基本概念的内涵，明确其基本论域、基本视角和语境，这样在具体讨论这一问题时，才会有共同的话语。明确心理教育的概念所指是研究心理教育问题的首要前提。上述分析表明，心理教育的理论与实践工作者对心理教育的概念已经进行了多方面的研究与探索，形成了多种表述不一的相关概念，用"心理教育"统摄这些概念之后，对这一新的"心理教育"概念的实质则需要有一个重新认识的过程。

在我国心理教育的发展过程中，也有许多研究者使用了心理教育的概念，并分别以各自的理解给心理教育赋予了相应的内涵，可谓众说纷纭，莫衷一是。研究者分别从不同的研究侧面出发，对心理教育的概念予以描述，由于心理教育自身的复杂性和研究的逻辑起点的多端性，我们难以对其进行完整的归纳，并形成一个包容各种定义方式、内涵丰富的界定，但对多种定义方式加以梳理，我们依然可以发现其中的共同点，即主要遵循两种定义方式：分别从心理教育构成要素的角度和从心理教育功能的角度切入来界定心理教育概念的内涵。

1. 界定视角1：心理教育的构成要素

我们试举两例较具代表性的观点：

《辞海》对"心理教育"的解释：心理教育是"以培养心理素质和解决心理问题为基本目标的教育，包括心理培养、心理训练、心理辅导、心理咨询、心理治疗等。有两种形式：一是积极的心理教育，指培养心理素质，促进心理健康，是占主要地位的形式。二是消极的心理教育，指解决心理问题，保持心理健康，是占辅助地位的形式"[1]。这一释义虽然也涉及了心理教育的目标和内容，但主要还是从心理教育构成要素的视角，强调心理教育的两种主要形式：积极的心理教育和消极的心理教育。

> 按照逻辑学给概念下定义的方法，罗列其包含部分的范围来界定，可称为"外延定义法"。

与此一致的还有燕国材教授的观点："心理教育应当包括积极的和消极的两个方面，心理教育的积极方面是培养心理品质，促进全面发展；心理教育的消极方面是防治心理疾病，保持心理健康。所谓心理教育就是培养心理素质与防治心理疾病的有机结合。"[2]

这一类对心理教育概念的界定方式，虽然指出了心理教育的两种构成形式，有助于我们把握心理教育的整体性和多侧面性，但并未从更深的层面上揭示出心理教育的本质内涵。

2. 界定视角2：心理教育的功能

这类定义方式主要从心理教育的功能出发，尝试从本质上界定心理教育的内在特征。

最具代表性的是班华教授的研究，班华教授在1991年发表的《心育刍议》[3]一文中，首次提出"心理教育是有目

---

[1] 辞海（1999年版普及本）[M]. 上海：上海辞书出版社，1999：533.
[2] 燕国材. 论心理素质及其教育. 云梦学刊，2000（3）：74.
[3] 班华. 心育刍议. 教育研究，1991：5.

的的培养受教育者良好的心理素质，提高心理机能，充分发挥其心理潜能，进而促进整体素质提高和个性发展"。在1994年出版的《心育论》中，又进一步将其明确为"心理教育是有目的的培养受教育者良好的心理素质，提高其心理机能，充分发挥其心理潜能，进而促进整体素质提高和个性发展的教育"①。

◀按照语义学的原理，从功能的角度来界定心理教育的概念，属"功能义"类型。

而车文博教授在其《心理咨询大百科全书》中，同样将心理教育界定为："心理教育是当代学校教育的重要组成部分之一，指学校的心理素质教育，包括正常的智力水平，稳定乐观的情绪，正确的接纳自我，坚强的意志品质，完整健康的人格，承受挫折的能力，人际交往的能力和适应环境的能力。心理教育的宗旨在于开发潜能，促进发展，塑造人格，心理健康。"②

郑和钧教授认为，"心理教育是教育者有意识、有目的、有计划地对受教育者的心理施加影响与受教育者心理的自主建构相互作用，从而培养受教育者良好的心理素质，增强其心理机能，开发其心理潜能，发展其个性的教育"③。

陈中永教授也认为，"心理教育是一种针对人类心理机能进行的特殊教育活动，目标是全面提高人类的心理机能，开发人类心理潜能，促进心理全面发展，维护人类心理健康，从而为促进社会发展服务"④。

这一类界定方式将心理教育直接指向受教育者的心理发展，更加强调积极的心理教育，其核心在于将心理教育看做一种有目的、有计划地培养受教育者形成良好心理素质的过程，其实质在于提高心理机能，开发心理潜能。

---

① 班华. 心育论. 合肥：安徽教育出版社，1994：9.
② 车文博. 心理咨询大百科全书. 杭州：浙江科学技术出版社，2001：65.
③ 郑和钧. 学校心育系统协同构建的理论与实践. 长沙：湖南师范大学出版社，1999.
④ 陈中永. 论心理教育研究的社会意义. 心理学动态，1992（1）.

> 两种界定方式均难以揭示出心理教育概念的本质内涵。

分析上述对心理教育概念的两种界定方式，虽然分别从构成要素和功能的角度加以认识，但我们也不难看到两者之间的一致性，因为心理教育的两种构成要素同样反映的是心理教育的两种不同功能，即发展性功能和补救性功能，积极性心理教育主要体现的是心理教育的发展性功能，而消极性心理教育则主要体现的是心理教育的补救性功能，前者重在培养心理素质，后者意在解决心理问题，对于完整的心理教育而言，两者缺一不可，单纯强调心理教育的发展性功能同样是不全面的。

上述国内学者对心理教育的界定方式，应当说在一定程度上揭示出了心理教育的内涵，但借鉴语义学的概念分析方法来看，仍然有难以令人满意之处。根据语义学的原理，可以将概念的语义分为七种类型，其中基本类型是本体义、情感义、关系义与功能义。本体义是对同类事物的多个个体进行总结性综合概括而产生的对于对象的本质性认知，本体义中的一个主要意义类型是属性义，即从一类对象所具有的共同性质或关系的概括中形成的认识；情感义是将主观情感作为一种评价尺度并体现于概念之上的意义形式；关系义是对相关事物的某种关系性质及其评价在概念中的表达；功能义则是指概念在特定语言结构中具有的作用及其意义。按照这一看法，从构成要素的角度来界定心理教育的概念，反映的只是概念的分类，而不是概念的本质；而从功能的角度来界定心理教育的概念，虽然符合语义学的概念分析方法，但揭示的深度不够，只是一种表层的界定，应更进一步从本体义类型上去把握心理教育概念的实质。

> 明确心理教育概念的核心内涵，才能确定心理教育概念的基本论域、基本视角和语境，才能走出认识的混乱。

在这些表层的界定之下，是否可以发现更接近其本质特征的内容，即是否能够找到更一致地反映心理教育概念的核心内涵？

（二）心理教育概念的本质界定

综合上述国内研究者对心理教育概念的界定，我们仍然可以发现其中的一些共同成分，即这些定义都将心理教育看做一种有目的、有计划的教育活动，都指出心理教育的研究对象是指向"心理"的，但接下来的问题是：心理是什么？不同的定义方式对其回答是不同的，涉及的答案有：心理素质、心理机能、心理潜能、心理问题、心理疾病等，在这些众多的词语中，哪一个能够表示心理的本质内涵？为了回答这一问题，我们不得不将探寻的目光转向对心理本质的考察。

1. 心理是什么：心理本质的现实考察

心理是什么？人的心理本质是什么？这是心理学中最核心的理论问题，是心理教育试图探寻的心理的本体内涵，也是人类很难求解的"斯芬克斯之谜"。千百年来，哲学家、心理学家运用思辨、实证研究等方法试图揭示出心理的秘密，曾经提出过多种见解。自冯特的现代科学心理学诞生以来，各个心理学派也都围绕它展开激烈的争论，也产生了各自的理论与立场。如行为主义把人的外部活动和行为表现作为人的心理的实质，心理分析学派把人的本能作为其心理实质……但这些理论从心理的不同维度出发，研究方法各异，关注的重点不一，均未全面揭示出人的心理的实质，至今在心理学内尚未形成统一的理论和范式，导致出现学派林立的现状。

◀ 学派林立的局面，说明心理学对"心理"的把握缺乏统一的理论和范式。

心理实质的问题是心理学研究必须首先回答的问题，因为这是建立心理学理论的出发点，也是一切心理学研究的起点。但当我们带着求解这一问题的疑问，去查阅近20年国内心理学研究的文献，却发现对这一问题的研究寥寥无几，原因何在？是这一问题已经解决，无需深入探讨了，还是这一问题已经游离于心理学研究的主要课题之外了？

第一个问题，对心理实质的认识是否已经形成了一致的、令人满意的观点？

翻开我国现行的心理学教科书、心理学专业词典，似乎已经形成了一致性的意见。心理是什么？心理首先是心理学的研究对象，对心理学研究对象的表述是心理学是研究人的心理现象的发生、发展及其规律的科学；其次，对心理实质的进一步表述则为：按照辩证唯物主义的观点，心理是人脑的机能，是对客观现实的主观反映。除了在心理学史的教科书中还可以发现不同心理学流派对心理实质的不同见解，在其他心理学文献中的观点都相当一致，好像已没有继续讨论的必要了。

但这种一致是否也代表着这种观点就是令人满意的见解，问题也并非如此简单。首先，将心理学的研究对象看做"研究人的心理现象的发生、发展及其规律的科学"，试问：研究发生、发展及其规律是心理学独有的特点吗？地质学、生理学等也是研究发生、发展及其规律的科学，可能我们会说，心理学的特点是研究"心理现象"的，那什么是"心理现象"呢？在许多心理学教科书中，常会出现这样的解释：心理现象也叫心理活动，简称心理。这样一简称，心理学的研究对象就变成了"心理学是研究心理的科学"，简单的同语重复，这样的一致又有何意义？有的研究者也认为，把一门学科定义为研究某种现象和规律的科学，并没有从定义上把这门科学与其他科学真正地区分开来，因为又有哪门科学不是通过现象的研究去揭示内部规律呢？[①] 其次，将心理的实质界定为"心理是人脑的机能，是对客观现实的主观反映"，也有研究者提出，这种界定是将"仅限于认识观的认识范畴的哲学观点，扩大到了整个

▶ 对"心理是什么？"的追问，是心理学科一切探索的前提，但目前缺乏对这一前提的反思与批判。

---

① 余敦旺. 关于心理本质问题之我见. 池州师专学报，1998 (4)：107.

心理活动范畴","有生吞活剥或生搬硬套辩证唯物主义思想之嫌",并进一步提出,"反映"并没有完全揭示心理活动的真正本质,其原因如下:

(1) 从心理活动本身来看,心理活动是复杂多样的,许多心理活动确实是一种反映,但也有一些心理活动不属于反映的范畴,如完全由生理化学因素造成的生理心理活动,疾病状态下出现的脑生理功能紊乱导致的心理异常反应,药物作用下的脑生理心理反应等,都属于反应,而非反映。

(2) 从语义学上来分析,反映仅仅是对一种对事物本质的形象比喻,不能代表对事物本质本身的抽象和概括,同时,反映表现了一种过程,表明反映双方的主被动关系,因而也不直接表达事物的本质。所以,反映仅仅说明了心理现象中认识过程的性质和特点,运用比喻的手法说明了人的心理的部分性质和特征,表明了人的心理与客观事物之间的主被动关系,并不是对心理本质的直接揭示。

由此不难发现,对心理实质的认识虽然相当一致,却难以让人满意,对于如此重要的课题,不满意为何研究甚少?这就涉及第二个问题:是什么原因使这一核心问题游离于心理学研究的主要范畴之外?

这可能要从科学心理学的发展史说起,1879年,当冯特在德国莱比锡大学建立起第一个心理学实验室时,标志着心理学发展进入到了一个崭新的阶段,摆脱了"寄生儿"的命运,宣告了哲学思辨心理学的结束,心理学终于挣脱了哲学母体的"脐带"。独立后的科学心理学,义无反顾地投向了自然科学的怀抱,以自然科学为摹本,以客观、量化为方法论,其结果是经过百余年的发展,使心理学变成了没有"人"的心理学,变成了远离真实心灵世界的心理学,而将心理学的研究对象也套上了许多层枷锁,仅仅限定在可观察、可测量、可实证的狭小范围内，不惜将人的心理还原为最简单的行为单元加以认识，一个完整的心理世界被肢解了，难免掉入"只见树木、不见森林"的窘境，而心理实质问题本身的复杂性、多面性、整体性，使得以自然科学方法论为依托的科学心理学很难在短时间内有所作为。"长期屈从和迷信自然科学方法论，使心理学研究对象越来越琐细，研究视野（域）越来越窄化，心理学研究不过是研究者在预设研究主题或项目统领之下的数理统计和思维演绎，将美丽丰富的心理（心灵）世界解析成几条干巴巴的数字附码"[①]，更有甚者，甚至削足适履，根据研究方法来选择研究内容，使研究内容适合研究范式，科学心理学走得越远，以人文研究为特征的心理实质的研究就会越被边缘化，并逐渐淡出、游离于心理学的主要研究课题之外。

▶ 科学心理学单向度地指向心理的"实然"即事实世界，忽视了心理的"应然"即价值世界。

是科学心理学、科学方法论禁锢了心理学中的人文研究，影响了对心理实质的深入探索，使我们对心理实质的认识依然停留在套用辩证唯物主义思想的层面上。心理学家们也看到了这一倾向的不利影响，提出"对心理学现状，要从课题的琐细，及屈从物理方法的独裁解放出来"。"……重视意义的地位，采纳释义学的方法，打破所谓'科学'的错制，以活跃心理学克服方法论的专制。"[②] 认为人文科学应当坚持自己的研究方法，"没有必要把人文科学硬塞进自然科学方法的模式中，使之变得更为严密，因为人文科学有可以追溯的自己的传统，这个传统如同自然科学的传统一样古老，并且如自然科学的传统一样关心真理的

---

① 余小茅. 试论心理学研究的人文视野. 心理科学, 2004 (3): 766.
② 陈立. 平话心理科学向何处去. 心理科学, 1997 (5): 385-389.

发现"①。

当然，我们也承认对心理实质的认识不是一蹴而就的，这是一个非常复杂、宏大的课题，对心理世界的本质揭示也不是今天心理学能够做到的。但本质的揭示是一个不断接近的过程，停止研究的脚步、不确立一个正确的心理观，在心理学的研究与实践中就会"只见树木，不见森林"。因此，哲学层次上的研究是不能疏远的，"甚至于最有生物学和实验头脑的心理学家，至今还要求助于哲学。即使他想把心理学简化为事实的精心堆砌，他仍要以哲学的方法在理论的基础上证实这个尝试"②。

在分析了心理实质的研究现状之后，我们接下来要面对的问题依然是如何认识心理的内在本质？虽然"心理是人脑的机能，是对客观现实的主观反映"，这一通常的观点有套用辩证唯物主义之嫌，但这并不意味着这一观点没有反映出心理的本质特征，如果我们更进一步解读这一论点，我们也可以得出这样的结论：心理是什么？心理是大脑与外部世界通过相互作用形成的神经活动的机能系统。在此，也许我们不能够阐释出心理实质的完整内涵，但我们能够更深入一步地指出，心理的研究对象应当指向"心理机能"，通过对心理机能的揭示才能够把握住心理的本质特点。

◀"心理机能"代表着心理的本质特点。

所谓心理机能，通俗地理解，它表示的是个人心理活动的方式和特点，以及这种方式和特点在个人生活中的有效性。心理学的研究并不是指向全部的心理现象，因为心理现象既包括心理形式，也包括心理内容，心理形式解决的是"怎么想"的问题，心理内容解决的是"想什么"的

---

① HP 里克曼，狄尔泰. 北京：中国社会科学出版社，1989：280－283.
② 墨菲. 现代心理学历史导引. 北京：商务印书馆，1980：770.

问题，心理科学是将自己的研究对象定位在对"心理形式"的研究上，而"心理机能"就是心理形式的具体表现方式。所以，"心理机能"是心理的本质内涵。

2. 心理教育概念的"心理"解析

结合上述对心理本质的考察，我们再回到我国学者对心理教育的不同定义方式上，对其中涉及的心理素质、心理机能、心理潜能、心理问题、心理疾病等概念，应当会有一个新的认识。如何看待这些概念之间的差别？按照笔者的观点，在这些词语中，其中的核心概念是心理机能，因为心理素质可以看做心理机能在个体发展的某一时段的稳定的表现形式，心理潜能是尚未转化、表现出来的潜在的心理机能，心理问题、心理疾病则是心理机能的发展停滞和发展失衡，所以，心理教育指向的应当是人的心理机能，心理教育就是通过有目的、有计划的教育活动，从而达到提升和改善受教育者心理机能的过程。心理教育直接指向的是人的心理机能，这可以看做心理教育的质的规定性。

> 在心理学文献中，难以找到对"心理机能"的释义。

何谓"心理机能"？我们应当如何理解和认识心理机能呢？严格来说，这同样是一个尚未确定的概念，在查阅心理学词典、教科书的过程中，发现国内的心理学文献并没有这个词的释义，以往都将这个词作为一个最小的意义单位加以使用，如果仅仅是解释和分析具体的心理现象这样做是可行的，但我们需要去确定一个学科的研究对象，需要对这一对象进行有意识的培养和训练，如果不能进一步确定其结构和内容，就难以真正把握这一学科研究对象的本质内涵，因此，理解与认识心理机能是极为重要的。

在心理学的发展历史上，对心理机能有过系统论述的主要有机能主义学派的机能心理学和维果茨基的高级心理机能学说。

机能心理学是指研究心理过程、活动或功能的心理学。"顾名思义，机能心理学探讨有机体适应环境的心理或机能。机能主义运动集中在很实际的、功利主义的问题上，即心理或心理过程要完成什么。机能主义者不从心理构成（即要素的结构）的立场来研究心理，而从心理是一种活动（机能）的集合体这种观点来研究心理，认为这种活动或机能可以在现实世界中产生显著的实际的结果。"① 机能心理学分为美国的机能主义和欧洲的机能主义，也使机能心理学有了广义和狭义之分。一切机能心理学家都主张心理学应当研究心理的机能活动，但何为心理的机能活动？美国的机能心理学深受达尔文进化论的影响，按照进化论的主要假设：有机体是在进化过程中由自然选择作用而历史地形成的，由此形成的有机体对维护有机体的存在具有积极的意义；而进化过程表现为有机体与其环境之间的历史同一性的形成过程。"这一假设在逻辑上隐含的结论是，心理现象作为有机体生命运动表现形式的一个方面，是有机体在其环境要求的压力作用下实现的某种与环境要求相对应的存在方式，它的实现是以有机体的某种身体结构即神经系统与脑的实现为前提的，并表现为这一身体结构的存在方式。"由此将心理的机能活动理解为"有机体与环境之间相互作用关系在有机体一方的活动过程、作用特征或具体的表现形式"②。欧洲机能心理学的代表人物之一卡尔·斯顿夫（Carl Stumpf）在《现象与心理机能》一文中认为："所谓心理机能是指包括着作用、状态、体验的一种名称。因此，一方面包含着认识的和情绪的机能；一方面还认为具有从未分化的机能到分化的机能的各种阶段。例如，认

◀ 不能靠简单的个别要素的观察，就想获得对心灵"整体"的了解，就像只分析砖和水泥，就想了解一栋房子一样。

---

① 杜·舒尔茨. 现代心理学史. 北京：人民教育出版社，1981：113.
② 高申春. 机能心理学历史形态剖析. 吉林大学社会科学学报，1998（5）：54.

识现象的作用、情意运动、热情以及欲望等。"[1] 按照斯顿夫的观点，心理学是研究心理机能的学说，机能不同于现象，两者虽然不可分，但又是各自独立存在于人的经验之中，"例如，'我看见红色'，'看见'是机能，'红色'是现象。"而心理机能的具体又可分为表象、判断和情感。

机能心理学为我们认识"心理机能"提供了一种研究的视角，主张心理学的研究对象是心理机能而非心理内容，并进一步明确了心理是脑或神经系统的机能表现这一观点，看到了心理机能的发展是有机体与环境适应的过程。但由于其受进化论的影响较大，以生物进化的观点解释心理的产生，则难以脱离生物学化的倾向。而维果茨基的心理机能学说则为我们提供了理解这一问题的更为深入的理论框架。

心理教育的研究对象是提升心理机能，如何理解心理机能？维果茨基的心理机能学说给出了认识这一问题的独特的研究视角。在深入研究的基础上，维果茨基将心理机能分为两大类，即低级心理机能和高级心理机能，低级心理机能是人与动物共有的，包括感知觉、不随意注意、机械记忆、形象思维、情绪及冲动性意志等，它不受意识的支配，以消极适应自然为特征，代表的是低水平的心理现象。其特点是："（1）不随意性、被动性，即由客体引起的；（2）就反映水平而言，它们是感性的、形象的、具体的；（3）就它们实现过程的结构而言，它们是直接的、非中介性的；（4）就这些机能的起源而言，是种系发展的产物，是自然发展的结果，因而它们受生物的规律支配；（5）它们是伴随生物自身结构的发展尤其是神经系统的发展而发展的。"[2]

▶ 低级心理机能由生理机制决定，认知成分很少，高级心理机能由社会经验刺激与组织，依赖于概念性思维。

---

[1] 郭本禹. 重评斯顿夫的机能心理学. 南京师大学报：社会科学版, 2002 (7): 113.
[2] 郭占基, 张世富. 心理学教学参考资料选辑. 北京：人民教育出版社, 1988: 21.

高级心理机能是人特有的，包括观察、随意注意、逻辑记忆、抽象思维、高级情感和预见性意志等，它是受意识支配的，在意识的调节下可以有目的地改造自然，代表的是高水平的心理现象。高级心理机能有着区别于低级心理机能的一系列共同特征："（1）这些心理机能是随意的、主动的，是由主体按照预定目的自觉引起的；（2）就它们的反映水平而言，是概括的、抽象的，即有思维的参与而使它们发生了质的变化；（3）就其实现过程的结构而言，是间接的，是以符号系统（词、各种符号）为中介的；（4）就其起源而言，它们是社会历史发展的产物，是受社会规律制约的；（5）从个体发展来看，高级心理机能是在人际交往活动过程中产生和不断发展起来的。"①

维果茨基在对心理机能的探讨过程中，虽然更注重高级心理机能的作用，认为这是人类心理区别于动物心理的主要标志，其心理机能的学说准确地说应当称为高级心理机能学说，而且维果茨基也将研究的重点放在了高级心理机能形成的社会文化原因的分析上，但这并不表明他忽视低级心理机能的作用，只是维果茨基认为，低级心理机能是种系发展的产物，是受生物学规律制约的，而高级心理机能则是社会历史发展的产物，相对一个个体而言，两种心理机能是交织融合在一起的，个体的发展是种系发展与历史发展的结合。当然，对于两者间的相互联系，维果茨基没有进行更深入的研究与分析，但这并没有抹杀心理机能学说的巨大价值，从一定意义上来说，这使我们对心理机能的认识更接近人类的实质。

◀认为高级心理机能不是低级心理机能的简单延续与机械组合，本质上是一种新的心理机能。

从维果茨基的心理机能学说反观心理教育，我们可以说，心理教育就是通过有目的、有计划的活动来促进心理

---

① 郭占基，张世富. 心理学教学参考资料选辑. 北京：人民教育出版社，1988：21—22.

机能发展的过程，或者说，是在教育的影响下，在低级心理机能的基础上，逐步向高级心理机能转化的过程。心理教育将在促进低级心理机能向高级心理机能转化的过程中，发挥其独特的作用，因为只有心理教育这门学科是直接以促进心理机能的发展为己任的。那么，心理机能由低到高发展的标志是什么呢？维果茨基也给出了具体的答案：这就是心理机能的随意化、概括—抽象化、整合化和个性化。

具体而言，心理教育是有目的、有计划地提升和改善受教育者的心理机能，促进受教育者心理发展的活动。心理教育研究对象的核心是提升受教育者的心理机能，其形式是培育受教育者的心理素质，其表现是受教育者的心理发展。虽然心理机能本身没有好坏的不同，但心理机能却有功能高低上的差异，低级心理机能与高级心理机能的区别则在于心理机能的随意化、概括—抽象化、整合化和个性化。人的心理机能在个体身上会以心理素质的形式稳定地表现出来，心理教育就是通过提升心理机能的水平，达到培育心理素质，促进心理发展的目的。一个人在与环境的互动中，其心理活动过程能够有效地反映现实，解决面临的问题，达到对环境的良好适应并且指向更高水平的发展，就是机能健全。心理机能不同于生理机能和社会文化素质，生理机能是先天遗传的，是心理机能的载体和存在、发展的物质基础；社会文化素质是后天的，对心理机能的形成与发展起主导作用，决定着心理机能的发展方向；而心理机能是先天与后天的合成，是个体遗传和社会环境、教育相互作用的结果，它既影响着生理机能的发挥，又影响着社会文化素质的形成和发展水平。

3. 心理教育概念的"教育"蕴涵

顾名思义，心理教育似乎就是心理与教育的结合，指向的是"心理"，手段是"教育"，但两者并不是一种简单的结合，对这一问题的解答需要我们进一步对教育的实质进行深层次的剖析。因为心理教育不同于心理咨询，心理教育是一种教育理念，也是一种教育活动，它是一门新兴的教育学科，"教育"是其不可忽视的重要特征。而教育在本质上是培养人的一种社会性活动，他同社会的发展、人的发展有着密切的联系。人是教育的主体，也是教育活动指向的对象。就心理教育而言，这一指向就是学生的心理机能。

  心理教育中的"教育"意味着什么？要明确这一问题，首先需要理解"什么是教育？"对于什么是教育，在教育史上，有许多教育家作过相关的论述，对于我们把握教育的内涵有着重要的启示。古希腊学者德谟克利特认为，教育是为了改变一个人，强调教育要遵循自然，注重练习；苏格拉底认为，教育就是发展人的自然禀赋，培养"懂得这样统治的人"；亚里士多德提出，教育旨在培养身体、德行、智慧等方面和谐发展的人的思想，认为理性的发展是教育的最终目的；培根认为，教育的目的就是"探讨事物的本质和它们运行的秘密，扩大人类的知识领域，以使一切理想的实现成为可能"；夸美纽斯主张，教育是使受教育者在"博学"（学习一切知识）、"德行"（内在的与外表礼仪）、"虔信"（对最高上帝的崇拜）三方面全面发展；卢梭强调教育的本质是尊重天性，顺其自然，培养身心健康、体脑两健，不受传统束缚，天性发展，完全为自己生活的自然人；康德认为，教育的目的是使儿童能够从自身找到支配自己的行动的法则；杜威重视儿童在教育中的主体地位，认为教育是人们有效联系和沟通的渠道，使人人发挥其开拓创新的才能。《说文解字》中对"教育"一词的释义是"教，上所施下所效也；育，养子使作善也。"我们还可以罗列出更多关于教育的解释，因为教育始终与人类社会

◀ 研究者所处的历史角度不同，认识方法各异，对教育的理解可谓千差万别。

相伴随，随着社会的发展，对教育的认识也在发展与变化；教育又与每一个人息息相关，每个人都会根据自己的理解对教育阐发出独特的思考。但上述关于教育的诸多论述，至少反映了这样两个事实：一是对教育本质的认识还远没有结束，要找出一个关于教育的一致界定是非常困难的；二是教育本身就蕴涵着心理培育的内容，或者可以说，教育本身就具有促进心理发展的内涵。

> 心理发展是否可以理解为教育的核心要义。

"摆在我们目前的教育一词至少有四种基本含义：①作为一种机构的教育；②作为活动的教育；③作为内容的教育；④作为一种结果的教育。"① 而在我国教育理论界倾向于把教育看做一种活动，认为教育是"传递社会生活经验并培养人的社会活动"。化繁就简，对于心理教育而言，我们认为其教育的内涵主要是"作为活动的一种教育"。具体而言，心理教育是培养人的一种社会实践活动，心理教育就是教育者通过有目的、有计划、有组织的社会实践活动提升和改善受教育者心理机能的过程。

> 将心理教育看做教育的本质内涵，是因为心理发展是一切教育的基础和前提，心理发展也是一切教育的最重要的目标。

为了更深入地理解心理教育概念的"教育"蕴涵，我们需要把握以下几个要点：

（1）心理教育体现了教育的本质内涵，心理教育是教育目的之一。

正如心理健康教育的产生与发展一样，心理教育是全面发展教育的重要组成部分，是教育的本质内涵之一。过去在我国学校教育的体系中，没有系统与独立的心理教育，心理教育以隐性的方式包含在其他各种教育形式之内，虽然各种有关教育的界定都含有促进心理发展的内涵，但心理教育的重要地位却没有在教育内容中充分显示出来。研

---

① ［法］米亚拉雷."教育"一词的多种含义. 教育与教育学. 北京：人民教育出版社，1993：67.

究者经常引用我国近代学者王国维的论述试图说明心理教育的基础和核心地位，王国维在《论教育之宗旨》一文中指出："教育之宗旨何在，在使人为完全之人物而已。何谓完全之人物？谓人之能力无不发达且调和是也。人之能力分为内外两者：一曰身体之能力，一曰精神之能力。发达其身体而萎缩其精神，或发达其精神而罢蔽其身体，皆非所谓完全者出。完全之人物，精神与身体必不可不为调和之发达。而精神之中又分为三部：知力感情及意志是也。对此三者而有真善美之理想，真者知力之理想，美者感情之理想，善者意志之理想也。完全之人物不可不备真善美之三德，欲达此理想，于是教育之事起。教育之事亦分为三部：智育、德育（即意志）、美育（即情育）是也。"① 研究者常以王国维的观点来表明心理教育的重要作用，但对智育、德育、美育都包含在心理教育中持不同意见，认为它们至少是与心理教育并列的，在教育实践中甚至将心理教育看做德育的一部分，在我国中小学德育大纲中直接表明："德育即政治、思想、道德与心理教育"。笔者认为这种观点和做法同样有商榷之处。问题的关键是：我们应该站在什么样的层次上理解心理教育，是教育的目的，是教育的形式，还是教育的手段。我们不应忽视的是：王国维的论述是从教育目的角度看待教育，将教育目的看做培养身心和谐发展的人，此时心理教育就被看做教育的目的之一，心理教育则上升为一种教育理念；将心理教育与德育、智育、体育、美育与劳动技术教育相并列，则将心理教育降低为一种教育的形式，割裂了心理教育与其他各种教育形式之间深层的内在联系，看似全面发展教育更全面了，实则使心理教育变成了学校教育的一种工作任务；将

◀德智体美劳各育的宗旨，在于通过知识技能的内化，使学生形成各具特色的智慧与精神，形成丰富多彩的心理世界。

---

① 舒新城. 中国近代教育史资料. 北京：人民教育出版社，1962：1008.

心理教育看做德育的一部分,更是一种"头痛医头,脚痛医脚"的做法,对心理教育与德育关系问题的诘问,一直是国内心理教育探讨的热点,在此就不加分析了。因此,笔者赞同王国维的观点,认为应当将心理教育看做教育的目的之一,心理教育是一种工作,但更是一种教育理念,在全面发展教育中居于核心地位。

(2) 心理教育是提升和改善心理机能的一种社会实践活动。

心理机能的提升与改善不是一个自然成熟的过程,社会生活条件是心理发展的源泉。我们将心理教育看做一种社会实践活动,主要有两方面的含义:

一是心理教育的内容来自于社会实践,学校教育的作用在于把社会规范、道德准则以及历代积累起来的社会文化知识传递给下一代,心理教育虽然并不直接承担这一任务,但心理机能的提升与改善却是以社会文化知识、社会规范、道德准则等为载体的。教育是一种活动,但教育又不是一种抽象的活动,教育的活动离不开确定的社会生活环境,离不开特定的社会文化。"教育不是严格意义上的科学活动。如果说,教育是文化传递和发展的主要中介,那么教育同时也成为文化变迁的核心。从这点来看,教育作为文化传递与创造的核心,其价值取向,只能是某一文化活动的产物,并且决定于这一文化结构本身的活动方向。脱离实际的文化经验与处境,只能使文化教育变成一种抽象的泛(非)文化的活动。"[①] 所以,我们认为心理教育也不能脱离社会实践。"心理教育绝不是无内容的纯粹'形式训练',这样必然会使心理教育成为'空壳'。而有内容的心理教育,关于内容的筛选、处理和如何用于心理机能的

▶ 应避免"心理教育"与"形式训练"相混淆。

---

① 丁钢. 中国教育:研究与评论:第2辑. 北京:教育科学出版社,2002:编者之语.

提高，就是一项艰巨、细致而又比较敏感的课题。从现实效果上看，心理教育的最重要的结果之一就是形成人的正确的世界观、价值观、生活观，这就要求心理教育的研究者对人类社会的发展、哲学、伦理学，甚至政治、经济、文化等时代特征有深刻的把握，并将之纳入到心育课程或教育内容之中。"①

二是心理教育也应当承担人类自身生产和再生产的职责。人类社会有两种生产方式，即生活资料及所需工具的生产和人类自身的生产。研究者认为，教育作为人类生产和再生产的基本途径，至少包括以下四方面的内容：使儿童掌握现代社会生活、生产必需的各种工具系统；使儿童掌握人类社会特有的各种符号系统（包括语言、文字和数学逻辑运算等），这是现代人必须具备的思维和交往工具；使儿童认识并形成在特定生活环境中生存需要的各种行为规范；使儿童具备现代人丰富而复杂的情感，情感是人类文明的凝聚。将心理教育也看做人类生产和再生产的过程，这就意味着心理教育也是一个帮助个体社会化的过程，将个体内在心理机能中的知、情、意与真、美、善融为一体，才能使个体在社会化的过程中获得健康、和谐的发展，通过心理教育培养出来的人才能在现代社会中独立生存，成为真正意义上的人。

三是我们把心理教育看成培养人的一种社会实践活动，这一过程也是一种价值活动。心理教育是一种价值活动的观点，实际上可以看做心理教育中"教育"内涵的彰显，因为"教育是一种价值"，按照沃德的看法：教育是一个价值，并且是一个很具人性的价值。但是，教育不仅是一个已然的存在，即本身就是目的；也是一个内在的、将然的

◀从某种意义上看，教育即是个体的社会化过程，弗罗姆将社会化看做"使社会和文化得以延续的手段"。

---

① 陈中永. 心理教育学的未来发展. 内蒙古师范大学学报：哲学社会科学版，2002：4，6.

存在，是一种价值的成长，是对原始状态的一种相对的脱离，也相对地是人性完美而内在的发展。[①] 为心理教育注入价值的元素，即有利于对人自身心理发展的关注，也有助于将人性的提升与对社会的适应融为一体。所以，心理教育作为一种价值活动，需要价值引导保证心理教育的方向，需要价值内化以促进心理机能的提高与完善，需要通过价值观的干预以发展学生的价值判断和价值实现的能力。

4. 心理教育概念的实践模式

什么是心理教育？通过上面的分析，我们将其确定为：心理教育就是教育者通过有目的、有计划、有组织的社会实践活动，提升和改善受教育者心理机能的过程，这是对心理教育的质的规定性。而从心理教育概念的实践模式上来分析，则可以将提升和改善心理机能的活动区分为两大类三种模式，两大类即适应性心理教育和发展性心理教育，三种实践模式即属于适应性心理教育的心理咨询（确切地说应当是"学校心理咨询"）和心理辅导，归属于发展性心理教育的心理素质教育（比使用"心理健康教育"更贴切）。

▶ 主要面对的是有心理困扰的学生，解决他们面临的适应性心理问题。

适应性心理教育重在改善心理机能，主要是针对学生在各个年龄段以及相应阶段的生活和学习中遇到的各种问题，结合他们的认识特点和行为特征，给他们提供一些必要的指导，帮助他们提高学习效率，处理好人际关系，学会自我心理调适，更好地处理因环境变化带来的各类问题，增强对环境和自我的适应能力，从而能够很好地解决面临的现实生活问题，很好地完成各个时期的发展课题。其特点是：

---

① 李荣安. 从道德角度看价值、文化、和教育. 道德教育论丛：第 2 卷. 南京：南京师范大学出版社，2002：325.

(1) 教育对象是身心发展正常，但带有一定的心理、行为问题的学生。

(2) 着重处理或解决的问题，是学生的正常需要与其现实状况之间的矛盾冲突。

(3) 强调教育的原则，重视学生理性的作用，强调发掘、利用其潜在的积极因素，自己解决问题。

(4) 适应性心理教育伴随学生的整个学业生涯，关注他们的身心状况，支持和帮助他们适应各年龄段的学校生活，指导他们完成各年龄段的自我发展任务。

发展性心理教育重在提升心理机能，主要是指导学生确立正确的自我认知，特别是自我能力、素质方面的认知，帮助他们认识和开拓自身的潜能，不断突破自我的种种局限，实现全面而充分的发展。它将针对学生的心理特点，遵循人的认识发展规律，通过有针对性的培养与训练，帮助他们培养起良好的心理素质，塑造健康、完整的人格，成为一代适应现代社会需要的合格人才。其特点为：

◀ 心理教育主要面对心理发展正常的学生，适应其心理发展的特点，促进其心理机能的提升。

(1) 教育对象是身心发展正常的学生，但在发展方面仍有潜力可挖，仍有心理素质尚待完善。

(2) 着重解决的问题是引导学生在一个更新的层面上认识自我，开拓自我潜能，而这种潜能的开拓因为更具有突破自我认识局限性的特征，往往使其在能力发展、信心重建和个性完善等方面，实现巨大的跃升，得到更充分的发展。

(3) 强调发展的原则，重在促进心理素质的发展，以学生能够更好、更充分的发展为目标。

(4) 发展性心理教育成为现代学校教育的重要组成部分，将纳入到学校教育的总体目标和实施过程中，为学生的充分发展和成才提供强有力的保证。

作为心理教育的两大组成部分，适应性心理教育主要解决被教育者与环境的协调问题（这里的环境包括主观环境和客观环境），而发展性心理教育则致力于把被教育者的发展水平带到一个新的高度，侧重于学生整体素质的提高。当然，两者彼此衔接、相互渗透，在实际的教育过程中，几乎是融合在一起的。要解决适应性心理问题的时候，其目标是指向发展的，而要解决发展的问题，只有在良好适应的基础上才可能实现。所以在实际操作中，单一的心理教育形式都是不完整的，也难以真正取得良好的效果。因此，应将两者有机地联系在一起，形成整体优势。

心理咨询、心理辅导和心理素质教育是心理教育的三种主要实践模式，它们与心理教育是种属关系。心理教育是种概念，心理咨询、心理辅导和心理素质教育则是属概念。

> 三种实践模式分别对应着心理教育的矫正、预防和发展的功能。

三种实践模式的差异主要表现为：

（1）工作对象不同。三者的工作对象都是正常的学生（有心理障碍和心理疾病的学生划归为心理治疗的对象，不属于学校心理教育的范围），但心理咨询的对象是带有一定的适应性心理问题的学生；心理辅导的对象是可能会出现适应性心理问题的学生；而心理素质教育则是发展中的所有学生。

（2）工作目标不同。心理咨询、心理辅导均以解决学生面临的适应性心理问题为目标，不同的是心理咨询的目标是通过解决学生的适应性心理问题以改善其心理机能；而心理辅导的目标是预防学生适应性心理问题的产生；心理素质教育则是以直接提升学生的心理机能为目标。

（3）工作方式不同。心理咨询有更为专业化的方法和技术，多采用个别咨询的方式，关注学生现实的心理状况，强调与来访者平等、合作的关系；心理辅导有个别辅导和团体辅导两种方式，常以团体辅导进行，关注学生未来可能出现的适应性心理问题，既强调与学生之间平等、合作的关系，也需要教师有一定的主导性；心理素质教育主要采用直接或间接的团体训练等方式，关注学生的心理发展，强调将心理素质教育作为一种教育理念运用于整体教育之中，不是以心理问题为取向，而是以学生心理素质的提高为重点。

（4）工作过程不同。心理咨询的过程带有被动性、滞后性，关注的是来访者的局部问题，主要是专业心理咨询教师面对前来寻求帮助的学生进行工作，其过程是自下而上的；心理素质教育的过程则具有主动性和超前性，关注的是学生的整体发展，要求学校中的所有教育工作者都参与工作，全员、全科、全程、全方位掌握心理素质教育的理念与方法，提高所有学生的心理素质，其过程是自上而下的；心理辅导则居于两者之间，与心理咨询一样，也是一种对学生的帮助与服务，特殊之处在于提供的是发展性服务，与心理素质教育的区别在于其作用过程是由内向外的、自下而上的，注重学生内在需求的满足和内在潜能的展现，而心理素质教育更强调由外向内的传授。

第三章 价值与心理教育中的价值

> 哲学是心理教育的重要理论根基，心理教育需要哲学智慧的引领。

"价值"是一个哲学范畴的概念，是价值论研究的核心问题。"价值论问题是现代哲学越来越关注的重大问题"，也是近 20 年来我国哲学界研究最为活跃的领域之一。以价值问题为对象的价值论，已经成为与存在论、认识论并列的哲学三大基础理论分支之一，虽然其研究兴起的时间并不长，在西方始于 19 世纪末 20 世纪初，但"价值问题，简单地说就是一切事物（包括世界万物、人和社会、人的思想和活动等在内）对于人的意义（好坏、善恶、美丑、利弊、祸福等）问题，以及与之相联系的人的反映和选择等问题"[①]。所以，价值问题会涉及人类的一切意识活动，而以人的发展与培养为使命的教育活动，自然离不开对价值问题的探讨，需要价值哲学的研究成果为其提供深层理论基础和思想方法。心理教育作为一种教育形态、教育理念、教育方法，作为现代教育的重要组成部分，同样包含着价值属性，心理教育中价值的本质、特征与规律，也是心理教育理论研究的重要课题。

一、哲学范畴内的"价值"

20 世纪是价值哲学兴起的世纪，也是价值哲学基本理论争鸣、探索的世纪。许多研究者都提出了自己对价值理论的见解。但在众多关于价值的理论中，仍然很难找到一

---

① 邬焜，李建群主编．价值哲学问题研究．北京：中国社会科学出版社，2002：2.

种理论能科学地解释复杂的价值现象。

我国学者对价值理论的研究,开始于 20 世纪 80 年代,虽然只有短短 20 多年的历史,却已成为国内哲学界最为活跃的研究领域,形成了价值论(基本原理)、评价论和价值观念论三大研究主题。具体探讨的问题包括:"价值的基础","价值的本质","价值的特征","价值的类型","价值意识","评价的本质","评价标准","社会评价","价值与真理",等等。① 在对这些问题探讨的过程中,形成了许多有见地的思想与观点,也促进了我国价值哲学的发展。

在哲学范畴内,价值是什么?这是我们关注价值哲学的用意所在。"价值是什么",即什么是价值的本质,这是我们思考心理教育中价值问题的另一个逻辑起点。多年来,我国哲学界对这一问题进行了持续热烈的讨论,从不同的研究视角予以理解与解释,从不同的方法论模式出发予以界定,从而推进着对价值本质认识的不断深化。

◀ 价值哲学最早由德国新康德主义的弗赖堡学派的创始人文德尔班(Wilhelm Windelband, 1848—1915 年)首先使用,根据洛采把价值提到哲学的中心地位的思想,创立了价值哲学。

(一)关于价值本质的哲学论争

如何界定价值的概念,如何定义价值的本质?在价值论的研究视野中,价值作为一个哲学上的一般概念,它应涵盖一切事物的普遍价值,并概括一切价值的共同属性和特征,按照这一要求,必然使价值的界定呈现出各种解释模式的论争,呈现出不断推进的特征。综合国内学者对价值本质的思考,其论争的焦点主要集中在以下几个方面:

1. 价值是否可以定义

给价值下定义,是揭示价值本质的主要方式,但价值是否可以定义,却存在着两种不同的主张,是价值本质论争的焦点之一。

---

① 李得顺. 价值论:一种主体性的研究. 北京:中国人民大学出版社,1987.

国内学者韩东屏提出[1]，价值是不可以定义的。"在科学探讨中，人们惯以确立一个完满的基本定义作为理论体系的起点"，但"价值论的研究却难以照搬这一方法"，原因是"因为对价值是很难下一个标准定义的"。韩东屏认为，价值不可定义的直接原因是由于价值太综合了而不能定义，因为价值概念是价值世界中的最高概念，而最高层的概念势必只有一个，这个最高概念既然上面再无可包含它的属概念存在，它便成了概念系统中唯一不能按"属＋种差"的方式来定义的概念，如果硬要按"属＋种差"的方式来给价值下定义，那就很难逃出某种逻辑厄运。

赖金良[2]则从英国哲学家 G. E. 摩尔的观点出发，也提出了价值是不可定义的。"实际上，有许多概念往往是很难严格而确切地加以定义的。G. E. 摩尔在《伦理学原理》中关于基本价值概念（善）不可定义的主张及其论证也许不无一些道理。所谓'定义主义的嗜好'早已有人批评过。" G. E. 摩尔认为"善"不可定义的原因是其过分单纯，太单纯是因为"善"的内部并没有若干部分，而"一个定义要陈述那些必定构成某一整体的各个部分"，所以不可定义善。

> 西方学者在研究价值哲学理论时，往往与伦理学、道德哲学相结合而进行。

上述观点一经提出，即受到了许多研究者的质疑，并针对价值是否可以定义展开了商榷。

邬昆先生指出[3]，价值是否因为"太综合"而无法定义，需要讲清楚两个问题，一是"太综合"的范畴是否不可定义？二是价值范畴是否"太综合"？同样，对价值（善）是否因"太单纯"而无法定义，也需要讲清楚两个问

---

[1] 韩东屏．论价值定义困境及其出路．江汉论坛，1994（7）．
[2] 赖金良．人道价值的概念及其意义．天津社会科学，1997（3）．
[3] 邬昆，李建群主编．价值哲学问题研究．北京：中国社会科学出版社，2002：15—18．

题，即"太单纯"的范畴是否不可定义？价值（善）范畴是否"太单纯"？对此，邬先生按照逻辑学给概念下定义的方法加以解说。认为给概念下定义的方法有两种，一种是外延定义法，如果是有内在关系的概念，可通过揭示其内在关系，即罗列其包含部分的范围来界定；另一种就是内涵定义法，如果是有外在关系的概念，可以通过揭示其外在关系，即运用"属＋种差"的方式来界定。依此来看待下定义的问题，那些有外部关系的"太单纯"的概念可以通过内涵法加以定义，那些有内部关系的"太综合"的概念可以通过外延法加以定义，而那些既不"太综合"又不"太单纯"的概念，则既可以运用外延法也可以运用内涵法来定义，只有那些既"太单纯"又"太综合"的概念，即对内、对外都是绝对孤立的概念才是不可定义的，而这样的事物或概念是根本不存在的。所以单一的"太单纯"或"太综合"的范畴也是可以定义的。而对价值概念而言，邬先生认为，一方面它并不"太单纯"，因为它概括的范围并未小到"小而无内"的境地，可以利用外延法给价值范畴下定义；另一方面，它也并不"太综合"，因为它概括的范围并未大到"大而无内"的境地，比广义的存在、事物、现象、相互作用、对象化等概念概括的范围要狭隘得多，可以用内涵法对价值范畴下定义。

　　宋永平先生则从另一个角度对价值的不可定义提出了质疑：难以对价值下一个标准的定义，是否就意味着不能给价值下定义？这样做是否是一种知难而退的态度？难道什么定义都非得趋于"标准"吗？"标准"由谁来确定？"很难定义"就得出"不可定义"是否过于武断？是否一切价值定义都是"属＋种差"的定义方式？……宋先生认为，如果一遇到困难就绕道而行，或在问题尚未充分展开，理论研究尚未成熟之时便要匆忙地确定一个"标准"，而一旦

◀对价值的界定取决于对价值本质的理解。认为价值范畴"太综合"或"太单纯"，是因为对价值的本质揭示的不够。

"标准"难以确定便干脆否认这种工作的意义,是无法推动科学的进步和深入的;由很难定义也是推不出不可定义的;而且"属+种差"的定义方式只是一种定义方法,不是唯一的定义方法。因此,在不能取得标准的一致公认的价值定义时,应当允许有不同的价值定义存在。所以,价值不仅是可以下定义的,而且是可以下多种定义的。

> 看到了价值本质的多样性和多层次性的特点。

2. 主客体价值关系论与人道价值论

在当前价值哲学对价值本质的认识中,占主导地位的观点是主客体价值关系论,即将价值问题限定在主客体关系的领域加以考察,认为只有在作为主体的人的世界中才存在价值问题。这一理论主要建立在三个假定的前提上:一是从宇宙演化的纵向关系来看,在人类、人类社会产生之前,在人、人的社会消亡之后,宇宙中不存在任何价值现象(外星人及其社会另当别论);二是从宇宙存在的横向关系来看,在现存人类、人类社会之外,不存在任何价值现象;三是人的认识和实践活动未曾把握和能动作用的事物,不构成与人的主体性相对的客体,所以,这部分事物与人之间不可能发生价值关系。[①]

主客体价值关系论,其方法论模式是把价值现象严格限定在作为认识主体的人的世界之中,这种限定是否合理,是否能够包容所有的价值现象,是否能够代表价值的完整内涵也同样引发了学者的批评与争议。

邬焜先生从主客体价值关系理论立论的三个假定出发,认为把价值存在的范围仅仅限定在主客体关系领域,会面临十分明显的困难:

(1)这一理论无法解释人类主体产生之前的世界对人类产生所起的价值作用;

---

① 邬焜. 一般价值哲学论纲. 人文杂志,1997(2).

(2) 这一理论无法解释人类个人主体生成之前的外部环境和条件对个人主体生成所起的价值作用；

(3) 这一理论无法解释现存人类社会、个人主体之外的尚未客体化的事物对人类社会、个人主体的存在和发展所起的直接或间接的价值作用。①

赖金良先生则认为，主客体价值关系论只承认客体对主体的价值，不承认主体自身的价值，或仅仅把主体当做客体时才谈论主体的价值，没有把"以人为尺度"的立场发挥彻底，因此提出了"人道价值论"。他把价值分为三个主要方面："一是人道价值，包括人的生命存在的意义以及人的尊严、自由、权利等，它是主体自身的内在价值；二是规范价值，包括社会的民主、公平、正义等，它是主体与主体之间的结构性价值；三是效用价值，包括人的效用价值与物的效用价值，它是客体对于主体的功能性价值。从存在方式来看，人道价值是价值的本然状态，规范价值是价值的应然状态，而效用价值则是价值的实然状态。"而三种价值类型的关系则表现为：人道价值是规范价值、效用价值赖以产生的根源和基础；人道价值是原生价值，社会规范价值和人的效用价值是次生价值，而物的效用价值则是更进次一级的次生价值；对人道价值的确认是规范价值及效用价值的必要前提；人道价值是规范价值及效用价值的终极判据。②

◀ 人道价值论是把价值看成人的内在属性，认为价值是人所赞赏、所希望、所追求、所期待的东西。

上述围绕价值关系的范围展开的争议显示，价值关系的范围应当超越主客体关系的范围，而人道价值论的提出，其重要意义在于强调了人在价值关系中的核心地位，突出了人是目的不是手段的思想，突出了人的自由、人格、尊

---

① 邬焜. 一般价值哲学论纲. 人文杂志，1997（2）.
② 赖金良. 人道价值的概念及其意义. 天津社会科学，1997（3）.

严和人权的价值，使我们进一步看到，人的生命价值、自由价值、人格价值同样是价值内涵的重要组成部分。民主、平等、公平、正义将与效率、效益、创造一样，应当受到价值哲学的重视。由此也启示我们，对于价值内涵的确定不能离开人的价值，应当以人的价值为核心展开，"离开了人，离开了人的自身价值，一切价值都无法确立，也不可能在现实中显现出来。可以说人的价值是一切价值存在的根据、前提和衡量尺度，同时，人的价值又是一切其他价值的追求目的和终极目标"。而人道价值体现的就是人作为人，人作为主体存在本身所拥有的内在价值。①

▶ 矫往未必要过正，强调人的内在价值，并不意味着可以离开客体对主体的关系讨论价值问题。

3. 价值的"主客体逻辑关系"界说的争议

在哲学界对价值本质的界说中，为大多数学者认同的仍然是"主客体逻辑关系"的解释模式，但在这种解释模式之内，依然存在着不同的观点，争议还远没有结束。"具体来说，主要从三个角度来解释'价值'：一是以客体自身的功能或属性来规定价值，即突出和强调价值的'客观性'；二是以主体和主体需要来规定价值，即突出和强调价值的'主观性'；三是以主体和客体的关系来规定价值，即突出和强调价值的'关系性'。"② 如果从具体观点来看，王玉樑在其《价值哲学新探》一书中，将现有从主客体逻辑关系的角度对价值的界定进行了归纳，认为包括6种类型③：

(1)"需要"论——"所谓价值，就是客体能够满足主体的一定需要"；

(2)"意义"论——"价值是客体对主体的意义"；

---

① 李永胜. 论价值的本质与人的价值. 人文杂志, 1997（增刊）.
② 孙正聿. 哲学通论. 沈阳：辽宁人民出版社. 1998；266.
③ 王玉樑. 价值哲学新探（M）. 西安：陕西人民教育出版社, 1993；138－139.

(3)"属性"论——"价值就是指客体能够满足主体需要的那些功能和属性";

(4)"劳动"论——"哲学的价值凝结着主体改造客体的一切付出";

(5)"关系"论——"所谓价值,就是客体与主体需要之间的一种特定(肯定或否定)关系";

(6)"效应"论——价值"是客体属性与功能满足主体需要的效应","是客体对主体的功效"。

对于上述6种类型的价值界定而言,研究者同样持有不同的意见,邬焜先生在"价值存在的范围及价值的本质"[①]一文中,进一步对这6种价值界定的方式进行了评价,认为它们均在不同程度上存在着或多或少的局限性。

(1)"需要论"着重强调主体的主动意向,但主客体间的价值关系并非都是主体主动需要的,有些价值关系往往是主体不需要或想尽量逃避的,即价值问题不仅仅只存在于主体主动意向的追求和选择中,而且必然存在于主体无奈的被动接受或承受中,所以,单纯强调主体的需要是不全面的。 ◀对主体的不正当需要予以满足也是没有价值的。

(2)"意义论"着重强调主体的理解与评价,然而主客体间发生的价值关系与主体对这一关系的理解和评价,两者不是在同一个层面上成立的,不能用后者去代替或解释前者,用意义去规定价值的本质,在逻辑上是说不通的。 ◀"意义"本身就有"价值"的意涵,这样界定主观性太强。

(3)"属性论"的着眼点在于把价值看成作用于主体的客体的某种属性,价值是通过物在相互作用中呈现出的属性来实现的,但不能因此将属性等同于价值,价值不是作用物的属性本身,而是通过作用物的属性对被作用物的特

---

① 邬焜. 价值存在的范围及价值的本质,价值哲学问题研究. 北京:中国社会科学出版社,2002:24—25.

性的改变产生的效应，属性是就作用物本身的特性而言的，而价值则是就被作用物的特性改变的状态而言的，两者不应等同。

（4）"劳动论"的问题则在于以劳动产品的价值代替了哲学的"普遍价值"，以商品价值范畴代替了哲学价值范畴，把政治经济学中的劳动价值论简单照搬作为哲学价值理论，实际上取消了哲学价值范畴，同样是不恰当的。

（5）"关系论"看到了价值是主客体之间的相互关系，看到价值不是由主体或客体中的任一方单独具有的，而是由两者的相互关系决定的，承认价值对主体和客体的相互性意义，这是正确的。但其重点强调的是"客体与主体需要之间的特定关系"，难免又陷入需要论具有的局限之中。同时，仅仅用"一种特定（肯定或否定）关系"来界定价值的本质，也是模糊和不明确的。

（6）"效应论"用"效应"来界定价值是合理的，比用"功能"、"属性"、"相互作用"、"关系"、"意义"等范畴来简单说明或替代价值范畴要更准确。问题在于同样用"效应"界定价值，但对"效应"范围的理解却存在差异。有的界定仅把"效应"限定在主客体关系的范围里，有的观点仅强调客体对主体的效应，而不承认主体对客体的效应等。

可见，6种对价值本质的界说均有一定的局限性。

（二）价值本质的哲学解读

对价值本质的哲学论争，并非表明价值本质的不可知，相反预示着对价值本质研究的必要性和迫切性，也显示出对价值本质的认识是一个长期、复杂的过程。上述国内哲学界对价值本质争议的几个焦点问题，对于我们深入理解价值的本质有着重要的理论意义。

虽然对价值本质认识的各种观点仍在交锋，其争论还

▶ 科学地揭示价值的本质，依然是一个任重道远的任务。对价值本质的界说决定着价值的界定。

远没有终止，但争议的过程也是一个辨析、生成的过程，研究者们在论争的过程中，逐渐思考产生分歧的原因，弥补彼此的差异，完善自己的观点，以形成更为一致的对价值内涵的认识。

1. 对价值本质认识分歧的弥合

价值本质认识的分歧之一是价值是否可以定义的问题，虽然争议的双方各持己见，难以一致，但显然这一问题的答案是肯定的。因为一方面认为价值不可定义的研究者，都没有停止对价值的解释或说明，即使没有明确提出价值的定义，也包含着研究者对价值的特定理解；另一方面，下定义的目的在于揭示概念的本质，既要揭示价值的本质，又否认其是价值的定义，这一矛盾也的确是无法调和的。

实际上，分歧的原因主要在于对"定义"的理解，难以对价值下一个标准的定义，但并不意味着价值不可下定义，科学是发展的，人们的认识也是在不断深化的，价值现象本身研究的复杂性，也预示着很难在短时间内求得一个统一标准的解释，这也不符合科学发展的规律。既然难以取得标准、一致公认的价值定义，就应当暂时允许有不同的价值定义存在，"只要这种定义能揭示某种特有的价值现象，能澄清人们的某种价值困惑，我们就应该鼓励。并且有关价值的定义越多、越杂，对价值的揭示也许会越全面、越深入，因为它会有助于人们从不同的侧面和角度去观察和理解价值问题，从而拓宽人们的思路，加深人们对价值的认识。强求某一概念的一致和标准，或多或少会带有以偏概全的色彩，这也是与学术研究的正常气氛相违背的"[1]。

---

[1] 宋永平. 关于"价值是人"命题的逻辑缺陷：兼论价值本质及其定义. 价值哲学问题研究. 北京：中国社会科学出版社，2002：46.

价值不可定义的另一个重要依据是其"过分单纯",对此,刘永富的观点很有说服力。他认为,西方哲学史上有一个公认的观点是：简单观念不能虚构,也不能靠定义来把握、来理解；简单观念只能直接获得,只能靠直接体验来把握、来理解。但"简单观念不能通过定义来把握、理解,严格说来,并不等于给简单观念的词语下定义,更不等于不能对语词作解释,也不等于不能通过定义或解释来确定语词的用法,或者说,不等于不能通过定义或解释来学习表达简单观念的语词的正确用法"。"也就是说,可定义与不可定义涉及定义的目的,从不同目的出发就会得出不同的结论。如果把定义的目的确定为给出相应的观念,那么表达单纯观念的语词就是不可定义的。如果定义的目的是给出一种用法,给出使用的条件——除了表达的观念这一条件（表达所表达的观念是语词的使用条件之一）——那么一切语词都是可定义的。"[1] 所以,如何理解"定义"的定义,直接决定着"定义"的可定义性,如果定义是给出被定义语词的用法,那么一切语词都是可定义的；如果定义是给出或传达相应的观念或体验,那么一切语词都是不可定义的,只能是两者择其一。

> 当无法对事物或观念的本质加以把握时,可以通过描述性定义去限定观念或事物的特征。

所以,我们认为价值是可定义的,否则就是不可认识的；在价值论研究的现阶段,对价值的解读或争鸣是必要的,这是促进价值研究不断深化的重要推动力。

价值本质认识的分歧之二是如何看待价值范围的问题,主流的观点是将价值限定在主客体关系的领域来加以考察,但人道价值论的提出则超越了这一范围,提出人作为人,人作为主体存在本身所拥有的内在价值。如何看待和弥补这一分歧也是认识价值本质无法逃避的问题。目前的观点

---

[1] 刘永富. 价值哲学的新视野. 北京：中国社会科学出版社,2002：21—22.

是：出现这一分歧的原因是对"人道价值"的不同认识，既人道价值是"价值"还是"价值评价"？是"有价值"还是"是价值"？

当"人的生命存在的意义以及人的尊严、自由、权利"等仅仅作为一种对人生意义、对个人行为等的评价标准或追求目标的时候，它只能是一种价值评价尺度或价值取向、理想。[①] 而国内学者正是在这个意义上来谈论人道价值的，将人道价值仅仅看做某种对待人、对待人和人的关系的价值评价标准，或者是价值理想取向，并不是现实中人的价值。

有的研究者则认为[②]，出现这一问题的原因是把"有价值"和"是价值"混淆在了一起。实际上，什么有价值不等于什么是价值，即有价值者不等于它所具有的价值。例如，生命、尊严都有价值，但不能因此就说它们是价值，也不能因此说它们是价值的本质。不仅"有价值"不等于"是价值"，而且有价值者总有个对什么有价值的问题。例如，即使把人的生命看做最有价值的，也离不开对什么的价值，因为人的生命的价值要么是对他人的价值，即某人活着对某些其他人有价值，要么是指对有生命者自身的其他方面的价值，即人首先要活着，然后才谈得上自身其他的一切，才谈得上自身的其他活动、生活，或者说活着对活着的人自身的其他活动，其他方面有价值，要么是指对有生命者自身的自我实现意义上的内在价值。

◀ 人是实体，价值是关系范畴，不能用实体范畴说明关系范畴。

因此，我们认为，对价值本质的认识离不开人的价值，强调人在价值关系中的核心地位，突出人是目的不是手段的思想，固然有其积极的意义，但不能也不应该混淆价值

---

① 邬焜. 天道价值与人道价值. 与价值哲学相关的几个问题的探讨. 社会科学辑刊, 1999; 5.
② 刘永富. 价值哲学的新视野. 北京：中国社会科学出版社, 2002; 43—44.

与价值判断的区别，两者是不同层面上的内容。所以，人道价值并未拓展价值关系的范围，对价值本质的认识依然要在主客体价值关系的范畴内进行。

价值本质认识的分歧之三是在"主客体逻辑关系"的解释模式内，如何看待价值本质的问题。从主客体逻辑关系的角度对价值界定的6种解释模式，虽然各有其合理的成分，亦都带有各自的局限性。有的研究者指出[1]，这一分歧的焦点问题实际上是围绕着价值的主客观问题展开的，有人主张价值是客观的，因为没有客体的价值属性便没有价值认识的对象；有人主张价值具有主观性，因为主体对同一价值的认识往往是不同的。而这样思考价值问题主要是源于传统的本体论的思维模式，这种思维方式是一种依据先在的预定本质论证价值物之普遍性或终极性的思维方式，按照这一思维模式，单纯地主张价值的客观性或主观性的观点都有着明显的偏颇，而主张主客观统一则成为主流。因此，在价值本质的6种解释模式中，影响最大的无疑是关系论和效应论。

▶ 价值是主体与客体相互作用的产物。主客体相互作用，是价值的基础；主客体相互作用，就是主体的活动。

在对已有6种价值解释模式分析的基础上，邬焜试图为哲学中的"价值"范畴作出本质性的规定："从哲学的层次来看，价值乃是事物（物质、信息，包括信息的主观形态——精神）通过内部或外部相互作用所实现的效应。"这一定义包含了许多思想要点：价值现象存在于主客体关系中；价值是在相互作用中实现的效应；价值作用不仅是单向的，也是双向和多向的；相互作用引出的效应有正价值、负价值和中性价值。

虽然对这一规定我们并不一定完全赞同，但我们也同样认为，关系论是比较切合价值本质的一种解释模式，它

---

[1] 李建群. 关于价值研究若干问题的思考. 西安交通大学学报, 2001 (2).

能有效地解释价值是因人而异的特点，能很好地解释价值多元性与一元性的辩证关系这一复杂现象。

2. 对价值本质的诠释

弥合对价值本质认识的分歧，其目的是为了更清楚地阐释价值的本质规定性，从上述分析中我们已经发现，对价值范畴下定义不仅是可行的，也是必要的，这是推动价值论研究不断深化的重要方式，是价值理论运用于实际的科学保证；虽然强调人道价值是混淆了价值与价值判断的区别，但这并不妨碍我们强调人在价值过程中的主导地位，价值的本质与人的价值是内在统一的；从目前价值论发展的现实情况看，关系论是比较切合价值本质的一种解释模式，也是被我国哲学界大多数研究者认同的观点。《中国大百科全书·哲学卷》对价值所作的界定就反映出这一特点：价值"是现实的人同满足其某种需要的客体的属性之间的一种关系。价值同人的需要有关，但它不是由人的需要决定的，价值有其客观基础，这种客观基础就是各种物质的、精神的现象固有的属性，但价值不单纯是这种属性的反映，而是标志着这种属性对于个人、阶级和社会的一定积极意义，即满足人们对某种属性的需要，成为人们的兴趣、目的所追求的对象"①。

从关系论的研究视角来看价值的本质，即价值的本质是人的需要与满足需要的对象之间的特定关系。这样阐释价值的本质在于表明价值既不单纯是客体的属性，也不单纯是主体的需要，而是客体属性和主体需要之间的现实关系，表示客体的属性能够在多大程度上满足主体的需要。在这种关系中，客体的属性是价值的基础，是价值的附载体，没有它价值就失去了依附；主体的需要是价值实现的

◀ 如果担心需要有"合理"与"不合理"之分，不妨将价值区分为"正价值"和"负价值"。

---

① 中国大百科全书·哲学卷（1）.北京：中国大百科全书出版社，1987：345.

内在因素，它将客体的意义予以肯定并将其转化为现实的形态。在这样的认识下，哲学界对价值的本质形成一定的共识：价值不是一个实体范畴，它不表示在主体、客体之外的第三种实体；价值也不是一个属性范畴，不能把价值理解为任何存在物的固有属性。价值是一个关系范畴，它表明主客体之间的统一状态。① 所以，价值本身并不是一个"实体"性的存在，而是"关系"性的存在。正如李凯尔特断言："关于价值，我们不能说它们实际存在着或不存在着，只能说它们是有意义的，还是无意义的。"②

为了能够更正确地理解价值的本质，我们还需要进一步明确以下几个问题：

（1）价值体现的是客体属性同主体需要之间的一种特定关系，其"特定"的含义，是指事物作为客体对主体存在及其发展的肯定或否定的关系。当客体及其属性与人的需要有关，并且能够满足人的某种需要时，它对人的生存与发展就具有肯定的意义，这一客体及其属性对人就是有用的或有价值的；相反，当客体及其属性与人的需要无关或不能满足人的某种需要，甚至妨碍人的需要的满足时，它对人的生存与发展就具有否定的意义，这一客体及其属性对人就是无用的或无价值的。所以，价值的概念体现了客体对主体的有用性。

> 强调"有用性"，还应避免混淆哲学价值和使用价值的界限。价值并不仅意味着功利价值。

（2）主体是价值关系的主导。价值体现的是一种关系范畴，在主客体关系中，价值主要取决于主体，是主体根据满足需要的程度来判断客体的价值。价值虽然要以具有某种属性的客体为物质基础，但某物是否有价值不以其属性为尺度，而是以作为主体的人的现实需要为尺度。虽然

---

① 李德顺. 价值论：一种主体性的研究. 北京：中国人民大学出版社，1987：124-125.
② 李凯尔特. 文化科学与自然科学. 北京：商务印书馆，1982：12.

客体具有某些属性，但如果没有主体的需要，它也不会构成价值。有一定需要的主体是衡量客体是否有价值或价值大小的客观尺度。"主体"包含不同的层次，既可以指个人，也可以指社会①，将社会需要引入价值关系的范畴之内，能够在更高层次上说明价值问题。

（3）价值源于客体的属性。价值关系的产生与发展都有其客观的物质基础，不依人的主观意志为转移。价值虽然与人的需要相关，但价值又不是由人的需要单独决定的，价值的产生与发展，必须有其客观的物质基础，就是客体具有的属性，不仅价值关系的形成与发展有赖于客体的属性，而且主体需要的满足也离不开确定客体的确定属性。事物的价值并不在于作为价值客体的事物全部，而在于事物的属性，由于事物满足人的需要的属性是多方面的，因而事物的价值也是多元的。

◀ 使客体主体化，对主体产生一定的作用和影响，就是价值实现的过程。

（4）实践是价值关系形成的基础。无论是主体需要还是客体属性，都是在人类的实践活动中被认识和把握的；同时实践又是一种合目的性的活动，是通过改造客体而满足主体需要的过程。只有实践才能够在主体需要与客体属性之间建立起内在的联系，并使它们之间相互结合和相互作用，把主体需要转化为一种价值需要和价值追求，把客体属性转化为价值属性，把主客体的关系转化为具体的价值关系，实现两者的内在统一。

二、心理教育中的价值

上述哲学范畴之内价值一般概念的分析，为我们认识心理教育中的价值问题奠定了基础。用哲学的视界去俯瞰教育领域，用哲学视角中的价值去洞察心理教育的本质与

---

① 马凤岐. 教育价值的理论问题. 北京师范大学学报（社会科学版），1994：636.

特征，对于规范心理教育的学科发展走向，探明心理教育的内在作用机制，强化心理教育的功能等，具有重要的理论与实践意义。

（一）范畴定位：心理教育中的"价值"

虽然价值并不是哲学的专有概念，但哲学具有为一切学科提供深层理论基础和思想方法的使命，以及教育学、心理学与哲学的历史渊源，使得哲学范畴内的价值理论成为心理教育最重要的理论支撑点之一。

1."价值"的三种界定视角

目前对价值本质的认识，有三种不同的界定视角，也代表着价值的三种不同的内涵。

一是词源学视角上对价值的理解，指某种客体具有的某种效用性，这是一种词源学意义上的认识。在中国古代，"价"和"值"是分开解释的，《说文解字》中的解释是："贾，物直也"；"值，措也。"[1] 而在《说文解字注》中进一步解释为："贾，市也。市，买卖所之也。因之凡买凡卖皆曰市。贾者，凡买卖之称也。酒诰曰：远服贾。汉石经论语曰：求善贾而贾诸。今论语作沽者假借字也。引伸之凡卖者之所得，买者之所出，皆曰贾。俗又别其字作贾，别其音入杩韵，古无是也。"[2] 解释值为："值，持也。'持'各本作措，措者置也，非其义。陈风：值其鹭羽；传曰：值，持也。引申为当也，凡彼此相遇相当曰值，亦持之意也。史汉多用值为之；姚察云：古字例以直为值，是也。

---

[1] 转引自：黄立勋. 试论哲学意义的价值本质. 西南民族学院学报：哲学社会科学版，2001（9）：187.

[2] 段玉裁. 说文解字注. 上海：上海古籍出版社，1988：281. 转引自：黄立勋. 试论哲学意义的价值本质. 西南民族学院学报（哲学社会科学版），2001（9）：187.

价值亦是相当意。"① 由此可见，"价"始指场所，后引伸为卖者之所得，买者之所出；"值"是持有，后引申为相当。从这个意义上来理解，价值实际上是物在比较、交换的过程中体现出的相当、不相当，反映的是物的功用性。价值一词还源自于古代梵文 wer，wal 和拉丁文 vallum，vallo。梵文的含义是围墙、护栏、掩盖、保护、加固的意思，拉丁文的含义是堤，用堤护住，加固，意指对人的维护和保护作用，反映的是物的效用性。

二是经济学视角上对价值的理解，它源自马克思的劳动价值论和剩余价值理论，指的是"商品的价值"，即凝集在商品中的一般的无差别的社会劳动。商品的价值量由生产该商品所需的社会必要劳动时间决定，在这里，社会必要劳动时间是在现有的社会正常生产条件下，在社会平均劳动熟练程度和劳动强度下制造某种使用价值所需要的劳动时间。这种"生产使用价值的社会必要劳动时间，决定商品的价值量"②。恩格斯则认为"价值是生产费用对效用的关系。价值首先是用来解决某种物品是否应该生产的问题，即这种物品的效用是否能抵偿生产费用的问题。只有在这个问题解决之后才谈得上运用价值来进行交换的问题。……不消灭私有制，就不可能消灭物品本身所固有的实际效用和这种效用的决定之间的对立，以及效用的决定和交换者的自由之间的对立；而在私有制消灭之后，就无须再谈现在这样的交换了。到那个时候，价值这个概念实际上就会越来越只用于解决生产的问题，而这也是它真正

---

① 段玉裁. 说文解字注. 上海：上海古籍出版社，1988：382. 转引自：黄立勋. 试论哲学意义的价值本质. 西南民族学院学报（哲学社会科学版），2001（9）：187.
② 马克思. 资本论：第1卷. 北京：人民出版社，1975：52.

的活动范围"①。恩格斯进一步提出:"现在的价值是商品生产的价值,但随着商品生产不再存在,价值也'变了',就是说,价值本身还存在,只是形式改变了。"②

三是哲学视角上对价值的理解,指作为主体的人的需要与作为需要对象的课题的属性之间的一种特定关系。在西方哲学的发展史上,最早提出"价值"概念的是古希腊哲学家苏格拉底,并论及了什么是价值,但此时论及的价值问题,一般常使用好、善、美、正义等来表达具体价值,还没有上升为一般的价值概念。最早将价值和事实加以区分的是英国哲学家休谟。休谟认为,对于世界的认识可以划分为"事实的认识"和"价值的认识",第一次在认识论上确立了价值理论的地位。至19世纪后半叶,德国哲学家陆宰把世界划分为三大领域:事实领域、规律领域、价值领域。三大领域相互独立又彼此联系,第一次在本体论上确立了价值理论的本体地位。其后经过尼采、布伦塔诺等的发展,将古希腊以来哲学家一直谈论的好、善、美、正义等问题,统摄为一般的价值理论,建立起了哲学的一个新的领域——价值学。20世纪初,德国哲学家文德尔班、李凯尔特等对建立现代完整的价值理论作出了巨大贡献,开始真正使价值哲学成为一个重要的哲学范畴而存在,对后世的思想产生了深刻的影响。文德尔班认为,价值是哲学为世界立法的"规范"。价值就是"意味着",就是具有意义。我们就是"借助于这种意义,科学知识和一般文化的对象、客观世界得以构造出来"。③ 李凯尔特进一步提出,

▶ 价值哲学作为一门独立的学科,只有一百年的历史,形成于19世纪末20世纪初。

---

① 马克思恩格斯全集:第1卷.605.
② 马克思恩格斯.资本论·书信集.448.
③ [苏]КС巴克拉捷.近代德国资产阶级哲学史纲要.北京:中国社会科学出版社,1980:257.

价值是包括主体客体在内的"现实"世界以外的另一个王国,"只有存在的价值的总和,才构成了世界"①。将价值看成主体加给现实或世界的意义或规范。

价值的三种界定视角,拓宽了我们对价值认识的范围,看到了价值内涵的多样性。但词源学视角上的价值理解,主要强调价值客体的效用、功用,以客体自身的功能或属性来规定价值,这一含义实际上已包含在价值的哲学范畴内。而经济学的界定视角只局限于经济学领域,劳动价值论是经济理论,探讨的是商品价值范畴,它不同于哲学理论,具有普遍的方法论意义,所以,简单照搬是不可取的。西方哲学中的价值理论,如新康德主义学派的文德尔班、李凯尔特等又陷入主观唯心主义泥潭,难以对价值的本质作出科学的解释。因此,在心理教育中,我们将价值的界定限定在哲学的范畴内,以"人的需要与满足需要的对象之间的特定关系"来界定价值的本质。 ◀哲学范畴内的价值,是研究贯穿于各个领域中的一般价值,对各个具体学科有重要的指导价值。

2. 价值的结构与内在联系

主体需要和客体属性是价值构成的两个基本要素,谈价值不能仅从个体内在需要出发,也不能仅从客体属性中寻找,应把两者有机结合起来,这才是科学价值观的一般内涵。但仅有主体需要和客体属性还不足以形成价值,还需要一个能把两者统一起来的中介环节,这个环节就是主体能动地改造客体的实践活动。或者说,价值源于客体,取决于主体,产生于实践,这就是价值构成的三要素。 ◀强调价值的主体是人,但不意味着走入唯主体论的极端。

(1) 价值的主体是人。价值体现的是人的本质,而不是物的本质,没有在人之外的价值,价值的产生必须以人的存在和活动作为前提或基础。人是按照自己的需要,按

---

① [苏] K C 巴克拉捷. 近代德国资产阶级哲学史纲要. 北京:中国社会科学出版社,1980:260.

照主体自身的尺度和标准来评价价值的。凡是满足主体自身的需要，符合主体自身的尺度和标准的客体，就是有价值的；凡是不能满足主体自身的需要、不符合主体自身的尺度和标准的客体，即使这些客体是客观存在的，对主体产生了影响，主体不会将其评价为有价值的。客观主义的价值观曾认为，价值就是客观对象的属性，按照这一观点，世界上的一切自然物都是有价值的，即价值在客观事物自身，一切价值都是自在的，这其实是错误的。"实际上，'任何自在之物'以及物的自在属性和规律，它们在没有为人所认识、理解和运用之前，只是一种盲目的存在和必然性，根本就没有任何意义，自然也就无价值可言。"[1] 价值都是相对人的存在和活动的，它产生于人的有目的的实践活动，是人们认识、理解、评价和追求的产物。

> 强调客体对价值形成的作用，但同样不能陷入唯客体论。

(2) 价值来源于客体。主体需要的产生及其满足，是以客体的存在及其属性为前提的，没有事物及其属性的客观存在，就没有主体需要的满足，所以，价值来源于客体。客体的价值并不在于事物的全部，而在于事物的属性，在于客体与主体发生关系时产生的属性。事物都是有其固有属性的，当客体同主体发生关系时，一部分固有属性便会成为与主体的需要发生联系，价值就会从客体中产生并存在于客体之中。

(3) 实践活动是主客体之间相互转化的价值中介。通过实践活动的参与，主客体之间才能实现相互转化，主体使客体满足自己的需要，实现价值。所以，实践是主客体相互转化的价值中介。王玉梁在《价值哲学新探》中认为，价值中介是价值主体与价值客体之间相互作用的工具或手段，是价值产生的内在根据，缺少价值中介，价值主客体

---

[1] 尹星凡. 价值的本质和本体. 学术研究, 2003 (4): 45.

之间的相互作用不仅难以发生，而且价值也难以产生和实现。实践作为主体与客体相统一的桥梁，使主体作用于客体并产生与实现价值。

价值是主客体之间的一种关系。价值是一个关系范畴，而不是实体范畴，不能把主、客体割裂开来，单纯从主体或从客体方面去寻找。因为价值既不存在于单独的客体中，也不存在于单纯的主体中，或者说，价值不是客体的本体属性，客体及其本体属性是价值的承担者，但它不是价值本身；价值起因于主体的需要，但价值也不是主体需要本身。"虽然主体需要是引起追求这种需要的主体欲望的根源，但它的满足却不能停留在主体本身，而只能超出主体，由主体之外的客体来提供。"① 由此可见，价值的产生是主体需要的对象化，单纯的客体本体属性或单纯的主体需要都不构成价值，只有两者的联系才构成价值的本质。但人的主体是如何形成的？客体是如何成为价值的？主客体之间的联系是如何形成的？这就是社会实践的中介和桥梁作用。离开了实践活动，人就不能成为主体；离开了实践活动，客体的属性也无法生成价值；正是通过人的实践活动，使处于自在状态的主、客体联系在一起，使主体作用于客体，在变革客体的同时变革主体，以形成和发展价值与价值关系。

◀强调价值既离不开主体，也离不开客体。

在人的实践活动中，又存在着一个价值评价选择和价值判断问题。价值是客观事物与人的需要之间的关系。由于人的需要具有多层次和多侧面的内容，事物本身也具有多层次、多侧面的属性，因而事物对人的需要也必然具有多方面的价值；同时，人的需要又是历史发展的产物，需要本身随着人的实践活动的深入而不断变化，人们会从已

---

① 胡颖峰. 哲学价值范畴本质新探. 江西财经大学学报, 2001 (2)：73.

经满足的需要中再产生出新的需要，因此，价值关系中的价值形式也不是单一的，必然是多种多样的，这就涉及价值评价的问题。价值评价是对客体属性满足主体需要关系的揭示，是主体根据某种标准对客体属性与标准之间关系的看法。价值作为客体的属性对主体需要的满足，要以主体对这种"满足"关系的评价为逻辑前提，离开主体对这种"满足"关系的评价，就无法作出客体的属性是否满足主体需要的价值判断[1]，因此，价值的形成也离不开价值评价的作用。也可以说，价值评价是对价值关系的直接反映，是对价值客体满足价值主体需要在质和量两方面的评定和估计，价值评价是对人的价值的现实形态的客观反映。价值判断"是评价活动的一种结果，它是评价主体根据价值主体的需要，衡量价值客体是否满足价值主体的需要以及在多大程度上满足价值主体需要的一种判断"[2]。价值是主客体之间的需要与满足的关系，而对这种主客体关系的不同认识和评价则又构成了人们的价值观，价值观一旦形成，就会直接参与到人们的实践活动中，即构成个体的价值取向并影响着个体的价值选择。

▶ 价值评价作为一种观念性的活动无处不在。

(二) 问题解析：心理教育中的"价值"

在对一般的价值概念进行剖析之后，接下来需要讨论的就是心理教育中的价值问题了。心理教育中的价值要回答和探讨的焦点问题包括三个方面："是价值"、"有价值"和"如何处理价值"。在心理教育的理论中，对心理教育"是价值"和"有价值"是没有疑义的，只是对其具体内容尚缺乏深入、系统的研究；有争议的问题是在心理教育中"如何处理价值"的问题，是采取"价值中立"还是"价值

---

[1] 孙正聿. 哲学通论. 沈阳：辽宁人民出版社，1998：267.
[2] 冯平. 评价论. 北京：东方出版社. 1995：254.

干预"的立场？对于这一问题，我们在第一章中曾进行了具体分析，认为价值干预是心理教育的应有之义。但心理教育中如何进行价值干预？如何将价值干预有效地融入到心理教育的过程之中？仍然是有待深入思考的现实难题，也是本研究的重点。

◀"如何处理价值"，即心理教育应持有什么样的价值立场。

1. 心理教育中的价值是什么

心理教育中的价值是什么？回答的是心理教育是价值的问题。心理教育中的价值是价值的一种特殊形态，是一般价值在心理教育领域中的具体表现，在此我们将其简称为"心理教育价值"，属于教育价值的范畴。因此，我们试图从两方面来理解心理教育价值，一是心理教育价值是教育价值之一，二是什么是心理教育价值。

（1）心理教育价值是一种教育价值。

教育价值是教育哲学研究的一个重要的理论问题，但我国教育理论界对教育价值的研究比较薄弱，"从目前的研究情况来看，突破性的进展并不大，有些基本的理论问题尚未得到科学的解决，教育价值的概念就是其中之一"[①]。所以，厘清教育价值的内涵，不仅是理解心理教育价值的一项前提性、基础性工作，也是当前教育理论研究与实践的一项紧迫任务。

在教育发展史上，19世纪英国哲学家、教育家斯宾塞（H. Spencer）最早对教育价值问题进行探讨，提出了"什么知识最有价值"的问题，认为知识有无价值和知识价值的大小，应当看这种知识与人的生活的关系。对于人们最有用的知识就是最有价值的知识，因为教育的主要任务是使每个人知道这样生活，这样过"完满的生活"，"为我们

---

① 王卫东.教育价值概念的历史考察与理论分析.北京师范大学学报：社会科学版，1996（2）：29.

完满的生活做准备，是教育应尽的职责"①。但教育史上对教育价值的认识，往往是不系统的，并常常限于对某一学科知识价值的探寻上，与我们今天对教育价值的理解是有距离的。

综观目前我国教育理论界对教育价值概念的界定，主要的研究思路是从价值的一般概念出发，通过由一般到特殊的演绎方法，来定义教育价值的概念。按照这样的一种研究思路，研究者提出许多关于教育价值的界定。

> 价值与教育价值是一般与特殊的关系。

"教育价值有两种含义：教育中的价值和教育的价值。前者指教育中应该在学生身上培养哪些价值，后者是指怎样的活动才具有教育上的价值，才能有效地获取那些教育中的价值。教育中的价值是指在教育活动中应该达到什么目的，实现哪些人生价值和应该教给学生一些什么价值内容；教育价值是指在教育活动中应该这样活动，应该采取哪些方式方法才能达到教育的要求，收到教育的效果。"② "教育价值就是教育的功效，从人的发展来说，教育就是对发展的一种价值限定；从社会来讲，教育又是一种社会价值的创建，是社会价值设计、创建的一种文化状态。"③ "所谓教育的价值，即教育对人的需要的满足，具体来说，就是通过教育进行培养一定的人，满足人的需要；教育的价值，就是教育对人的意义。"④ "所谓教育价值，是指作为客体的教育现象的属性与作为社会实践主体的人的需要之间的一种特定的关系。"⑤ 分析上述几个在我国教育界比较有代表性的对教育价值的定义，不难看到，前两种界定方式

---

① 罗炳之. 外国教育史（上）. 南京：江苏教育出版社，1984：281.
② 傅统先，张文郁. 教育哲学. 济南：山东教育出版社，1986：107.
③ 孙喜亭. 教育价值问题再论. 教育研究与实验，1988（1）.
④ 王汉澜，马平. 浅谈教育的价值. 华东师范大学学报：教育科学版，1991（1）.
⑤ 王坤庆. 现代教育哲学. 武汉：华中师范大学出版社，1996：125.

是用教育价值的分类和内容代替了教育价值的本质，没有反映出教育价值的质的规定性。后两种界定方式是对哲学层面上的价值一般概念的演绎，反映出了教育价值的本质内涵。那么，教育价值也可以看做作为客体的教育现象的属性与作为主体的人（个体、群体）的需要之间的一种特定关系。

教育价值不同于教育功能和教育目的，教育价值与教育功能、教育目的有联系，但也有本质区别。首先，教育价值不同于教育功能，虽然有人常常混淆两者间的区别。功能是事物本身固有的属性，教育功能就是教育本身固有的属性，价值则是事物的属性与主体之间的关系；教育功能是较为固定的，而教育价值则会因主体需要的不同而有所变化。教育功能只是表达一种可能的潜在的教育价值关系，教育具有某种功能，并不意味着某种价值，而且同一种教育功能也可能产生不同的教育价值关系。当然，没有教育功能就难以产生教育价值，在教育功能发挥作用的过程中，会使教育属性与主体发生联系，并满足主体的教育需要，就会产生教育价值关系，所以，教育功能又是实现教育价值的客观基础。其次，教育价值也不同于教育目的。教育目的"是指通过教育要把受教育者培养成什么样的人，是对培养人才的质量规格的总要求，是各级各类学校培养目标的总方向"。[1] 教育目的的确定在一定程度上取决于主体对教育价值的认识，它概括和体现了教育价值关系，反映了主体对教育价值的追求。教育目的的实现又会促进教育价值的实现，教育目的的实现过程就是主体创造教育价值的过程。

---

[1] 王卫东. 教育价值概念的历史考察与理论分析. 北京师范大学学报：社会科学版，1996（2）：34.

在对心理教育概念的辨析过程中，我们已经看到，随着心理教育的发展、演进历程，它已经逐渐融入到学校教育之中，成为现代学校教育的重要组成部分。作为教育这一种概念下的属概念，心理教育同样具有教育的基本特征，心理教育价值也是一种教育价值。

（2）对心理教育价值的认识。

从教育价值的界定出发，按照从一般到特殊的认识过程看待心理教育价值，心理教育价值无非也是主体需要与满足需要的教育现象的属性之间的一种特定关系，不过，要真正解决这一问题，必须进一步分清：心理教育产生于什么样的"价值关系"之中？其中，心理教育作为客体满足的主体是谁？这些主体需要是什么？心理教育满足这些主体需要的属性又是什么？

▶ 主客体的价值关系是价值产生的基础。

在心理教育价值体系中，简单地看，其主体包括社会主体和个体主体。前者主要是指社会系统中的政治、经济、文化等子系统，一定社会或群体对心理教育的需要不同，心理教育活动的取向标准就不同；后者主要是指受教育者，即学校教育中的学生，他们各自对自身心理机能的提升和改善的需要也不同。而心理教育价值的客体是指整个教育系统，"对于价值关系中客体的分类，可考虑从三个维度把握，一是按需要对象的内容分为物质的和精神的，二是按需要的性质分为社会的和个人的，三是按需要的来源分为主体以外的客观世界和主体自身的主观世界"[①]。这一分类同样适合心理教育，心理教育为了满足主体提升和改善心理机能的需要，既有对良好物质条件的要求，又有对教育内容的要求；既有对良好社会环境的要求，也有对教育者自身心理特质的要求；既有对客观世界的要求，也有对自

---

① 王坤庆. 现代教育哲学. 武汉：华中师范大学出版社，1996：126.

身主观世界的要求，自身主观世界作为价值的客体，实际上是思想着的"我"对存在着的"我"进行价值选择，如心理教育中的"自我教育"。所以，心理教育的客体具有多样性的特点。

　　心理教育活动中的主客体关系有三种形式：一是教育者与被教育者均为主体，心理教育的内容与方法为客体；二是教育者与被教育者互为主客体关系，教育者运用一定的教育内容与方法，对被教育者施加有目的、有计划的教育，促进和改善被教育者的心理机能；三是对教育者和被教育者自身而言，都存在着主我与客我之间的关系，心理教育活动对教育者和被教育者的心理发展都是一个促进和提高的过程，特别是被教育者的自我发展与自我教育能力的提高，"主我"提出的"应然"目的与"客我"的"实然"状况的统一，是心理教育的最终目的。心理教育的价值应当在心理教育的主客体关系中加以体现，离开主客体关系去孤立地谈主体的需要或教育的属性，都不能反映出心理教育的价值。单纯研究心理教育的类型、结构、方法、实施等，就不能构成心理教育的价值；同样，单纯主体的需要、主体心理机能的特点，也不属于心理教育的价值。因此，心理教育价值不能脱离主客体关系，它是在把握主体需要水平和客体的可能性之中，去对心理教育作出价值评价和价值选择。另外，心理教育价值又具有动态性和发展性的特点，因为心理教育价值体系中的主体和客体都处于不断的发展变化之中，教育的属性和功能是丰富多彩的，人的心理发展的需要也是无限多样的，心理教育价值也就有着多个方面的表现。

◀ 心理教育价值产生于主客体关系之中，既不是实体范畴，也不是属性范畴。

　　2. 心理教育中的价值干预

　　在第一章的分析中我们已经看到，心理教育的学科建构存在两种不同的研究视域，即心理学研究视域和教育学研究视域，两种视域的分歧焦点表现在对价值问题的处理方式上。我们研究心理教育中的价值问题，其直接目的就是试图融合两种研究视域，建立起兼具科学与人文特色的心理教育。为了达到这一目的，自然需要深入挖掘两种研究视域中的价值内核，以求得两者间的统一。

教育学禀赋社会科学的研究使命，价值干预是其重要特征之一，沃德（Ward, 1971）甚至直接指出[①]："教育是为了价值观而存在……它必须是这样。一旦我们除去了价值观，我们也会同时除去了教育。没有价值观，就没有教育；哪里有真正的教育，必定会有真正的人类价值观。"以此说明没有价值观就没有教育，教育就是对价值观干预的过程。有的研究者甚至认为，"'教育'可以定义为'对内在有价值的活动的引导'"[②]。

▶ 教育就是一种价值引导的活动。

而教育与价值之间呈现的是一种什么样的关系呢？在巴特勒（Butler, 1970）[③] 看来，教育与价值之间有四种关系：

（1）教育就是为了成就价值和享受价值。教育的核心是促进人的成长和发展，而人的成长和发展又是一个价值实现的过程，人类主体参与下的价值实现，无疑是一个教育的过程。

（2）学校是价值实现的机构。从个体角度来看，教育就是帮助个体提升其成长的阶段，并实践其价值观；从社会的角度来看，教育则能够在社会和文化的某一个历史阶段，保留其文化的精华，并带着远超现实的远景使社会进入价值的一个全新领地；使被期望、现在又未实现的东西

---

① ［香港］李元安．从道德角度看价值、文化和教育．道德教育论丛：第2卷．南京：南京师范大学出版社，2002：324．
② ［英］再论教育目的．北京：教育科学出版社，1992．
③ ［香港］李元安．从道德角度看价值、文化和教育．道德教育论丛：第2卷．南京：南京师范大学出版社，2002：325—326．

不再是一种理想或目标,变成一种存在并实现的文化拥有。

(3)教育目标是价值判断的表达。任何形式的教育目标,不论是总目标还是具体目标,不论是教师还是教育行政部门提出的目标,不论是个别班级还是整个学校厘定的目标,其中都蕴含着价值的元素。

(4)面对价值判断的经验本身就是一种教育。教育中的价值关注对所有儿童都很重要,对青少年则更为重要,思考价值问题是青少年反思的开始。面对价值问题的挣扎与张力,为儿童作出认真的、反思的价值决定提供了基础,每个儿童最终都要学会根据某种准则过自己的生活,他(她)越是能运用其价值理论作出价值判断,他(她)就越有能力面对生活的需要并为自己的决定负责任。

以上述观点来看心理教育,不难得出这样的结论:作为现代教育重要组成部分的心理教育,教育的使命也使其带上了价值干预的特征,否则就不能称其为教育。借鉴巴特勒的看法,心理教育与价值之间同样具有四种关系:

◀ 从教育的视角看心理教育,无法回避价值引导的命题。

(1)心理教育包含着价值实现的过程。心理教育以促进人的心理成长和发展为核心,心理成长与发展离不开教育者的作用,并以知识为载体来实现,教育者参与下的心理教育活动,其中自然包含着教育者自身的价值判断和价值选择,蕴含着教育者的人性观,因此,心理教育也是一种价值实现的过程。

(2)心理教育是社会价值观内化的重要手段。心理教育主要关注的是个体的心理发展,但价值观也是个体心理的重要内容,它是个体先天遗传素质与后天社会文化因素的结合,所以,心理教育也是个体社会化的过程,并通过内化的方式得以完成。

(3)心理教育的目标也蕴含着价值元素,不论是心理教育的总目标还是个体心理发展各个阶段的具体目标,都应当是价值判断的表达，离不开价值引导的作用。

（4）提升被教育者的价值判断能力也是心理教育的任务之一，引导学生学会价值思考、价值反思，回避价值干预是难以做到的。

所以，从教育学研究视域出发来看心理教育中的价值问题，不是需不需要进行价值干预，而是如何进行价值干预的问题，目前我们需要解决的主要问题是如何看待和挖掘心理学研究视域中的价值蕴涵，也就是说，如果能够从心理机能的内在形成过程中挖掘出价值干预的内容，就能够与作为社会实践活动的教育相互衔接，从而实现两种研究视域的融合、构建一致的心理教育体系。

心理学研究视域的心理教育，受自然科学的影响，使其带上了"价值中立"的色彩，特别在心理咨询中甚至将其确定为一种咨询原则，力主排斥价值因素的影响，避免对来访者进行价值干预。在第一章的分析中我们已经看到，即使在心理咨询中，纯粹的价值中立也是做不到的，心理教育中的价值干预是必要的，也是必然的。但如何进行价值干预，或在心理教育作用过程的哪些方面进行价值干预？我们认为，作为心理教育理论基础的主要心理学理论流派遵循的人性观体现的就是一种价值前提，它构成了心理教育理论的价值基础；心理教育的目标本身就是价值评价的结果，必然体现着价值引导的作用；心理教育的作用机制同样反映着价值内化的特点，包含着价值观内化的内容；而心理教育的实现过程也是一个价值互动的过程，在此过程中也承担着培养被教育者价值判断的能力。因此，在后面几章的内容中，我们将从心理教育的相关研究出发，具体深入探讨、分析其内在关系。

第四章 价值内化——心理教育作用机制中的价值蕴涵

心理教育作为提升和改变被教育者心理机能的一种社会实践活动，其目标是指向心理机能的。但心理机能是如何形成与发展的？对这一问题的回答，实际上也在说明心理教育如何能够促进心理机能的发展，即回答心理教育发挥作用的内在机制问题。心理教育作为影响学生心理发展的重要的外部条件，需要通过学生心理的内在机制的转化才能渗透到学生的心理结构中，因此，研究和掌握心理教育发挥作用的内在机制，可以进一步提高心理教育的科学性和针对性，提高心理教育的效果。同时，对心理教育发挥作用的内在机制的分析，有助于我们进一步揭示出心理教育的价值内涵，看到心理机能的形成与发展也是一个价值内化的过程。

◀作用机制主要关注的是心理形式的变化，但形式与内容不可分离，形式要借助心理内容而实现，无法回避价值的内化。

一、心理机能：心理教育作用机制的内核

探讨心理教育发挥作用的内在机制，离不开对心理机能内在构成成分及形成机理的分析，因为心理教育的作用对象是心理机能，而心理教育发挥作用的内在机制，实际上就是心理机能形成与改变的过程。因此。我们首先需要解决的问题是：如何厘定心理机能的内在结构，它是由哪些部分构成的，心理机能又是如何形成与发展的。

（一）心理机能内在构成要素的理论剖析

心理机能的内在构成要素是心理机能得以展开的内在

依据，心理机能的构成要素孕育了心理机能的过程，没有一定的心理机能的构成成分，心理机能就无从产生，无从建构起稳定的心理素质。

对心理机能构成要素的分析，从心理教育理论出发主要有两种剖析的视角：一是认为心理教育应以解决心理问题（即改变心理机能）为主，因此以心理咨询理论作为其理论研究范式，通过对心理咨询理论的横向分析，找出心理教育发挥作用的共同心理因素，然后在此基础上确定心理教育的作用机制[①]；二是认为心理教育应当以促进心理发展（提升心理机能）为主，心理教育作用的过程对被教育者而言也是学习的过程，因此以学习理论作为其理论研究范式，通过对现代学习理论发展的纵向分析，找出心理教育发挥作用的共同心理因素，构建起心理教育作用机制的理论模型。[②]

> 心理咨询理论重在说明如何改变"心理机能"。

> 学习理论重在说明如何提升"心理机能"。

1. 西方学习理论的发展与心理机能的构成要素

美国心理学家桑代克（E. L. Thorndike）作为教育心理学的开创者，为学习理论的形成和发展作出了贡献，同时也奠定了学习理论发展的开端。早期学习理论的演进主要表现为两大对立的理论派别，一是行为主义的学习论，另一个是认知主义的学习论，两者相互对立，构成了学习理论演进的脉络。也可以说，自从桑代克的第一个学习理论提出之日起，近一百年的时间里，心理学家对学习进行探索的脚步一直没有停止。

由桑代克构建起的以"刺激—反应"为核心的学习的联结论，经过斯金纳等行为主义者的拓展与深化，使行为主义统治学习理论的研究近半个世纪的时间，应该说，

[①] 刘启珍. 心理咨询与治疗发挥有效作用的心理机制. 湖北大学学报, 1996（3）.
[②] 刘晓明. 中学生心理健康与心理咨询. 长春：东北师范大学出版社, 1999.

20世纪50年代中期以前,行为主义在学习理论的研究中占据着主导地位。作为一个划时代的人物,桑代克首次用实验而不是思辨的方法来研究学习问题,这是学习理论的一大超越,也为后继学习理论的研究提供了基本的范式;而华生、斯金纳等人的研究,则使研究行为主义的学习理论变得更系统、更全面,为有效地控制和塑造人类行为提供了客观依据,并在社会和教育实践中得到了广泛应用。他们将人的心理等同于外在的行为,认为学习就是行为变化的过程,完全抛弃学习的认知过程的研究,同时也抹杀了学习的主观能动性。从心理机能构成成分的角度而言,主要强调行为的作用。

◀ 行为学习论将学习等同于行为的变化,认为行为是心理机能的构成要素。

　　行为主义学习理论重视刺激、反应以及强化等的安排和联结,尤其重视可以直接观察到的外在行为,至于学生在学习时,会发生什么样的内在变化?个体如何认识刺激和反应之间的关系?刺激与反应之间如何联结?为什么某些学习一经尝试便能保持得相当持久,有些学习的内容虽然不断重复却极易忘记?对于这些问题,教育心理学家们难以用行为主义学习理论给予圆满的解答,面对这些问题的挑战,一些心理学家开始转向寻找认知因素在学习过程中扮演的角色,但这并不表明由此开始低估或轻视行为学习的功能,而是不再企图以简单的条件反射原则来解释所有的学习过程,同时也希望能够重新唤起人们对影响学习但又无法直接看到的认知因素的重视。在这里,以理解、思考、推理、演绎、归纳、领悟等内在认知活动解释较复杂的行为改变,称为认知学习。认知学习,或者说是学习的认知理论,作为西方学习理论的另一大流派,是在与行为主义学习理论相抗衡的过程中发展起来的,他们不再认为学习的过程只是刺激与反应之间的简单联结,在刺激与反应之间还有一个中介因素起作用,这就是认知因素。把学习看做一个有认知因素在其中起作用的过程，最早形成理论的是格式塔的顿悟论，从20世纪50年代中期之后，随着布鲁纳（J. S. Bruner）、奥苏伯尔（D. P. Ausubel）等一批认知心理学家的大量创造性的工作，使学习理论的研究自桑代克之后又进入了一个辉煌时期，他们认为，学习就是面对当前的问题情境，在内心经过积极组织，从而形成和发展认知结构的过程，强调刺激反应之间的联系是以意识为中介的，强调认知过程的重要性。因此，使认知主义在学习理论的研究中开始占据主导地位。从心理机能构成成分的角度而言，主要强调认知的重要性。

▶ 认知学习论将学习看做是认知的变化，认为认知是心理机能的构成要素。

在两大学习理论流派之后，现代西方学习理论的新发展则主要体现为带有认知心理学特点的信息加工学习论及代表心理学新思潮的人本主义学习论。从20世纪60年代开始，当代认知心理学的风暴开始席卷心理学的各个领域，它吸取信息论、控制论、系统论、计算机科学等的研究成果，坚持对人的认知过程进行严格的实验研究，采用信息加工的观点研究人的认知过程，无疑将进一步深化学习理论的研究，其代表为加涅（R. M. Gagne）的信息加工学习论。加涅从两大学习理论流派中汲取合理的成分，一方面承认行为的基本单位是刺激与反应的联结，另一方面又着重探讨刺激与反应之间的中介因素——认知活动，并且在20世纪70年之后，运用现代信息论的观点和方法，通过大量研究，建立起了信息加工的学习理论，这一理论关注的是学习者如何以认知模式选择和处理信息并作出适当的反应，偏重信息的选择、记忆和操作以解决问题，重视个人的认知过程，同时又将其与行为结合在一起。从心理机能构成成分的角度而言，进一步强调了行为与认知的重要性。

人本主义心理学是20世纪60年代在美国兴起的一个心理学的重要学派，其代表人物为卡尔·罗杰斯

(G. R. Rogers)。它一方面反对行为主义把人看做动物或机器，不重视人类本身的特征；另一方面也批评认知心理学虽然重视人类的认知结构，却忽视了人类情感、价值、态度等方面对学习的影响。认为心理学应该探讨完整的人，而不是把人的各个侧面（如行为表现、认知过程、情绪等）割裂开来加以分析，强调人的情感与价值，强调人有发展的潜能，而且有发挥潜能的内在倾向即自我实现的倾向。由此掀起了心理学领域内的一场深刻的革命，代表着未来心理学发展的新走向。人本主义学习论使我们进一步看到，学生不仅是一个信息加工者，同样也是一个充满需要，富于潜能，具有社会品质的完整的人，使学习理论的研究更切合人类的实际，从心理机能构成成分的角度而言，人本主义学习论更强调情绪的作用。

◀ 人本学习论将学习看做自我的发展和人格的发展，强调情感是心理机能的构成要素。

学习理论的发展过程预示着未来学习理论的研究将出现认知心理学与人本主义心理学的融合。认知心理学的发展，为学习理论的研究提供了连贯而统一的理论与观点，建立起当代信息加工学习论的基本架构，使我们认识到认知是一个积极的信息加工的过程，学习包含了信息的选择、加工和贮存在内的复杂过程，为我们勾画出了学习在脑内活动的概貌；人本主义学习论的发展，又为我们拓宽了学习理论研究的外延，使我们认识到单纯重视认知过程是不够的，不能忽视人类情感、价值、态度等方面对学习的影响，学习是人格的发展，人类的情感因素、动机因素、人际的交往与沟通、学习者自身的需要等都是学习过程的重要组成部分。以此也揭示出应当将认知心理学的分析观与人本主义的整体观相结合，将行为、认知与情感相融合来共同构成心理机能的结构。所以，从学习理论的角度可以看出，行为、认知与情感是心理机能的构成要素。

◀ 学习理论的百年发展，认识到行为、认知、情感共同构成了心理机能。

2. 心理咨询理论的发展与心理机能的构成要素

心理分析理论是最早发展起来的咨询理论，其后许多新的心理咨询理论都是在其基础上建立起来的，是心理分析理论的延伸、修正或对立。过去各学派之间争论激烈，各自强调自己的理论观点与方法，否认和排斥其他学派的理论观点与方法。近年来，心理咨询工作者开始认识到没有任何一种理论和方法适用于所有来访者的所有问题，开始出现许多理论与方法兼容并蓄的整合倾向。"这种倾向的出现，证明在各种不同的咨询理论与方法的背后隐藏着某些共同的东西，即心理咨询所以能够有效地发挥作用，是因为不同咨询理论与方法中存在着共同的心理机制——来访者认知的改变、情绪的调整及行为的矫正。""1982年，史密斯（D. Smith）曾对美国心理学会临床心理分会和咨询心理分会的400多名成员进行了一项调查，结果发现这些咨询家与治疗家的理论倾向以折中主义的取向最为突出。大多数心理咨询理论都认为，来访者的问题或心理障碍，无不表现为认知模糊或认知偏差甚至错误认知，在情绪上有焦虑、紧张、害怕、担忧、恐怖、抑郁等，行为上尽管表现各异，但都以不能很好地与外界协调，不能很好地适应周围环境为特征。"① 因此，研究者认为，心理咨询就是要帮助来访者澄清认识，找到解决问题的最佳方法，或引导来访者认清自己在认识上的偏差，改变其错误认识，同时促进来访者的情绪情感向健康的、积极的方向变化，改变或矫正他们的一些与外界不相适应的行为，养成新的良好的适应性行为习惯。

在心理咨询理论中，比较有代表性的是精神分析心理咨询理论、行为主义心理咨询理论和认知心理咨询理论。

---

① 刘启珍. 心理咨询与治疗发挥有效作用的心理机制. 湖北大学学报, 1996 (3): 76.

通过对这些咨询理论的分析，我们同样可以发现其发挥作用的心理要素。

精神分析理论主要是把来访者不知晓的症状产生的真正原因和意义，通过挖掘潜意识的心理过程将其招回到意识范围内，使来访者真正了解症状的真实意义，便可使症状消失，这种转变工作就是心理分析咨询。也就是说，通过挖掘来访者潜意识中的心理矛盾和冲突，找到致病的症结，并把它们带到意识领域中来，使来访者对此有所领悟，在现实原则的指导下得以纠正和消除，从而建立良好、健康的心理结构，达到心理健康。

◀ 精神分析咨询理论主要强调潜意识中非理性的情绪的作用。

弗洛伊德认为，形成神经症状的根源是被压抑到无意识中未能得到解决的欲望，它们是来访者早年形成的症结。通过心理分析，来访者能够真正意识到并在感情上体验到这是幼年期形成的病根，现在看来已经没有意义了。来访者能够洞察到以前意识不到的致病原因，症状也就失去了存在的意义，这种洞察叫做"领悟"。用心理分析的方法使来访者达到真正的领悟，就是精神分析心理咨询理论的基本原理。我们从中不难看到，精神分析心理咨询理论的咨询目标是使潜意识意识化，使潜意识冲突表面化，从而帮助来访者重新认识自己或重建人格，主要工作是帮助来访者产生对自己症状的无意识动机产生领悟，而领悟要以移情为手段，以使来访者能将他们的情感投射到咨询者身上，领悟产生之后，焦虑与症状就会随之消失，并导致来访者的行为趋于正常。其中，领悟是认知的改变，移情是情绪变化，结果是行为的正常。

自20世纪70年代以来，行为主义心理咨询理论开始被誉为心理咨询领域的第二势力，并超过精神分析心理咨询理论占据主导地位。行为主义心理咨询理论是用行为主义理论来解释心理健康和心理问题的。行为主义在研究和解释人的本性时，着重于人的外在行为，即人由于其一定的行为方式受到奖励或强化而养成的行为（包括正常的、健康的行为和异常的、变态的行为）。行为主义心理咨询理论的基本假定为：异常行为习惯同正常行为一样，都是学习的结果；既然人的行为习惯可以通过学习获得，同样也可以通过学习而改变或消除。作为与精神分析心理咨询理论相对立的一种咨询理论，它是建立在实践基础之上，从实验中发展而来的。认为心理问题是不适应的条件反射造成的，是错误学习的证据，因此把咨询的着重点放在直接消除或纠正适应不良或异常行为上，不去研究、分析行为的内在动机，只以特殊的行为为目标，并通过经典条件反射、操作性条件反射、模仿学习等行为转变技术予以改变。

> "性相近，习相远也。"行为咨询理论依然强调外在行为的作用。

行为主义心理咨询理论不关心内部变化（认知上的改变、情绪的调整等），只强调外显行为的变化（行为的矫正），其主要目标是消除不良行为，并代之以更有效能的行为。但不关心并不表明没有内在变化，只是强调的侧重点不同。

人本主义咨询理论被视为继精神分析心理咨询理论、行为主义心理咨询理论之后心理咨询理论的"第三种势力"。它反对精神分析学派对无意识的意义和性本能作用的过分夸大，也反对行为主义学派用条件反射和学习过程中的强化作用来解释人的行为，认为心理学研究应关心人的价值和尊严。应以研究个性的积极面（或心理健康）代替研究个性的消极面（或心理疾病），使心理学成为健康个性的心理学。

人本主义咨询理论认为人的本性是好的，不应当对人性采取悲观消极的看法，而应采取积极态度。人是有理性的，在适合的环境下，会努力朝向潜能充分发展的方向前进。因此，应当注重提供良好的咨询气氛，给来访者以真诚、无条件的尊重和准确共情，这样就能够调动起来访者自身的潜力，开放迈向自我实现的境地，人可以独立自主、自我引导自己的生活，无需凭借心理分析和行为指导即可有效地解决自己的问题，咨询的中心应是最大限度地发掘来访者自身的潜能和积极的能动作用，依靠自己的努力解决心理问题。其咨询的基本目标是为来访者提供一个安全与信任的气氛，在这个氛围中，来访者能够利用咨询关系进行自我探索，能以更开放、更自信与更积极的愿望进行咨询。具体目标主要在于使来访者能够做到：对经验开放，抛掉自己的假面具，面对真实的现实，不加歪曲地对待自己的自我世界；信任自己，相信自己的能力；能够形成自身内在的评价标准；自愿把自己看做一个发展的过程，咨询愿望能贯穿于咨询过程之中。所以，人本主义咨询目标的最主要目的就是帮助来访者改变其不正确的自我概念，改变其对待自己的方式。具体表现为：减少内在冲突，增强自我整合与自尊，对生活方式感到满意及变成一个充分起作用的人。这些目标的实现往往有赖于次级目标的获得，如改变自我结构，对情绪经验开放。衡量目标的价值标准依赖于一个人机体经验的"道德权威"，而不是外界更高的权力，社会或父母。

人本主义咨询理论认为，心理咨询就是咨询者与来访者之间建立一种适当的关系，因此非常重视来访者与咨询者之间"心理气氛"的建立，认为"咨询的成功并非依赖咨询者技巧的高低，而依赖于咨询者是否具有某种态度"。在这样一种心理气氛中，鼓励来访者情感的自由表现，促进对方自由表达自己。此时，咨询者深入来访者的内心深处，注意发现对方影射或暗含的情感，如矛盾、敌意或不适应的情感，以接受的态度加以处理或予以澄清，使来访者对此有更明确的认识。当来访者否定的情感充分暴露之

◀人本主义咨询理论更强调人自身的潜能、态度的重要性。

后，模糊的、试探性的、肯定的情感不断萌生出现，在这个过程中，让来访者重新考察和评价自己，并学会接受真实的自我。由于个体对于自我的重新认识和领悟，导致了某种积极的、尝试性的行动，由此达到咨询效果的产生。即在情感改变的基础上，形成认知的改变，而认知的改变又将导致行为的变化。

认知心理咨询理论是20世纪五六十年代在美国兴起的一种心理咨询理论，其主要代表人物有艾里斯（A. Ellis）、贝克（A. T. Beck）和麦生堡（D. Meichenbaum）等人。50年代中期，艾里斯创造了理性情绪法，70年代以后，由于贝克对抑郁症的认知歪曲和认知咨询的研究与麦生堡创造了自我指导训练方法，认知心理咨询理论取得了迅速发展。

▶ 认知咨询理论强调人的心理问题是不良认知的作用。

认知心理咨询理论是根据人的认知过程会影响其情绪和行为的理论假设，通过认知和行为技术来改变来访者不良认知，从而减轻或消除其情绪问题和非适应性行为的一类咨询方法的统称。它不同于精神分析心理咨询理论和行为主义心理咨询理论，没有同出一源的理论，缺乏统一的理论框架，但其基本观点大致相同，都认为可以通过调节认知过程来达到减轻或消除情绪问题和非适应性行为的目的。认知重建法强调，一个人的心理问题常常是受其错误的、扭曲的认知影响而产生的，与其说是某种事件引起了心理问题，不如说是因为自己的认知偏差而产生了心理问题，因此，心理咨询的重心在于改变或修正扭曲的认知，而不是重点改变适应不良的行为。正如贝克所言："适应不良的行为与情绪，都源于适应不良的认知，因此，行为疗法不如认知疗法。"

在认知心理咨询理论中，咨询者的中心任务是教给来访者一些自我了解与改变的方法，指导来访者找出自己认知上的错误，帮助来访者更好地认识自己情绪和行为上的问题，从而恰当地处理和解决自己的心理困扰；同时，咨询者还要鼓励来访者在日常生活中不断应用新的应对技巧，以利于强化新认知。当来访者开始了解自己的扭曲认知时，就能够积极地改变自我挫败的情绪与行为，并代之以理性的认知。认知心理咨询理论的主要目标是帮助来访者找出他头脑中不现实的、不合理的错误、扭曲的观念，并帮助他建立较为现实的认识问题的思维方法，减少扭曲的认知造成的情绪及行为的不良后果，不仅要帮助来访者消除已有的症状，同时也帮助他尽可能地减少产生情绪及行为问题的倾向性，因此是认知、情绪和行为共同变化的结果。

综上所述，尽管心理咨询的理论和方法各异，但其发挥作用的心理构成成分却是共同的，虽然不同的咨询理论各有所侧重，如行为主义心理咨询理论强调行为的改变，认知心理咨询理论强调认知的改变，而心理分析和人本主义咨询理论则更注重情绪情感的变化，但同时在每一种咨询理论中，我们也可以或明或暗地看到三者间的综合作用，因此可以说心理咨询发挥作用的内在机制是认知、情绪、行为三者的统一，而认知、情绪、行为同样是心理机能的构成要素。

◀ 心理咨询理论的发展与演进同样看到认知、情感与行为构成人的心理机能。

（二）心理机能形成与发展的理论剖析

对心理机能构成要素的探讨，在于厘清心理机能的内在结构，但心理教育更关注的是心理机能是如何形成与发展的，需要进一步对其形成与发展的原因予以剖析。

1. 心理机能的形成与发展：社会建构主义观点

人的高级心理机能是如何形成的？维果茨基提出了高级心理机能的社会起源说、工具中介说、内化说和活动说，形成了独具特色的社会建构主义的心理机能观。

维果茨基认为，人的心理发展的决定因素是人类历史发展过程中形成并不断发展的物质文化和精神文化。"动物心理的发展，每前进一步都是伴随着有机体本身的结构，特别是神经系统的结构的改变而产生的，然而到了人的阶段之后，虽然历经了千百年的长期发展过程，心理同样不断地向前发展，但这种发展过程并没有伴随着人自身的肉体器官的生物型的变化。原始人与现代人相隔了几十万年，但至今还没有发现在现代人的大脑皮层上增添了什么新的层次。"[①] 究其原因，就在于人的各种高级心理机能不是人脑固有的，人脑只是提供了高级心理机能产生的可能性，由于社会历史文化条件，才使这种可能性变为现实性。所以，高级心理机能的产生与发展，不是人的内部素质自然成熟的过程，是受社会的文化历史发展规律制约的，由此也进一步表明，心理教育要想真正发挥作用，不应只从其内在构成成分上去寻求解决的途径，不能单纯从静态的角度去挖掘心理教育的作用机制，因为高级心理机能不是人固有的，一切高级心理机能都是在与周围人的交往过程中产生和发展的，心理教育的内容离不开社会，心理教育的活动形式也离不开社会交往。

> 维果茨基的"社会建构"思想凸显了社会文化因素对人的心理发展的重要作用。

维果茨基提出，人类心理发展遵循两条特有的规律。第一条规律是：人类高级心理机能不是从内部自发产生的，而是在于人类相互交往和互动中产生的，即人特有的高级心理机能不是从内部自发形成的，他们只能产生于人们的协同活动中，或人与人的交往中；与之相关的第二条规律是：人类特有的心理过程结构最初在人的外部活动中形成，随之转至内部，最后形成完整的内部心理结构，即人特有的高级心理机能最初必须在人的外部行动中形成，随后才能转移到内部，成为人的内部心理过程的结构，也即内化的过程。通过内化，高级的社会历史的心理活动从外部活

---

① 郭占基，张世富主编. 心理学教学参考资料选辑. 北京：人民教育出版社，1988：22.

动转化为内部活动的形式。儿童心理发展的标志为：心理活动的随意机能，抽象概括机能，各级心理机能之间的关系不断变化组合，形成间接的以符号或以词为中介的心理结构。在此基础上，维果茨基提出了儿童发展的一般法则："在儿童的发展中，所有的高级心理机能都两次登台：第一次是作为具体活动、社会活动，即作为心理间的机能，第二次是作为个体活动，作为儿童的内部思维方式，作为内部心理机能。"[①]

按照维果茨基的观点，高级心理机能的形成是内化的结果。所谓"内化"，"乃是外部的实际动作向内部智力动作的转化，而且内化的过程不仅通过教学的方式实现，也通过日常的生活、游戏、劳动来实现"[②]。结合心理教育来加以认识，我们可以认为，内化是心理教育发挥作用的内在机制，心理教育所以能够促进心理机能由低到高的发展，就是因为人的高级心理机能并不是源于主体自身，而是在与周围人的交往过程中产生和发展起来的，在这一过程中，完成由外部活动向内部活动的转化，因此，通过有目的、有计划的教育活动，能够加速内化的进程，优化心理活动的形式，甚至可以改变已经形成的不良的内部活动形式，所以，我们可以毫不夸张地说，这是心理教育得以发挥作用的重要前提。通过心理教育的作用，最终将要达到的目标是：

◀ "内化"的概念很好地说明了外部社会活动对个体内部心理过程的影响过程。

（1）促进心理机能的随意水平不断提高，加强被教育者对自身心理机能的认知与元认知调节能力；

（2）促进概括—抽象机能的形成与发展，帮助被教育者学会通过概括—抽象形成各种级别的概念，特别是科学

---

① 维果茨基. 维果茨基教育论著选. 余震球选译. 北京：人民教育出版社，1994：332—408.
② 郭占基，张世富主编. 心理学教学参考资料选辑. 北京：人民教育出版社，1988：28.

概念；

（3）促进心理机能间的整合，形成高级心理结构；

（4）促进心理机能的个性化，使心理机能带上个人的特点。

心理机能的形成与发展是内化的过程，但这一过程并非完全直接，它是以语言等符号系统为中介而实现的，使用工具和符号是人与动物最根本的区别。只有通过工具与符号，人类才能从低级心理机能向高级心理机能转化。工具和符号是心理机能发展的中介。维果茨基认为，像人的实践活动以劳动工具为中介一样，人的高级心理机能也是以各种符号系统为中介工具而实现的。符号工具是一种进行"精神生产"的特殊工具。维果茨基称它们为心理工具。这种心理工具或中介手段，也是在人类物质生产的过程中发生的人与人之间的关系和社会文化历史发展的产物，也就是社会文化模式和知识的"载体"。

> 心理工具中介了社会与个体，连接了内部和外部。

早期的儿童还不能使用符号系统来组织自己的心理活动，心理活动是直接的、不随意的，属于低级心理机能的范畴，只有利用和掌握了语言等符号系统的工具，才能使心理活动转化为间接的、随意的、社会历史的心理活动形式，形成高级心理机能。所以，在心理教育的作用机制中，同样不能忽视语言、符号等心理工具的中介作用，这些工具是成人与儿童共同活动的过程中传授给儿童的，儿童将它们内化并作为中介因素在其高级心理机能的形成与发展中发挥调节作用。这一观点对于我们认识心理教育有重要的借鉴意义，前述通过对心理咨询理论和学习理论分析发现的心理教育作用机制的构成要素，实际上可以看做维果茨基提出的心理工具的内容。维果茨基认为，工具有两种：一种是物质性工具，另一种是心理工具，也可称为精神工具或符号系统（各种符号、记号乃至词、语言），人运用精神工具进行精神生产，进行心理操作。如果从认知心理学的理论成果来看，心理工具的这种中介作用，实际上可以分解为认知中介和元认知中介。认知中介是指获得认知的心理工具，它的作用是对信息进行有效的识别、理解、保持和提取；而元认知中介是指获得自我调节的心理工具，如自我计划、自我监控、自我检查、自我评价等，可分为认知系统的自我调节和情意系统的自我调节。前者是指对学习任务、材料、方法与策略等任务操作因素进行反馈与控制，后者则主要是对自己的兴趣、态度、动机水平、情绪状态等心理操作因素进行反馈与控制。如果以此来理解心理工具的内涵，则心理机能的构成要素——认知、情感和行为，可以归结为心理工具的认知与元认知的范畴之内。

　　高级心理机能的形成与发展是社会文化历史发展的产物，是在人与人的交往过程中，通过各种心理工具作为中介，由外到内逐渐内化的结果。而维果茨基进一步指出，外部转化为内部的桥梁是"活动"。"人的心理是在人的活动中发展起来的，是在人与人之间的相互交往过程中发展的，人的各种高级心理机能都是这些活动与交往形式不断内化的结果。"列昂节夫也认为，人的高级心理机能的发展一刻也离不开主体的活动，人是积极的主体，人不但通过活动接受外界的影响，同时也通过活动反作用于外界，因此，活动是高级心理机能发展的基础。而活动的基本特征是它的对象性，活动的对象性表现为两重性，"第一性表现为对象的独立存在，它使主体活动服从于它并加以改造，第二性表现为对象的映像——主体对对象属性的心理反映的产物，而这种反映是由于主体的活动而实现的，否则就不可能实现"[①]。这一观点表明，人的心理是在积极的活动

◀ 个体活动是人的心理与意识发展的重要基础。

---

① [苏]列昂节夫. 活动　意识　个性. 上海：上海译文出版社，1980：53.

中形成与发展的，人的高级心理机能既受活动的制约，同时又实现着对活动的调节；心理活动不是外在活动的简单摹本，因为人的高级心理机能是由心理工具所中介，人是运用心理工具进行心理操作和精神生产的，也使心理活动形式成为与物质活动相对独立的一种特殊活动形式，主导和调节着主体在对象环境中的具体活动。这一理论观点表明，个体活动是人类心理发展的重要基础，儿童与同伴、儿童与成人之间的共同活动也是高级心理机能形成与发展的重要源泉。

综合上述内容，从维果茨基心理机能学说的理论视角来看待心理教育的形成与发展，我们似乎可以这样认为，高级心理机能的形成与发展的过程是一个内化的过程，借助人与人之间的交往，通过掌握人类集体活动方式，同时也掌握着作为活动中介的物质与符号工具，从而使外部的、展开的集体活动向内部的、简缩的个体活动转化，达到低级心理机能向高级心理机能的发展。其中，认知、情感和行为方式都是作为心理工具的形式，在高级心理机能的发展中起着中介的作用，在心理教育发挥作用的过程中，心理工具既是心理机能的构成成分，也是心理发展的调节要素，并在实践活动的作用下，搭建起外部活动向内部活动转化的桥梁，促进心理机能的提升。由此也对心理教育活动提出一些新的启示：

▶ 任何高级心理机能最初都是一种外部的社会机能，借助内化成为个体内部的心理机能。

其一，社会文化历史因素是心理教育的重要内容。心理教育的内容不是凭空想象的，人的社会生活是心理教育的源泉，我们不能脱离社会文化历史去进行纯粹的形式训练，我们同样需要以人类长时间积累起来的文化历史经验作为载体，来促进高级心理机能的形成与发展。

其二，心理工具的掌握是心理教育干预的核心。心理工具的使用是人的心理区别于动物心理的主要标志，心理工具使用的复杂化和高级化，直接代表着一个人的心理发展水平，因此，心理教育的干预过程可以看做心理工具的掌握过程，心理教育的重点应当放在对学生认知能力、元认知能力，情感及行为方式的培育上。

其三，活动和交往是心理教育得以实现的桥梁。活动是人与对象世界发生联系的中介，人的心理过程的结构最初必须在人的外部活动中形成，然后才能转移到内部，通过内化成为人的内部心理过程的结构，而这一切又是通过交往完成的，因此，活动应当是心理教育的主导形式，应当给学生提供多种参与活动的机会，既有学生与成人、学生与同伴之间的共同活动，也包括学生的个人活动，以此为其高级心理机能的形成创造条件。

2. 心理机能的形成与发展：认知建构主义的观点

维果茨基将心理机能的形成与发展看做社会建构的结果，一个基本的理论假设是："人的心理过程的变化与他的实践活动过程的变化是同样的。"看到了人的心理机能的形成与发展不是封闭的过程，文化是影响其发展的重要因素，人类高级心理机能的形成是社会文化历史发展的结果，历史传承、社会规范、家庭和学校教育所给予儿童的语言、符号、解决问题的方法等都是影响儿童高级心理机能发展的因素，将社会、文化、教育的影响与心理机能之间架起了桥梁。

与维果茨基并称为20世纪最有影响的两位发展心理学家的皮亚杰，对心理机能的形成与发展则提出另外一条研究路线，即认知建构主义的思想。皮亚杰实际上是将心理机能的发展看做认知结构的变化，他认为，儿童心理机能的发展既不是起源于先天的成熟，也不是起源于后天的经验，而是起源于主体的动作，这种动作的本质是主体对客体能动的适应。所谓能动的适应，表明主体不是向行为主

◀认知建构主义又称个人建构主义，倾向于机体论和生物学取向，将个体作为关注的中心。

义心理学所言的那样被动地接受刺激，而是一定的刺激只有被主体同化于认知结构之后，主体才能作出反应。或者说，个体无论是指向于外部的动作，还是内化的思维动作，实质上都是一种能动的适应，即双向建构，所谓双向建构就是动作和运算通过内化形成认知结构的同时，将形成或正在形成的认知结构运用于或归属于客体，并形成广义物理知识的结构。因此，认为主体通过动作对客体能动的适应才是儿童心理发展的真正原因。

皮亚杰认为，心理发展的真正原因是主体通过动作对客体的适应，适应的本质在于主体取得自身与环境之间的平衡，达到平衡的具体途径是同化和顺应，即知识既非来自主体，也非来自客体，而是在主客体相互作用的过程中，通过同化与顺应逐步建构关于外部世界的知识，从而使自身认知结构得以转换与发展。同化是把环境因素纳入原有的图式或认知结构，顺应是主体通过对原有的认知结构的调整和改变，以便更好地理解和接受新现象，适应新环境，形成新的认知结构。同化是认知结构量上的扩充，顺应是认知结构质的变化，主体通过同化和顺应达到与环境的平衡。

平衡是个体保持认知结构处于稳定状态的一种内在倾向性，是潜藏在个体发展背后的一种动力因素。当某种信息不能与其认知结构相匹配时，就会引起一种不平衡状态，其内部就会产生一种不愉快感，为了克服这种不愉快感，或者努力恢复旧的平衡或者努力建立新的平衡，儿童就是在这种不断寻求平衡的过程中，实现了认知的发展。皮亚杰认为，儿童的认知结构就是通过这种同化、顺应的手段不断地从"平衡——不平衡——平衡"的循环运动中获得发展的。

皮亚杰的认知建构思想主要在于解释"如何使客观的

知识结构通过个体与之相互作用而内化为认知结构",① 在这一思想的基础上,形成了更为激进的认知建构主义观点,它更加强调学习者的主体作用,强调心理机能发展的主动性、社会性和情境性,将有助于我们进一步深化对认知结构实质的认识。

▶皮亚杰的认知建构思想彰显出认知主体的积极主动性而非被动接受性。

激进的认知建构主义观点认为,世界是客观存在的,但对世界的理解和赋予的意义却是由每个人决定的,我们是以自己的经验为基础来建构现实,每个人的经验都是由自己的头脑创建的,因此每个人的经验及对经验的信念是有差异的,从而也导致了对外部世界理解的差异。美国心理学家威特罗克(M. C. Wittrock)在信息加工学习理论基础上提出的生成学习理论,可以看成建构主义观点的一个代表。

威特罗克认为,学习的实质就是主动地建构对信息的解释,并从中作出推论。也可以说,是人脑中储存的记忆信息和信息加工策略与当前接受到的环境信息相互作用,积极地选择、注意、知觉、组织、储存和激活信息,并主动建构起信息的意义。在建构主义的观点中,学习是学习者建构自己知识的过程,这就意味着学习者不是被动地接受刺激,他要对外部信息进行主动的选择与加工,主动地去建构信息的意义,而外部信息的意义并不是由信息本身决定的,外部信息本身没有意义,意义是学习者通过新旧知识经验间反复、双向的作用过程而建构成的。每个学习者都会以自己的原有经验为基础对新信息进行编码,形成自己的理解,原有知识又因新经验的进入而发生调整和改变,所以信息也不是简单的积累,还包含新旧经验冲突引发的观念和结构重组,而观念与结构的重组可以看做心理

---

① 冯忠良等. 教育心理学. 北京: 人民教育出版社. 2000: 163.

机能的变化。

　　心理发展的社会建构理论与认知建构理论，为我们揭示了心理机能形成与发展的过程。就心理机能的形成而言，维果茨基突出了社会文化对个体心理机能发展的决定作用，看到了心理机能的产生是个体对社会文化环境内化的结果；而皮亚杰则将个体作为关注的中心，看到了心理机能的形成是个体社会化的结果。就心理机能的发展而言，维果茨基将外部的社会文化现象作为心理机能发展的重要力量，而皮亚杰则认为推动心理机能发展的内部力量是平衡。两种建构主义理论对心理机能的形成与发展选择了两种不同的研究取向，一个是社会文化取向，将心理机能的形成与发展看做由外向内的"内化"过程；另一个则是个体主义取向，将心理机能的形成与发展看做由内向外的"适应"过程。但两者也存在共同之处，即强调人的心理机能是在活动过程中通过主客体相互作用双向建构生成的。这为我们深入认识心理教育的作用机制提供了清晰的理论框架。

> 应在两种理论的对比与整合中更全面地把握心理机能的形成与发展过程。

二、心理教育作用机制的运行过程分析

　　上述对心理机能相关问题的探讨，使我们看到了心理机能的结构是由认知、情感与行为构成的一个有机整体，但这些构成要素如何与外在的心理教育活动相互作用，从而达到提升心理机能的目的，仍然需要进行更为系统、完整的分析，以建构心理教育作用机制的模型。维果茨基曾在《思维与言语》一书中着重指出："儿童的心理发展与其说是个别机能的发展和完善，还不如说是机能间的联系和关系的变化，有赖于这种变化，也才有每一局部心理机能的发展。"他曾举实例予以说明，例如，随着儿童言语的产生和发展，儿童形成了逻辑思维，这样便使诸如感觉、知觉、记忆、想象这些心理机能以及它们之间的关系亦即心

> 说明语言是发展思维的工具。

理结构发生质的变化。同样，反过来，随着这种心理机能之间的联系与关系的变化，也进一步促进了儿童逻辑思维的发展。它们的共同活动构成一个整体，构成一种动态的机能系统。[①] 因此，对心理教育作用机制的结构分析，不能只从个别的心理机能出发进行分析，而应将其看成心理机能系统，心理机能系统内的各种心理机能的活动是相互配合、相互制约的，并处于不同的层次中，由此构成了心理教育作用机制的运行过程，其中，最高层次的心理机能活动是对整个系统以及系统内各机能间的联系、关系起调节和支配作用的心理调控系统，其次为认知系统内的各心理机能，也呈现出不同的结构特点，并借助内化的过程得以整体发展。

(一) 内化：心理教育作用机制的运行过程

心理机能的形成与发展是借助于知识的内化而实现的，因为人的一切知识、能力与态度等都是从外部获得的，其中的关键是内化。内化问题最早由法国社会学派的代表人物杜尔克海姆（E. Durkheim）提出，其含义是指社会意识向个体意识的转化，即意识形态诸要素移植于个体意识之内。在此之后，法国心理学家让内（P. Janet）也对内化问题进行了研究，认为儿童在其发展过程中，会不断地接收成人强加于他们的各种社会行为方式而加以内化，也就是说，内化是一种显示社会准则逐渐成为个体价值一部分的过程。而 H·英格利希和 A·英格利希则将内化界定为"把某种东西结合进心理或身体中去；把另一个人的或社会的观念、实际做法、标准或价值观作为自己的观念、实际做法、标准或价值观"。皮亚杰则进一步将内化看做人的心理发展的重要形式。

---

① 潘菽. 意识：心理学的研究. 北京：商务印书馆，1998：263.

对心理教育作用机制的结构分析表明，心理教育的作用机制是由认知、情感和行为构成的一个有机整体，而三种构成要素实际上也代表着心理机能的基本成分，即认知、情感和动作技能。三种心理成分以知识的掌握为载体，通过内化的方式，在主客体相互作用的基础上，经过主体的不断构建达到自身的发展与完善，并实现着心理结构和功能的不断优化。因此，心理教育作用机制的运行过程应当是被教育者借助已有经验和认知结构，在调控系统（包括认知调控和情绪调控）的作用下，对心理教育的内容加以内化，并通过主动的认知信息加工，从而导致情感、认知结构与行为变化的过程。这一观点表明：

▶ 机制不仅包括其内在构成成分，也包括各成分之间的关系。

（1）心理教育的心理作用机制由两大系统组成，即认知系统与调控系统，学生获取知识的内部信息加工的运作过程主要在认知系统内进行，调控系统的作用是使学生对认知过程的计划、监察调节、控制，既有认知这一调控过程，又有情意调控，涉及学生的元认知、动机、情绪、意志、人格特征等多方面内容。两大系统相互作用、相互影响。

（2）学生对心理教育内容的接受是对已有认知结构的同化与顺应的过程。这一过程是借助于知识的传递进行的，但这一传递过程不是知识经验的一种单一、单向传递，其中，学生头脑中的现有知识经验是新知识的生长点，在信息的输入、贮存和提取的全过程中，有新旧知识经验的相互作用蕴含其中，从心理机能的角度而言，其中包含着认知结构的双向、动态的相互作用。

▶ 以知识的传递为载体，达到心理机能的建构。

（3）心理教育内容的接受是一个心理建构的过程。这一过程并不是对输入信息的被动记录，而是主动建构内部心理表征的过程，知识是不能传递的，它只能由学生主动去建构，学生根据自己的原有知识对新信息进行编码，建构自己的理解。因为每个人都会运用自己的已有知识建构新信息，因此也使心理建构带上个人化的特点，表现为人的个性特点。

其具体模式表现如下：

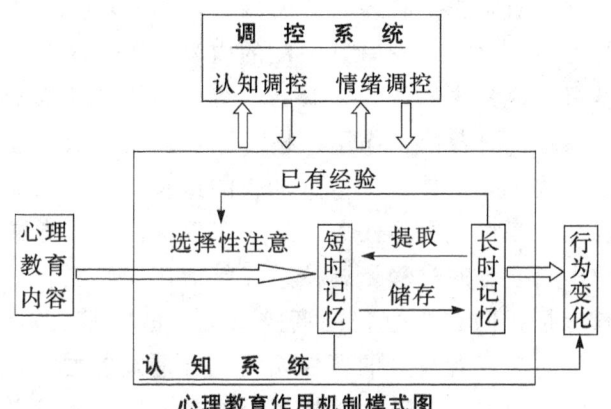

心理教育作用机制模式图

这一模式图说明，来自环境的新信息（心理教育的具体内容）作用于人的感觉器官，此时学生会在调控系统的引导下，动用长时记忆中的已有经验和认知方式主动对新信息进行选择性注意。通过选择性知觉获得符合自己需要的感觉信息，并将其放入短时记忆中。然后借助调控系统的参与，主动从长时记忆中提取与当前感觉信息相关的已有信息，以尝试理解和建构新信息的意义。若建构不成功，难以理解新信息的意义，还需要回到感觉信息阶段，重新尝试；如果建构成功，则达到对新信息意义的理解，此时就可以将建构生成的新信息的意义储存到长时记忆的认知结构中，完成对新知识的获得，达到对信息的编码和储存，完成认知的改变与优化。在信息的提取阶段，既可以将上述短时记忆中生成的新信息的意义直接作用于行为系统，通过学习者的行为反应作用于外部环境，也可以从长时记忆中提取相关信息，到短时记忆进行加工后重新达到意义理解，再作用于行为系统。长时记忆中的部分信息也可以

◀ 在信息的输入和输出的过程中，完成认知、情感和行为的变化，实现心理机能的提升与改变。

直接作用于行为系统，从而直接作用于外部环境，这一阶段也同样离不开调控系统的参与。

从流程图可以看出，新信息的输入和行为的输出是模式的两端。如何安排心理教育的内容，如何对行为予以强化是行为主义学习理论重点关注的内容。中间部分是认知主义学习理论关注的认知因素的内容，具体包括认知系统和调控系统，两者相互作用、相互影响。从认知心理学的角度看，认知系统是一个信息加工的过程，它将完成信息的编码、储存和提取等任务，是一个建构信息的意义及新旧知识不断整合的过程。调控系统包括认知调控和情绪调控，前者是指向认知过程的调控系统，也称元认知调控，后者是指向学习者自身的调控系统，也是人本主义学习理论极为关注的内容。通过调控系统的参与，信息意义的建构、认知发展也成为一个主动的过程，这便体现了人在信息加工过程中的主观能动性。

（二）心理建构：知识内化与心理机能的改变

心理机能的改变过程是以知识的掌握为载体而实现的，但这并不意味着心理教育是以掌握知识经验为主的教育形式，心理教育关注的是知识经验之后的心理机能变化的过程。我们可以从两方面来理解这一观点。

1. 知识掌握的过程伴随着心理机能的建构过程

心理机能的构建过程是在大脑内完成的，外显的只有刺激与反应两端，刺激是作用于被教育者的心理教育的具体内容，而反应则是由感觉输入及其后继的各种转换而引发的行动。但刺激与反应之间，存在着"认知"、"情感"、"行为"等心理机能的基本要素。被教育者是一个活生生的人，他们拥有感官，通过感官接受刺激；他们拥有大脑，通过大脑以各种复杂的方式转换来自感官的信息；他们有肌肉，通过肌肉动作显示行为的变化。学习者不断接受到的各种刺激，被组织进各种不同形式的神经活动中，其中有些被贮存在记忆中，在作出各种反应时，这些记忆中的内容也可以直接转换成外显的行为。

加涅（R. M. Gaghe）将心理机能的构建过程看做一个内在的认知加工的过程，并以记忆为主具体描述了认知加工的模式。① 这一模式表示，主体从环境中接受刺激，并使刺激作用于感受器转变为神经信息，这个信息进入感觉登记，在感觉登记阶段，记忆贮存的时间非常短，一般在百分之几秒内就可以将来自各感受器的信息登记完成，最初的刺激是以映像的形式保持在感觉登记器中，并不是所有的信息都予以登记，有一部分会很快消逝；被感觉登记的信息会很快进入短时记忆，在这里进行编码，以便贮存，通过复述、精加工和组织编码等，信息就会从短时记忆转移到长时记忆中贮存，以备日后回忆，长时记忆是永久性的信息贮存库；当需要使用信息时，信息经过提取得到恢复，又可以转移到短时记忆中，这时根据提取信息的适当性，或作进一步的寻找，或通过反应发生器作出反应，被提取出的信息也可以从长时记忆直接通向反应发生器，反应发生器具有信息转移或动作的功能，这一神经传导信息使反应器活动起来，从而产生反应，作用于环境。其中，还包括"预期事项"与"执行控制"两个环节，预期事项是指动机系统对认知过程的影响，是指主体期望达到的目标，即为学习的动机，其功能是使学习者引起学习、改善学习和促进学习；执行控制即已有经验对现在学习过程的影响，它决定着认知加工过程中哪些信息从感觉登记进入短时记忆，如何进行编码，采用何种提取策略等，主要起调节、控制作用。

◀ 预期事项能够体现出情感因素对认知加工过程的影响。

---

① 周国韬. 教育心理学专论. 北京：中国审计出版社，1997.

在这一认知加工过程中,认知的变化贯穿始终,行为是认知结果的外化,情感对认知过程起调节、控制作用。如果完整地加以描述的话,伴随着知识掌握的过程,知识的内化过程还包括着内在的心理建构过程,加涅将其划分为彼此相连的八个阶段:

(1) 动机阶段——这一阶段的心理过程是动机;

(2) 了解阶段——这一阶段主要的心理过程是注意和选择性知觉,可以接受与学习目标有关的刺激,并储存在自己的记忆中,以接受输入信息,产生感觉登记;

(3) 获得阶段——这一阶段的主要心理过程是编码、存入,即对获得的信息进行处理、加工、制作,把学习的材料转化为表象或概念,和已组织好的信息相联系并形成系统,这样才便于长时记忆;

(4) 保持阶段——这一阶段的心理过程主要是记忆贮存;

(5) 回忆阶段——这一阶段的心理过程是检索,就是把学习的知识恢复、再现出来,检索是一个寻找的过程,需要线索的帮助,也受外部刺激的影响;

(6) 概括阶段——这一阶段主要的心理过程是迁移,使获得的知识能够灵活加以运用;

(7) 操作阶段——与这一阶段相应的心理过程是反应,通过反应发生器把学习者的反应组织起来,使学习者完成一定的新操作和新任务;

(8) 反馈阶段——与这一阶段相应的心理过程是强化,反馈的功能主要是证实预期并对学习过程起强化作用。

第一个阶段是情感要素的作用过程,第二到第六个阶段是认知要素作用的过程,后两个阶段则是行为要素作用的过程。因此,与知识掌握的过程并行的是心理过程,伴随着知识的获得主体的心理机能也在不断地发展与变化,或是使主体的心理机能得以丰富，或是使主体的心理机能得以改造或调整。

2. 知识掌握的过程也是心理机能形成与发展的过程

现代认知心理学的研究（安德森，1983）认为，通过知识掌握的过程，人们可以获得两类知识：陈述性知识和程序性知识。

陈述性知识是事物及其关系的知识，或者说是关于"是什么"的知识，它包括事实、规则、发生的事件、个人的态度等。由一个个事实可以构成事实的集合，由一个个规则可以构成理论，由个人的一个个事件构成每个人的经历，这些都属陈述性知识，这一类知识相当于传统意义上的"知识"。

程序性知识则是完成某项任务的行为或操作步骤的知识，或者说是关于"如何做"的知识，它包括一切为了进行信息转换活动而采取的具体操作程序，这一类知识相当于传统意义上的"技能"。

◀技能作为一种习惯化的行为方式，会形成自动化的行为反应。

这一研究表明，过去我们对知识的认识，主要是从哲学认识论的角度予以描述的，更多强调的是知识的来源与内容，如"所谓知识，就它反映的内容而言，是客观事物的属性和联系的反映，是客观世界在人脑中的主观映象，属于感性知识；有时表现为关于事物的概念或规律，属于理性知识"①。将知识描述为对事物属性和联系的认识，虽然也会提及其心理形式，既"知识是对事物的属性和联系的认识，表现为对事物的知觉、表象、概念、法则等心理形式"②，但其依然是属于哲学认识论中的反映论范畴。而现代认知心理学则从心理学的角度，将知识看成主体通过

---

① 加涅. 学习的条件. 北京：人民教育出版社，1985.
② 董纯才. 中国大百科全书：教育卷. 北京：中国大百科全书出版社，1985：525.

与环境的相互作用而获得的信息及其组织。在这一过程中，不仅完成了知识由外向内的转换，同时也表现出主体认知结构、认知过程及行为方式的变化，即心理机能的改变，我们可以从两类知识获得的过程中看到这一变化。

陈述性知识的获得一般要经历三个环节，首先是联结，由环境（教师或书籍等）向被教育者呈现新的信息，被教育者把知觉到的信息输入到短时记忆，并在短时记忆中与从长时记忆中被激活的相关知识建立联系，从而出现新的意义的建构，使新旧知识建立联系，构成新的命题或命题网络；其次，新建构的意义储存在长时记忆中；第三阶段则是在外在任务的要求下，采用一定的方法或策略提取新知识，并通过行为表现于新情境之中。上述三个阶段在知识获得的同时也体现着心理机能的改变，主要是心理机能中认知过程的变化，即长时记忆中认知结构的变化和运用知识过程中行为方式的变化。

程序性知识的获得一般也可以分成三个阶段。第一阶段与陈述性知识相同，或者说程序性知识是从接受陈述性知识的描述开始的。第二阶段是由陈述性知识向程序性知识转化的过程，程序性知识是以产生式的形式加以表征的，是指条件与动作的联结，即在某一条件下会产生某一动作的规则，这一术语来自计算机科学，因为计算机由于储存了一系列以"如果——那么"形式编码的规则，因而具有了完成各种运算和解决问题的智能，所以设想人脑所以能进行计算和解决问题，是由于头脑中储存了一系列以"如果——那么"形式表征的规则，因此，产生式由条件项"如果"和动作项"那么"构成，条件项表征的是执行某一动作步骤的前提条件，动作项表征的是符合条件项下所应执行的相应的操作步骤。例如，如果——已知一个图形是两维的，且图形是封闭的，且图形有三条边；那么——判

▶ 认知过程变化的结果，即在头脑中形成"认知结构"。

断该图形是三角形，并说出"三角形"。产生式可以通过控制流而相互联系，使第一个产生式的动作成为第二个产生式的条件之一，第二个产生式的动作又成为第三个产生式的条件之一，以此类推，就可以联结成更复杂的产生式系统。第三阶段是自动化阶段，通过进一步的练习，使得产生式系统达到自动化的程度，甚至无需意识控制或努力就能够自动完成有关的活动步骤，使操作程序的准确性和速度得到提高，形成高度灵活、纯熟的技能。上述三个阶段体现出的心理机能的改变，主要表现在动作技能和认知技能的变化上，同时会通过行为方式的变化表现出来。同时，也使我们进一步看到了知识与技能之间的内在联系，看到了知识（陈述性知识）向技能（心理机能）转化的过程。

三、心理教育作用机制中的价值内化

上述对心理教育作用机制的内在形成过程的具体分析，反映出伴随知识掌握的过程心理机能构成成分之间的相互关系，以及心理机能的内在构建过程。但心理教育的作用机制的发挥，不仅有心理机能内在构成成分之间的相互作用，同时还包括与外在的心理教育活动间的相互联系，表现为主客体相互作用的过程。或者说，心理机能既不是起源于先天的成熟，也不是起源于后天的经验，而是起源于主客体的相互作用，这种相互作用是心理机能发展的真正原因。环境与机体之间的相互关系，或主客体之间的相互作用，是以活动为中介进行的，心理教育活动是在教育者与被教育者之间的互动过程，作为被教育者的一种能动活动，在心理教育内容不断内化的过程中，必然会表现出被教育者价值选择的特点；对于教育者而言，教育者的活动方式与态度本身也是一种价值内化的重要形式，是形成被教育者人生态度的基础。

◀ 维果茨基认为，个体所有的高级心理机能都是社会关系的内化，而这一过程是在人的活动中发展起来的。

(一) 能动性：心理教育活动中的价值选择

掌握知识是人的高级心理机能形成与发展的重要载体，但这并不意味着接受知识是心理机能提升与改变的实质。例如，学生记忆能力的发展，并不取决于他掌握了多少记忆方面的知识，如果他不将这些知识运用于自身的记忆活动中，就不会导致自身记忆能力的变化，所以，记忆品质主要是在学生自己的记忆活动中发展起来的，离不开学生自身的能动活动。与此相应，心理机能的发展也同样离不开主体自身的能动活动。通过主体的能动活动，一方面使心理教育活动变成了一种价值活动，看到了主体需要、动机、情感、价值观等对认知过程的价值选择作用。

> 人是"价值"的存在，主体自身的人生及生活世界无法与科学相隔离。

1. 需要：心理教育活动中价值生成的基础

按照皮亚杰的观点，个体的每一个心理反映，不管是指向外部的动作，还是内化了的思维动作，都是活动的结果，是主客体相互作用的过程，通过主客体相互作用使个体的心理从低级到高级发展。这一过程通过同化与顺应加以实现，同化表明了主体改造客体的过程，而顺应表明了在客体作用下，主体得到改造的过程，随着同化和顺应从平衡到打破平衡再到新的平衡的不断发展，认知机能就会由简单到复杂，由低级到高级得以变化和发展。但是，为了保证同化和顺应的正常进行，皮亚杰还引入了自我调节的概念，自我调节的作用是主体对同化和顺应进行调整以达到两者的平衡。皮亚杰认为，只有通过自我调节的作用，主体才能够通过图式有效地同化客体，使图式得到丰富和完善，也只有通过自我调节，主体才能够积极地调节自己的图式，使之顺应同化的客体。在这里，皮亚杰一方面强调了客观外界事物对人的心理机能形成和发展产生的影响，另一方面则强调了人的心理机能形成和发展的主观能动性。由此可以看出，主体的能动活动是心理教育得以实现的桥梁。

主体的能动活动在心理教育的过程中会以这样的方式予以表现：心理教育的内容作为外在刺激，借助于主体的能动活动，使主体产生相应的观念、表象、心理感受等形式，并进入到主体的心理机能结构之中，通过同化使主体的心理机能结构得以丰富，通过顺应使主体的心理机能结构得以调整和改造，而这一切又是在主体自身需要的推动下进行的，必然要伴随产生相应的情感体验和内心反应，体现出主体自我调节的作用。所以，主体的能动活动是心理机能得以发展的关键因素，这是一种主体在自身需要推动和意识调控下能动进行的活动，只有这样的活动才能促进心理机能的发展。因为"人只有从事符合自己的需要或自己感兴趣并由自身支配的活动，才会主动投身于活动之中，其心理才会面向活动过程而打开，活动过程和客体对象才能进入主体的心理结构，主体才会主动调整、改造、丰富自身的心理建构；同时，活动的过程才能引起主体积极的情感体验和内心反应（任何情感体验的产生都是以主体需要为尺度的）。另外，人的心理的调整、改造和丰富，往往不是在一次活动中就能轻易完成的，而是需要在长期的、多种多样的活动中通过艰苦的努力才能完成，这也要求人发展自身的活动应该是符合人的需要和兴趣的活动，只有这样的活动，主体才有持久的、内在的活动动力"①。所以，我们可以得出结论，能动活动是一种价值活动，它受到主体需要的制约，主体的不同需要决定着对活动内容的不同选择，决定着主客体之间的关系，这也使得心理教育的过程变成了价值生成的过程。

也可以说，教育对学生心理发展的作用，不是直接发

◀ 需要是人的活动的内在动因和根据。人的需要及满足需要的活动具有特殊性，必然使心理教育带上个体的价值色彩。

---

① 陈佑清. 教育促进学生发展的机制. 中国教育学刊，2001（6）：14.

生的，心理教育对心理机能的促进作用，也不是直接改造学生的心理结构，而是通过作用于学生的活动间接影响学生的心理发展，"任何教育期望、影响、力量，若没有作用于学生的活动，或者转化为学生活动的因素，或者引起、促进、帮助学生活动，则这些期望、影响和力量对学生的发展不会有任何意义"[①]。主体的活动是心理教育与心理发展的中介，心理学研究表明，任何一种活动的发生和发展都与一定的需要相联系，需要是促使活动发生和发展的原动力，特别是人的精神需要对心理教育活动的影响是最大的。苏联心理学家奥布霍夫斯基认为，人的基本的精神需要包括交往的需要、感情定向的需要、共同感受的需要和特殊的价值的需要。交往的需要实际上是讲人与人需要友好往来、互相帮助、消除孤僻与冷漠；感情定向的需要就是人需要与他人情趣相投，有情感共鸣；共同感受的需要更是强调人与人要富于同情和理解。这些需要与特殊的价值需要一同反映着人们的价值关系，由此形成的价值观也将决定着主体对心理教育内容的接受，表现为两个方面：一是对外在心理教育内容的选择性接受，即选择那些符合自己原有价值观念的信息，对于那些不符合自己价值观念的信息予以忽视；二是对心理教育内容的选择性理解，即主体的认知定势有很强的价值倾向性，使得主体的认知活动倾向于接受某一类内容，忽视与此不同的其他内容。需要是激发人的意识活动的基本动因，由于人的内在需要的不同，使得心理教育活动变成了主体的一种价值活动，即人对来自客观外界的教育影响不是简单接受的过程，他会根据自己的需要和由需要发展起来的愿望、意向、动机、价值观等对信息予以选择。

---

① 陈佑清. 教育促进学生发展的机制. 中国教育学刊，2001（6）：14.

2. 情感：心理教育活动中的价值定向

心理教育活动是主体的一种能动活动，在需要满足与否的过程中将伴随着情感因素的产生，情感是人对客观事物的一种特殊反映形式，是人对客观事物所持态度的体验，情感与人的需要密切相连，情感的产生决定于人的需要是否得到满足，凡是符合主体需要的客观对象，就会产生肯定性的情感体验，主体就会按照一定的程序予以选择、认知；主体不需要的内容就引不起情感体验，也就不会进行选择。由此表明，情感对主体活动的选择有着显著的影响，能够唤起情绪的"情绪性刺激"比不能唤起情绪的"中性刺激"更容易被优先选择，并且"情绪性刺激"会抑制对"中性刺激"的觉察能力，窄化注意选择的广度，产生认知性遮蔽。情绪心理学中的"动机—分化"理论也强调，情感能够放大或缩小、加强或减弱主体需要的信息，使主体更易于适应变化多端的生存环境，适时调整、选择自身活动的目标。所以，情感决定了认知过程的选择性和方向性，也决定着主体随后的活动。而且人的一切活动都是在一种特定的情感状态下或一定的情感层次上进行的，对同一事物或现象的认知，会因不同的情感状态和情感层次而有所不同，会选择不同的认知角度和认知层次，并表现出不同的行为选择；同一个人也会在不同的情感状态下，作出不同的认知选择，表现出不同的行为方式。由于情感因素的介入，也使得心理教育的活动具有了价值定向的特点，进一步体现出了价值选择的内涵。

◀情感对认知的调控作用，使得个体对心理内容的选择带上了自身的价值特点。

因为主体的活动是一种能动的活动，是建立在人的需要基础之上的活动，由此会因人的需要、动机、情感、兴趣、价值观等的不同而不同，将直接影响到对认知活动内容的不同选择，影响到不同行为方式的表现。因此，心理教育的活动就变成了一种价值活动，不同的价值引导对心理建构的影响也是不同的，如果以内化作为心理教育作用机制的主导形式的话，其中必然包含着价值内化的内容。

（二）人生态度：心理教育活动方式的价值形成

心理教育的活动过程作为一种价值内化的过程，不仅体现在主体需要基础上的一种价值选择，同时，心理教育活动方式本身即是一种价值形成的重要形式。对于这一观点，我们可以借助人生态度理论加以认识。

人生态度理论是由美国心理学家爱利克·伯恩（Eric Berne, 1910—1970 年）提出的一种心理咨询的理论。人生态度也称生活态度，是一个人对自己和他人所作的结论，是一种以情绪为基础的态度。一个人一旦在早年生活中确立了这种态度，就会成为被偏爱的态度，个体在以后的生活中总会自动地回归于这一态度，一个人一旦确立了自己的人生态度，就不会轻易被动摇，这种人生态度就会成为预见他未来生活的根据。

人生态度反映的是一个人的价值观，准确地说是人生观，一个人的人生态度是如何形成的呢？人生态度理论认为，是一个人幼年时期所接受的教导和个人的决定写下了一生的脚本，由此定下了他的成人阶段将采取何种人生态度，而人生态度则决定了他的生活质量。那么，一个人幼年时的人生脚本又是如何写成的呢？人们为什么会形成不同的人生态度？究其原因主要是来源于儿童与成人之间不同的活动方式，是成人的活动方式——特别是对待儿童的不同"抚爱"方式形成了儿童不同的人生态度。

让我们来审视一下儿童的生命历程[1]：从怀孕到出生的十个月间，生命在一个人所能经历的最完美的环境中开始了，这是一种被称为"共生亲昵状态"的生命存在方式。

---

[1] 刘晓明. 学校心理咨询模式. 长春：吉林大学出版社，2000.

接下来，在婴儿出生时的短短几小时内，他被推到了人间，这是异常恐怖的，摆在他面前的是寒冷、粗鲁、强制、噪音、孤独、明亮、分离、遗弃，在短时间内，婴儿处于一种隔绝、分离、毫无联系的状态，很快婴儿遇到了救星，人类中的一员把他抱起来，用温暖的襁褓把他裹好，使他有了依托，他开始接受舒适的"抚爱"，这是一种抚慰，再度恢复了亲密，使他有了活下去的愿望。抚爱或反复的身体接触对婴儿的生存至关重要。在他生活的最初两年里，他不停地把自己与他人联系时产生的情感记录下来，谁能提供抚爱，谁就"好"，特别是在生命的第一年，如果得不到最低限度的抚爱，婴儿就很难生存。在这一阶段中，他也产生了"不好"的概念，那就是婴儿对自己所下的定论。到3岁左右，儿童就会在接受不同方式的抚爱下形成一种固定的人生态度，以此支配自己的行为。在整个的人生发展阶段，逐渐使这一人生态度得以巩固。

◀抚爱是一种情感与行为的表达方式，是书写儿童人生态度的工具。

抚爱是一种借身体及心灵的接触来表达情绪的反应，它是人类身心发展过程中不可缺少的重要因素，是形成人生态度的基础。抚爱包括正向抚爱和负向抚爱两种，正向抚爱是一种表达欣赏或赞同的行为，如微笑、轻拍、拥抱、点头等，可以帮助儿童认清自己的潜能，同时也能使其接纳别人的存在，欣赏他人的独特性，会使他描画出人生是快乐的、美好的、积极的这样一种人生脚本，形成"我好—你也好"的人生态度。负向抚爱是忽视儿童的感觉和需求，对其反应是冷漠、蔑视、嘲弄或讥笑，是一种缺乏关爱的行为，其结果将导致儿童形成畏缩、害羞、逃避、自卑的心理，感觉不到自己的存在价值，同时还会造成心理的挫折，产生反抗及仇恨心理，他描画出的人生脚本和体验是痛苦的、消极的、丑陋的，会形成"我不好—你也不好"的人生态度。

人生态度是儿童早期写下的人生脚本导演的一幕活剧，而人生脚本是由儿童拿着父母或相当于父母的成人"抚爱"的笔写成的。正向抚爱会形成健康的人生态度，而负向抚爱则是导致后天出现许多心理问题的原因，它可能会使一个人选择"我不好—你好"的人生态度，那么这个人的人生将不会有欢乐的色彩，同时也难有良好的发展；若选择了"我好—你不好"，则会把自己的人生放入充满惊恐和担忧的境地中，使自己惶惶不可终日，长久下去，甚至会导致反社会行为，若选择了"我不好—你也不好"的人生态度，则人生会充满失望和无助，或表现出退缩的行为，逃避现实，沉迷于幻想之中，或故意表现反叛或无能的行为，期待别人的负向抚爱，以证明自己的存在，或故意去贬低他人，以维护自己的心理平衡。人生态度理论将人生态度分为四种类型①：我不好—你好，我不好—你也不好，我好—你不好，我好—你好。不同类型的人生态度会表现出不同的人生观，而不同的人生观又决定着一个人不同的生命状态。持有"我不好—你好"态度的人，其人生观为"我的生命没有价值"，这种人常认为自己什么都不如别人，有很强的自卑感，与他人相处时，常表现畏缩、沮丧的态度，是自卑和抑郁症患者的典型态度。持有"我不好—你也不好"态度的人，其人生观为"生命本身毫无价值"，这种人除了自卑之外，对他人亦抱着仇视的态度，认为整个人生一团错，世界是灰色的，充满了罪恶，混乱和不幸，是严重的精神紊乱或厌世者的态度。持有"我好—你不好"态度的人，其人生观为"你的生命没有价值"，这种人是典型的利己主义者，一切以自我为中心，不顾及别人的利益。他常觉得自己是受害者被虐待，别人都是信不过的，常把

▶ 四种人生态度代表着四种人格类型和价值倾向。

---

① 哈里斯. 我好！你好！. 北京：光明日报出版社，1988.

不幸归罪于他人,是怀疑者和独断者的态度。持有"我好—你也好"态度的人,其人生观为"生命是有价值的",这是一种健康的态度,认可自己,也认可他人,能承认别人的存在与价值,共享人生的喜怒哀乐。

儿童心理机能的提升与改变不是教育者直接传授的结果,而是以活动作为中介予以实现的。教育者作用的是儿童的活动,而教育者的作用不仅包括对儿童活动内容的选择与组织,而且教育者自身的活动方式也会为儿童所感知与接受,在与儿童交往与互动的过程中,儿童会以其即有的心理结构与机能,通过自身的能动活动形成不同的人格结构,并进一步制约着儿童人生态度的形成。正向的抚爱有助于形成积极的人生态度,负向的抚爱则会使儿童形成消极的人生态度,因此,教育者不同的活动方式和活动态度也是一种价值干预,直接决定着儿童形成不同的人生观。

综上所述,我们对心理教育作用机制的分析表明,心理教育的作用机制是人的心理的一个信息控制的自组织系统,通过个体的实践活动使客观世界主观化(客体的内化)和主观世界客观化(主体的外化)。通过内化的过程使得个体的心理活动系统和个性系统发生相应的变化,从而导致心理机能的提升与改变。心理活动系统是由认知、情感、行为三个因素相互联系、相互制约、相互渗透共同构成的一个基础性的系统,是一切复杂的心理现象发生和形成的基础,是人的心理机能的基本材料,借助于知识获得的过程使个体的认知过程与认知结构得以发展,通过描述性知识向程序性知识的转化使技能与行为方式得以形成,同时也使得情绪的调节功能得以实现。而在心理活动系统中形成的稳定的心理特质,就会进一步成为个性系统中的内容,个性系统是一个多水平、多层次的结构系统,是心理活动的内容、结构逐渐积淀、升华而形成稳定、静态、具有独特性的系统，是对心理活动起监控、调节作用的系统。

> 对心理教育而言，知识获取是心理机能发展的载体，是心理教育的手段而非目标。

虽然心理教育的主要作用方式是借助知识获得的过程来促进心理机能的发展，但对主体而言这一过程并不是被动接受的过程，因为心理教育的主体是具有主观能动性的人，其即有的情感与个性系统会对知识内化的过程予以调控，这就使得主体接受的心理教育内容会与其自身的需要建立联系，会受其动机、情感、价值观等个性心理的制约，因此，知识内化的过程也是一个心理建构的过程，由于主体调控系统的参与，知识内化的过程也是一个价值选择的过程，而心理建构的过程则体现出了价值内化的特点。

心理教育是以人的活动为中介予以实现的，在人的心理机能的形成和发展过程中，活动起着重要作用，"人的心理是在人的活动中发展起来的，是在人与人之间的相互交往过程中发展的，人的各种高级心理机能都是这些活动与交往形式不断内化的结果"（维果茨基语），即在教育者与被教育者的交往过程中，活动方式本身也是心理教育的重要内容，教育者不同的活动方式是儿童形成人生态度的重要条件，因此，心理教育活动方式直接具有价值生成的作用。

同时，心理教育的主要内容是人类长时间积累起来的社会文化历史经验，以此为载体促进心理机能的形成与发展，社会文化历史经验既包括事实知识，也包括价值知识，如果不加选择地只以心理机能的发展为目标，或是不加选择地将心理教育演变成纯粹的形式训练，就会使心理教育脱离学校教育的总目标，甚至与其他教育形式的教育效果相背离，因此，对教育者来说，也存在一个心理教育内容的价值选择问题。总之，心理教育作用机制发挥作用的过程也是一个价值内化的过程。

第五章　人性预设——心理教育理论中的价值蕴涵

"人，认识你自己"——这一命题是心理学研究追求的最高目标。人究竟是什么？面对这样一个古老而常新的问题，任何一名思想家、哲学家、教育家等都无法回避。心理学家也不例外，不管是有意识的还是无意识的，无不把对人性的思考作为建立心理学理论体系的基础，不管提出与否、承认与否，对人性的预设都逃脱不了是一种价值预设；对人性的认识更是教育学关注的核心问题，"翻开一部教育理论演进史，可以看到，没有哪一派的教育理论可以不涉及人的根本性质，而且，它们之间的分歧往往总是围绕着对人的不同看法而展开"[①]。可以毫不夸张地说，对人性的看法是建构教育学理论的逻辑起点，也是价值引导的前提。因此，如何看待人性，就构成了心理学与教育学共同关注且需要协同一致的基础理论问题，构成了心理教育两种视域融合的起点和价值交融点。而在此基础上形成的心理教育的人性理论，将会进一步在"人，认识你自己"的命题上，担负起"人，发展你自己"的教育使命。因为心理学就是研究人性的科学，而教育理念是建立在人性理念基础上的。在这一部分内容中，我们将从现代心理学的人性理论出发，探讨"人的本性是什么"，挖掘其背后的价值内涵，作为心理教育价值生成的人性基础。

◀任何教育问题总是涉及我们对待人性的基本态度，对人性的价值预设也是心理教育不可回避的基本问题。

---

① 夏正江. 教育理论哲学基础的反思：关于"人"的问题. 上海：上海教育出版社，2001.

一、"认识你自己"：人性研究的心理学审视

关于心理教育中的价值问题，首先表现在心理教育的重要理论基础——心理学理论之中，因为如何认识人是如何培养人的前提，而心理学对人的心理现象的揭示，是认识人的本质的核心内容之一。虽然现代心理学的研究更注重对事实的认识与发现，但即使这样，也难以摆脱价值判断的介入，不论哪一种心理学理论流派，都是以某种人性观作为其理论依托的。因此，心理学理论中的人性预设本身就是一种价值预设，包含着一定的价值认识。下面，在简要回顾西方人性思想兴起的基础上，我们将重点分析西方现代心理学主要理论流派的人性观。

（一）西方人性思想兴起的轨迹

人是什么，对于这样一个形而上的问题，从古至今，一直是思想家苦苦求解、竭力探索的核心问题。在西方人性探索的历史中，从古希腊时期起，人性就成为哲学家关注的重要课题。

1. 古希腊哲学的人性思想

早期古希腊哲学的先哲们，将人的问题当做自然的问题加以思考，在关心宇宙的起源生成的同时，也将人的问题看成为自然的问题，将两者合二为一。德谟克利特的原子论就是典型的代表，他认为宇宙万物都是由原子构成的，宇宙的一切变化都是由原子的运动派生的，人的灵魂或理性同样是原子运动的形式。

从苏格拉底开始，出现了西方人性研究的第一次转向，由对自然的关注转向对人的关注，由思考万物本原和宇宙生成转向思考人本身。苏格拉底认为，人应当不断审视自己的生活，不断地探究自身面临的问题。因为人是一个理性的存在物，是一个追求至善的存在物。理性是人的一种

▶ "人的本性"可笼统地理解为人作为类存在物具有的共同属性，是人与动物相互区别的根本特征。

基本属性，因为人有了理性，就表现为一种智慧，才会认清是非善恶的区别，辨别出真假和好坏，人就可以作出正确的选择。理性可以使人摆脱肉体的束缚，变成有责任心和自律性的道德主体。人的本性是善的，这个善潜藏在人的内心，需要人通过理性去认识它，追求它。

柏拉图继承和发展了苏格拉底的人性本善的思想，同时进一步将人的本性分为三部分：情欲、意志和理性。情欲是最低级的生命本能，往往受制于肉体的冲动；意志是居中的守护力量，它热爱荣誉、服从真理；理性则是最高级的本质规定，控制着情欲和意志。当理性能够主宰情欲和意志时，人才能够至善，这个人的人性就是完美的。

◀柏拉图将人看做"理性的生物"。

而亚里士多德也同样强调理性在人性中的地位。"人的功能，决不仅是生命。因为甚至植物也有生命。我们所求解的，乃是人特有的功能。因此，生长养育的生命，不能算作人的特殊功能。其次，有所谓感觉生命，也不能算作人的特殊功能，因为甚至马、牛及一切动物也都具有。人的特殊功能是根据理性原则而具有理性的生活。"[①] 理性是人的本质特征，人能够按照理性原则行动，能够用理智来支配自己的愿望，从而能够辨别善恶。人只要按照理性原则行动，就会走向追求至善的目标。

古希腊哲学家的人性思想在由自然性向理性转化的过程中，对人性的认识也集中到了对人的关注上。或者认为趋乐避苦的自然本能是人的本性，或者认为追求享乐是恶而不是善，节制欲望、遵守德行才是最高的善。这一人性思想的分歧，反映到教育上就会导致出现不同的主张。前者认为教育在于发展人的天性，培养适应自然的人；后者把教育看做改造人性，建立一种求善弃恶的道德行为规范

---

① 周辅成. 西方伦理学名著选辑：上卷. 北京：商务印书馆，1964：280.

的过程。

2. 欧洲中世纪的人性思想

欧洲中世纪是神权至上的社会，人的存在体现了上帝的意志，上帝对人拥有绝对的支配权，信仰上帝、服从上帝，用灵魂统辖肉体，对人性的思考则变成了对神性的思考。

> 欧洲中世纪的基督教哲学经历了"教义哲学时期"和"经院哲学时期"两个发展阶段，前者的代表人物是圣·奥古斯丁，后者的代表人物是托马斯·阿奎那。

圣·奥古斯丁认为，每个人都包括"外在的人"和"内在的人"两部分，前者是人的外在形体，是被灵魂控制的人体；而后者是人的精神，是人的理性灵魂。虽然理性灵魂体现了人的本质，但"内在的人"也不能脱离"外在的人"而存在。人的自然本性是善的，人的"原罪"不是来自于肉体的欲望，而是来自于灵魂的背叛行为。原罪会造成人性的堕落，人不可能靠自身的能力回归本然，通向灵魂自救的途径只能靠上帝。因此，为了洗脱人天生就有的"原罪"，人应当信仰上帝，不受物欲和享乐的诱惑，让肉体生活服从于精神生活，让感官知觉服从于理性灵魂，以向上帝赎罪，使灵魂得以自救。

托马斯·阿奎那（T. Aquinas）是中世纪经院哲学的代表，他又进一步为基督教神学注入了亚里士多德的哲学观点。认为人有人性和神性的双重本质。"人活在两个世界之中：现实的和感性的世界，可以满足人性的本能欲求，即人身上固有的自然冲动；超验的和精神的世界，可以展现人身上的神性，可以达到灵魂的永生。"[1] 在阿奎那看来，人有自然的意欲，可以追求现世的幸福，但要得到最大的幸福就必须借助上帝的力量，人能够凭借理性去超越自然的限制，寻求上帝的力量，获得一种至善的幸福。

欧洲中世纪哲学的人性思想是"性恶论"的典型代表，

---

[1] 欧阳谦. 20世纪西方人学思想导论. 北京：中国人民大学出版社，2002：21.

上帝是善的一方，而人类是恶的一方，人类的祖先亚当和夏娃违背上帝的意志偷吃了禁果，犯下了"原罪"，造成了人性的堕落，因此唯有信仰上帝、蔑视尘世生活、蔑视自己，人类才能洗清原罪得到救赎。这一人性思想也直接反映在中世纪的教育之中，在修道院、大教堂等学校内，提倡以"贫穷"、"服从"、"贞洁"为教育目的，以斋戒、鞭挞自己等手段来克制情欲、驱除杂念，以获得灵魂的拯救。

3. 近代西方的人性思想

从文艺复兴运动到启蒙运动，近代西方的人性思想在反对封建专职和基督教神学的过程中，又开始进行新的转向。一是肯定人的天生欲望，关注感官享受和现世幸福，强调对个人利益的自觉追求，形成了功利主义的人性走向；二是强调人的理性的力量，理性力量会使人关注社会利益，以约束人的自然欲求，将个人利益与社会利益结合起来，形成了理性主义的人性走向。

◀近代西方人性思想的演进，始终贯穿着功利主义和理性主义两条理论主线。

霍布斯的经验主义人性论是功利主义人性走向的代表，在霍布斯看来，人是一个"自然物体"，好似一架活动的机器，人的一切都是自然造就的，人性就是人的自然性，人会遵从自然本性生存，不但追求物欲的满足，每个人都想得到快乐和满足，保护自己的利益，这也是自然赋予人的权利。但每个人都不择手段地去获取自身的利益，争权夺利必然导致社会混乱、相互为敌，如何在顾及个人利益的同时也兼顾他人利益，霍布斯提出要运用人类理性来制定自然法则加以规范，运用国家的权力予以保障。人的自然权利和自然法则都出自于人的本性，人成了利益的主体。

笛卡尔则认为，人是由肉体和心灵构成的，人虽然在某种程度上要受到肉体的役使，但人是有精神活动的，凭借理性的力量可以超脱人的自然本性。心灵是不依赖肉体而独立存在的精神实体，正是有了心灵的作用，人才能够支配外部世界。心灵与肉体相互独立又相互影响，从而构成了完整的人，人的本质是由精神决定的，人的本质是生来具有的理性能力。"真正来说，我们只是通过在我们心里的理智功能，而不是通过相象，也不是通过感官来领会物体，而且我们不是由于看见了它，或者我们摸到了它才认识它，而只是由于我们用思维领会它。"① 这一观点反映出了理性主义人性走向的特点。

> 笛卡尔强调人的本质不在于肉体而在于精神，"我思故我在"。

法国的思想启蒙运动，进一步突显出近代西方人性思想的人文主义特色，力图使人成为自己的主人。如何实现人的自由幸福，卢梭认为，这就需要研究人，研究人的自然天性和人的社会生活，而且"必须通过人去研究社会，通过社会去研究人"②。人是自然的，也是社会的，人在自然状态中是自由的、平等的、快乐的，但它也是没有开化和不完善的；社会使人类的智力得以不断完善，但也产生了不平等和人性堕落。人是生而自由的，是社会不合理的制度使人失去了自由，压抑了人性。

这一时期人性思想在教育上的运用，卢梭是一个重要的代表，他从性善论的角度出发，强调自然主义的教育，更看重人的天性的作用，认为人的天性中的三种成分"自由"、"理性"和"良心"是相互联系的，追求自由是人类的天性，而缺乏理智的自由是盲目的，自由应受理性的指导，但理性也会受欲望和私利的遮蔽，因此需要由良心来统率。由此提出教育要顺应自然，"以天性为师，而不以人为师"，改变压抑人的天性的社会环境。

上面我们简要回顾了西方人性思想兴起的轨迹，此时虽然是作为一种哲学思想的人性观而出现，但已使对人性

---

① [法]笛卡尔. 第一哲学沉思集. 北京：商务印书馆，1986：24.
② [法]卢梭. 爱弥尔：上卷. 北京：商务印书馆，1978：327.

的认识逐渐回归到了人本身，注重人的理性能力和人的主体性地位。从19世纪下半叶开始，随着西方哲学的不断发展，对人性的认识也在发生着新的变化。而此时以研究人性为核心的现代心理学的出现，使得对人性的研究和认识进入到一个新的层次。"作为'人的科学'和'科学的人学'，现代心理学始终以人性问题为核心。人的本性是什么？人的基本需要是先天遗传的吗？人与动物的区别在哪里？人的行为究竟是由什么决定的？正是这些问题构成了现代心理学的基本问题。在对人的问题的经验研究中，过去的哲学问题逐渐变成了今天的心理学问题。""同传统的各种哲学人性论相比较，现代心理学对于人性的挖掘显得更加深入，也更加具体和真实。我们看到的不再是经过哲学抽象化的人，而是充满了七情六欲的人，人变得更加复杂而不是更加简单。因此，人的形象变得更加丰满。"①

◀心理学自身理论研究的推进，将使人性的研究更加深入、具体和真实。

（二）西方人性研究的心理学转向

现代心理学的形成与发展，使人类对人性的看法转入到对人性事实领域的探究上，其结果也必将更加深入地揭开人性的秘密，并为教育提供更为具体的人性支撑。现代西方心理学的发展与成就主要表现为三大理论学派，或称心理学的三大思潮：精神分析心理学、行为主义心理学和人本主义心理学。三大理论流派分别代表着三种心理学对人性的基本看法，由于三大流派的代表人物所处的时代和社会背景不同，所受到哲学思想的影响不同，对人性的理解和认识则形成了各具特色的理论体系。

1. 无意识的人：精神分析心理学的人性观

精神分析心理学的创始人及主要代表人物为西格蒙德·弗洛伊德（Sigmund Freud，1856—1939年），他在研

---

① 欧阳谦. 20世纪西方人学思想导论. 北京：中国人民大学出版社，2002：144-145.

究精神病患者的基础上创建了精神分析理论，一般以1895年弗洛伊德与布洛伊尔出版的《关于歇斯底里研究》作为精神分析正式创立的标志。精神分析理论既是一种心理咨询理论，也是一种人生哲学。弗洛伊德在自己的医疗实践中，主要是在用催眠术治疗疾病时，发现患者把很久以前早已遗忘的心理创伤再现出来，同时伴有生动的情感表露，之后症状便能够得到缓解和消失。也就是说，从病人的无意识中挖掘出早期心理创伤并加以清除，疾病就能够得到咨询。据此，弗洛伊德引出了无意识概念和压抑概念，认为心理冲突深藏在无意识中，要通过启发来访者谈话并作深入的观察，让来访者通过自由联想和对自己作深入分析的内省找出导致心理问题的原因，然后进行有针对性的咨询。精神分析理论强调心理因素对躯体的影响，提出被压抑的情绪和心理冲突可成为导致人体机能失调的致病因素，是引起心理失常甚至损害生理健康的动力性原因。

▶ 精神分析心理学从无意识的基本假设出发，把人性看做既受本能驱使，又受社会文化影响的矛盾体。

弗洛伊德精神分析心理学的人性观表现为以下几方面：

（1）人的行为是受无意识决定的；

（2）人性是由本我、自我和超我组成的能量系统；

（3）性本能是人性中的主要驱动力。

应当看到，弗洛伊德精神分析心理学的提出，对于人类认识自身的心理活动和了解精神疾病的成因是有积极意义的，他第一次提出人的心理异常并不是由大脑的生理和解剖结构的损害引起的。人的内在心理矛盾冲突也同样能造成心理异常；他强调本能冲动和欲望是人的心理动力，性是人类的一种基本动机；他提出心理的"防御机制"概念，认为人有一种自发的心理调整机能，在一定程度上能使人的内心矛盾冲突得以缓解，烦恼和不安得以减轻和消除，使人的心理活动恢复及保持某种稳定状态等，同时他的理论体系也存在着致命的缺陷。如他过分夸大了无意识的作用，把性驱力的作用无限夸大，成了"泛性论"，同时他的理论体系中，有些原理、原则完全是出于猜测，或者纯粹是虚构出来的。因此，后继的研究者开始对这一理论予以修正和完善。

弗洛伊德的精神分析心理学主要经历了两次大的修正。第一次是在20世纪初，弗洛伊德的亲密合作者和弟子阿德勒（A. Adler）及荣格（C. Jung），他们不同意性驱力（libido）是人类行为的决定因素，修正的重点在于幼儿性欲学说。阿德勒用"摆脱自卑感的补偿作用"来代替性本能，把人的活动描写成追求优越感或自卑感威胁的活动，创立了"个体心理学"；荣格把性驱力扩大为一个具有生命力的精神能量总和，认为获得快乐不一定和性的满足等同，因此创立了"分析心理学"。第二次修正在20世纪三四十年代，以沙利文（H. S. Sullivan）、霍妮（K. Horneg）、弗洛姆（E. Fromm）、艾里克森（E. Erikson）为代表，创立了新弗洛伊德主义，又称文化派的弗洛伊德学派。他们开始强调社会文化和环境对人的幼年心理和人际关系的影响及其在精神疾病等中的作用。50年代以后，各派观点相互渗透和补充，又派生出许多大大小小的学派，但他们都有下述共同点：

（1）承认人有无意识的心理活动，在不同意识层面上会产生心理冲突。

（2）承认人格结构论，即本我、自我和超我的观点以及自我心理防御机制。

（3）承认人幼年期的各种环境因素的影响、性心理的挫折等对人格发展和心理健康有着极其重要的意义。

（4）鼓励来访者讲出自己内心的冲突和过去的创伤经验，深入认识自己，这是心理咨询的基础。

因此，他们基本上都继承了精神分析的技术，把无意识的冲突引入到意识中来，如自由联想，释梦和移情分析等。

> "人是动物"，这是精神分析心理学的人性隐喻。

精神分析心理学的人性观表明，他们对人的看法基本上是消极、负面和悲观取向的，人的行为是无意识决定的，其中的主要决定因素是性的内驱力，所以，人受非理性因素、本能需要及个人性心理发展经验的影响。同时认为人类是一个能量系统，由于能量有限，在对本我、自我和超我的分配中，当其中之一操纵控制权时，就会抑制其他两者的运作，人的行为就会受这一心灵能量支配。在弗洛伊德的观点中，趋乐避苦是人类行为的一个普遍法则，人是自己本能的奴隶。在这种人性观的认识之下，使得精神分析心理学片面强调人的内在生物驱力的作用，虽然后继的研究者对此进行了修正，但依然没有摆脱弗洛伊德理论的生物学的特点。如何理解人性？弗洛伊德认为："人性最根本的东西是基本本能，基本本能存在于任何人身上，其目的是满足某些基本需要。"[①] 本能决定论是精神分析心理学人性观的主要特点。

2. 物化的人：行为主义心理学的人性观

行为主义心理学理论是由华生（J. B. Watson）在美国首先提出来的，当时弗洛伊德正在欧洲进行精神分析的研究。行为主义心理学受机械唯物主义哲学和实证主义思想方法的影响，反对对主观意识的探讨，强调心理学应当研究可观察的行为，坚持用自然科学的方法来研究人的心理现象。华生认为："由行为主义看来的心理学纯粹是自然科学的一个客观实验分支，它的理论目标就是对行为的预测和控制。内省并不是它的方法的主要部分，它的资料的科

---

① ［奥］弗洛伊德. 论创造力和无意识. 北京：中国展望出版社，1986：212.

学价值也不依赖于这些资料是否容易运用意识的术语来解释。"① 在华生看来，心理学应当是一门自然科学，不必研究那些难以捉摸的意识现象，应当以可以观察的行为作为研究对象。因此，华生的行为主义理论提出，对人性的认识只能建立在对外显行为的研究之上，由此也奠定了行为主义心理学理论的基础。

行为主义心理学理论的核心，就是认为人是环境塑造的产物。因此对人性的认识不能建立在个体心理状态和意识的研究之上，只能建立在对外显行为的研究之上，因为人的外在行为是可以直接观察到的，可以像其他物质现象一样进行客观的研究，从而认定人也是自然的一部分，对人的本质的认识应以自然科学为楷模，用自然科学的方法去理解人性的本质。

◀ 行为主义心理学抛开了人的主观内心世界，转向人的外显行为，把人理解为现实环境的产物。

按照行为主义心理学的观点，人是环境的产物，人类并不存在本能。华生认为，人类行为中所有那些似乎像本能行为的方面，实际上都是在社会中形成的条件反应。人完全是环境塑造的结果。因此，研究人，就是要研究人对环境刺激作出的反应，研究人的行为。

对"行为"的揭示，对人的行为的预测与控制，这是行为主义心理学理论的切入点。但接下来的问题是，我们又应当如何认识行为呢？行为是如何形成与改变的？行为主义心理学家们对此进行了较为深入的研究，虽然其共同点都认为人的良好行为和不良行为都是学习的结果，准确地说，行为主义心理学的理论也可以称为学习理论，但对行为形成的解释又呈现出一些不同的特点，构成了行为主义心理学不同流派的理论观点：

---

① 张述祖. 西方心理学家文选. 北京：人民教育出版社，1983：152.

(1) 刺激和反应是人类行为的基本构成因素。

华生提出，人类行为是由刺激和反应构成的，或者说行为就是刺激与反应之间的直接联结，人的一切复杂行为，也都是从简单的刺激—反应中发展起来的。因此，掌握了刺激—反应这一行为公式，也就能够更好地理解行为主义心理学对人的本质的认识。而心理学研究的目的，在于明确了解这种联结的规律，以使能够由刺激而预知反应，由反应确定有效刺激的性质。在华生看来，似乎人只是一种被动的东西，刺激要他反应，他就不能不反应；刺激要他怎样反应，他就要怎样反应。在人的身上大致存在四种类型的反应：外显的遗传反应，指那些可以观察到的本能反应和情绪反应；内在的遗传反应，包括所有内分泌系统的变化过程；外显的习惯反应，指那些可以观察的习惯动作和习得行为；内在的习惯反应，包括思维和肌肉的习惯反应。前两类属于先天的、非习得的反应，而后两类属于后天的、习得的反应，对于人类而言，后天习得的反应是最重要的。这种后天习得的反应是如何形成的，行为主义心理学家们设计了各种实验，试图揭示其中蕴含的实质与规律。

华生认为，我们无论成为什么样的人，都是后天学习的结果，并且是必然的结果。行为的形成就是特定刺激与特定反应构成联系的过程。华生的这一观点，在桑代克(E. L. Thorndike)的实验中得到了有力的支持与发展。依照桑代克的观点，人的本性就是先天形成的联结，这些先天的联结是后天学习的基础，是研究人类行为的起点。

> 华生更关注的是如何来预测和控制人的行为。

反应的联结有先天的和习得的两种，前者主要是本能，后者主要是习惯。桑代克以"联结"这一概念为出发点，把联结看做行为的基本单元。他把行为区分为先天的反应趋势和习得的反应趋势两类，前一类的反应趋势或联结主要是本能，后一类的反应趋势或联结主要是习惯。他说："凡是不学而能的动作简称为本能。""凡是全部或部分由于经验的影响而改变的反应趋势都可称为习惯。"本能是不经学习的先天联结，习惯是后天习得的联结。他认为行为是由本能和习惯组成的，而习惯又是以本能为基础，由于经验的影响而发生改变的，而行为形成与改变的过程则是一种学习的过程，即形成刺激与反应之间联结的过程。

（2）操作性条件反射是行为形成的重要原因。

斯金纳（B. F. Skinner）在刺激—反应行为原理的基础上，进一步深化了行为主义心理学的理论。同华生和桑代克一样，斯金纳也认为应当从外部环境而不是内部动机来认识人性，从行为而不是从意识来解释人性。"行为是生物的基本特征。我们几乎可以将行为与生命本身相提并论。"[1] "科学分析所展现的将是这样一幅人的肖像：人并非隐匿在躯体中，相反，躯体本身就是人，因为正是它表现出了复杂的行为序列。"[2] 但对于行为是如何产生的，斯金纳则有自己的解释。斯金纳认为，人类的大多数行为是操作行为，因为人不是被动等待刺激，而是积极主动地对环境进行探索，先有反应，然后才知道结果，再根据结果去调节行为。因此，他侧重于对操作行为进行研究。斯金纳总结出：行为的形成可以用操作性条件反射来解释，其中，强化是形成操作性条件反射的重要手段。

虽然这一原理建立在动物研究的基础上，但斯金纳认为，建立操作条件反射的原理也可以应用于许多场合，如对不良行为的矫正。为了消除一种不良行为，只要找到对需要校正行为的个体具有强化作用的刺激物，然后等待理

---

[1] ［美］斯金纳. 超越自由与尊严. 贵阳：贵州人民出版社，1988：43.
[2] ［美］斯金纳. 超越自由与尊严. 贵阳：贵州人民出版社，1988：201.

想行为的出现，当个体作出不良行为时就不给予强化，而个体表现理想行为时则给予强化，通过这个过程，不良行为逐渐消失，理想行为则得以巩固，也可以应用于人格发展领域。在斯金纳看来，人的特性同他的强化史是一致的，在人身上保留下来的即是那些受到强化的东西，所谓人格不过是一组反映强化史的行为模式，甚至也可以应用到社会文化领域。例如，解释文化和社会规范为什么具有连续性，斯金纳认为，假如一个民族具有特定的文化及社会规范，并有一套判断的价值观念，当一个新的个体进入其中时，他所表现的行为若符合该民族的社会规范和价值体系，则获得"强化"，如同他人关系和谐、获得尊重等，因而这个新进入者就会表现该民族的规范和价值，若违反了该民族的规范和价值则会受到处罚，如受到歧视，剥夺自由，丧失声誉等。因而，这个新加入者会努力克服他的不符合规范的行为。

> 斯金纳试图通过行为控制来改变社会的现实环境，进而达到改变人的目的。

（3）行为的形成是观察学习的结果。

班杜拉（A. Bandura）的观察学习理论是行为主义理论的新发展，是将认知因素引入行为主义观点中形成的一种新的理论，它试图研究并阐明人的行为是如何在社会环境中通过学习获得的。班杜拉认为，以往的行为主义理论家一般都忽视社会变量，用物理的方法来进行动物实验，并以此来建构他们的理论体系。而班杜拉本人则强调以人作为基本研究对象，在自然的社会情境中而不是在实验室里研究人的行为，并认为，人类行为形成的实质应当是观察学习。因为人类具有认知能力，能够更多地得益于经验，因此，大部分的人类行为是通过对榜样的观察而习得的。观察学习是人类学习的一个主要途径，它避免了尝试错误、暗中摸索的过程，从而缩短了学习过程。所谓观察学习，就是人们通过观察他人（或称"榜样"）的行为（这种行为对于观察学习者来说是新的行为），获得示范行为的象征性表象，并引导学习者作出与之相对应的行为的过程。

同其他行为主义学习观一样，班杜拉也认为学习过程的实现需要通过强化来进行，他提出了替代强化和自我强化的观点。早期的行为主义理论家认为学习是由外部强化控制的，因此强化与学习不可分离，如果不对学习者进行直接的强化，那么学习就不可能进行。斯金纳曾明确指出：一个反应之后紧跟着强化，这个反应出现的概率就会增强，但班杜拉对强化的作用进行深入分析后发现，在观察学习中，没有强化，学习者也能够从各种示范中获取有关信息，学习新的行为方式，而强化只决定了观察者是否把学习的行为表现出来，也就是说，强化会激发和维持行为的动机。因此班杜拉将强化分为直接强化、替代强化和自我强化，扩大了对强化的认识。

行为主义心理学的人性观表明，人是受环境控制的，人是环境的产物。人只能对环境作出回应，本身对环境的控制能力很有限。人一出生就像一张白纸一样，无善恶之分，是中性的，其善恶是由环境塑造和决定的。认为人的本质表现为人的外在行为，"人的本质不再是躲在人的行为背后的内在之物，也不再是那种看不见摸不着的观念意识，而是直接呈现在我们面前的行为系列"[①]。而对于行为的形成与改变，均认为是学习的结果，但对于学习的过程，不同的行为主义心理学家则提出了不同的解释，并通过实验研究加以客观的论证。桑代克认为是形成刺激与反应的联结，斯金纳认为是形成操作性条件反射，班杜拉认为是观察学习的结果。然而，从行为主义心理学的共同特点来分析，不难发现，机械决定论是行为主义心理学人性观的主

◀"人是机器"，这是行为主义心理学的人性隐喻。

----

① 欧阳谦. 20世纪西方人学思想导论. 北京：中国人民大学出版社，2002：1998.

要特征。

3. 自我实现的人：人本主义心理学的人性观

人本主义心理学是在抨击精神分析心理学和行为主义心理学的过程中发展起来的。一方面，它批评精神分析心理学把患者与正常人相等同，以潜意识的功能取代人的整个心理生活的研究，陷入了生物还原论和悲观论；另一方面，也批评行为主义心理学把人与动物相等同，以刺激—反应公式取代人的内在心理过程的研究，陷入了机械还原论和环境决定论，并把人的本性第一次提到了心理学研究对象的首位。彪勒指出，人本主义心理学的革命性在于：一是它提出了一种积极的人的模式；二是它的倡导者承认他们自己的存在，认为生活是主观进行的，就像它产生的那样。人本主义心理学家首先是人，其次才是科学家。显然，人本主义心理学把心理学视为一种人学，它在使心理学走上研究人或人性的科学道路上作出了历史性的贡献。人本主义心理学提出，应当建立一种综合、整体的人性观，人既是先天的、也是后天的，既是内在的、也是外在的。"仅仅客观地研究人的行为是不够的，为求完整的认识，我们也必须研究人的主观。我们必须考虑人的感情、欲望、希求和理想，从而了解他们的行为。"① 在以往心理学的研究中，行为主义心理学重点研究"外显行为"，从而使人失去了人性，并把人降低为："一只较大的白鼠或一架较慢的计算机"，而弗洛伊德的精神分析心理学则声称"人是一个受本能愿望支配的低能弱智的生物"，把人贬低为一个受本能欲望支配的动物。人本主义心理学则试图在批判传统心理学把人兽性化、非人格化和无个性化的基础上，以人性的积极健康方面为研究对象，突出人特有的高级需要和创

> 马斯洛认为，当我们探索人究竟想从生活中得到什么的时候，我们就接触到了人的本质。

---

① [美] 戈布尔. 第三思潮：马斯洛心理学. 上海：上海译文出版社，1987：13.

造潜能,形成一个更具"人性"特点的人性观。

(1) 完美的人性是对自我实现需要的追求。

马斯洛同弗洛伊德一样,也是从人的本能需要出发来规定人的本性,不同的是他认为人的本质依赖于生物和文化两个方面,人的本能与动物的本能有着本质的区别。马斯洛用"类本能"的概念来说明人的本质,将其看做人的内在能力、天赋和特质在人的内部所具有的生物基础。类本能不同于动物式的本能,没有那么多充满能量的本能冲动,它很微弱,很容易被文化环境改变和摧毁,容易受到压抑和约束。人的类本能也创造了人的基本需要,这些基本需要有许多是动物不具备的,人类除了有低层次的生理需要之外,还有自我实现的高级需要,人的基本需要按由低到高可以分为五个层次:生理的需要、安全的需要、爱与归属的需要、尊重的需要和自我实现的需要。自我实现的需要的产生通常需要上述四种层次需要的基本满足,当这些需要满足后,新的不满足和不安就会迅速发展起来,表现为对自我实现的追求。在谈到自我实现时马斯洛指出:"一个人能够成为什么,他就必须成为什么,他必须忠实于他自己的本性。这一需要我们就可称为自我实现的需要……它可以归入人对于自我发挥和完成的欲望,也就是一种使它的潜力得以实现的倾向。这种倾向可以说成是一个人越来越成为独特的那个人,成为他所能够成为的一切。"① 按照马斯洛的看法,只有达到高层次的需要,即自我实现的人,才是充分发展与充分成熟的人,才能达到完美人性的境界。

◀ "人类没有本能,只有本能残余",类本能只是具有一些类似动物本能的天赋需要。

(2) 做"机能健全的人"。

罗杰斯根据自己临床研究的成果,并将自己的观点置

---

① [美]马斯洛. 动机与人格. 北京:华夏出版社,1987:53.

于更广阔的进化论中加以考虑，对人的本质进行了描述。他认为人有一种"形成的直接趋向"，这种"形成的直接趋向"渗透于一切存在物之中，它会朝着越来越复杂的方向发展，在生命组织中，直接的趋向表现为"实现趋向"，是有机体的一种先天的"自我实现"和"自我提高"的动机，表现为最大限度地实现各种潜能，发挥自己潜力的趋向。而有机体的一切经验，都是把实现趋向作为参照系加以评估。那些同实现趋向相一致的体验会令人满足，使个体形成对它们的接近和保持；那些同实现趋向相矛盾的体验会令人不快，将引起个体的回避或消除。通过这一机体评估过程，则使有机体把经验和自我实现趋向协调在一起。

罗杰斯认为，机能健全的人在许多方面就像一个婴儿，他依照内在的机体评估过程而不是外来的价值条件生活。这是一个纯洁的自我，是真正的善。这种"忠实于自己"的生活，是完善的生活。幸福不意味着一个人所有生物需要都得到满足，幸福的真谛在于积极参与实现的趋向，在于持续的奋斗之中，而不是它的结果。罗杰斯认为，健康人格的形成是一个过程，而不是一种结果；它是一个人的方向，而不是一个人的目的，自我实现处于不断前进的发展过程中，永远不会处于终止或静止状态。这个指向未来的倾向，推动着个体不断发展，并进一步分化出自我的所有方面。

罗杰斯提出，机能健全的人具有下述五种特征：

(1) 经验的开放性。对任何经验都采取开发的态度，不需要防御机制，不会拒绝或歪曲经验，不封闭自我，可以毫无拘束地体验所有的情感和经验。"这个人变得更能倾听自己，倾听自身内部正在进行的经验。他对他的恐惧感、沮丧感、痛苦感更为开放。他对他的勇气、柔情和崇敬的情感也更为开放。当这些情感存在于他的内心时，他在主

▶ 机能健全的人即机能充分发挥的人，机能充分发挥不是一种状态，而是一个过程。罗杰斯认为，生命在最丰富而又最有价值的时刻，一定是个流动的过程。

观上体验情感是自由的,并且在意识这些情感上也是自由的。他更能充分体验他的机体的经验,而不是把这些经验关在意识之外。"①

(2) 愈益重视存在的生活。抓住每一时刻去充分体验生活,积极地参与到社会生活中去。"我相信,一个人如果对他的新的经验充分开放,完全不加防御,那么,每一时刻对于这个人显然都会是新鲜的。"②

(3) 对自身机体不断增进的信赖。信赖自己的机体对新情境的反应,不论情境如何复杂,对自身经验充分开放的人,都会让自己的整个机体和意识参加进来,考虑每一刺激、需要和重要性,并通过复杂的权衡,找出最接近满足这一情境中全部需要的行动路线。相信自己的内在反应能够引出满意的行为。

(4) 富有自由感。他们不需要顺应社会环境,而是在自由选择中创造性地生活,他们的决定都是出自个人的意愿,相信未来是自己决定的。"他更能充分地生活在他的情感和反应之中,也能更充分地以他的情感和反应体验生活。……他能越来越多地利用他的全部机体禀赋,尽可能准确地领悟内部的和外部的存在情境。他利用他的神经系统提供的一切信息,有意识地利用这一切,但同时认识到他的整个机体可能而且常常比他的意识更聪明。他更有能力让他的整个机体自由地发挥作用,在极其复杂的条件下从众多可能性中选择此时此刻最有广泛意义和真正合意的行为。"③

罗杰斯认为,要想成为一个机能健全的人,关键在于

---

① [美] 马斯洛等. 人的潜能和价值. 北京:华夏出版社,1987:321.
② [美] 马斯洛. 动机与人格. 北京:华夏出版社,1987:321.
③ [美] 马斯洛. 动机与人格. 北京:华夏出版社,1987:324.

自我结构与经验的协调一致，这就要求有一个无条件积极关注的成长环境。这一成长环境不仅可以在心理咨询中予以实现，在日常生活中也同样可以实现。因此，罗杰斯对人类的未来充满希望，他相信机能健全的人正在大量成长。

人本主义心理学的人性观表明，他们认为人是理性的、是善良和值得信任的，能够对自己负责。他们看到了人性中积极的一面。相信人类的本质基本上是好的。人有自发性，可以自然地成长，人格是随着人的成熟而发展起来的，人具有的创造力很清楚地证明了这一点。人所以会感到痛苦或神经过敏，必定是由环境造成的。人生来并非就是破坏性的或残暴的，但他们的内在本质一旦受到扭曲或阻碍，便会出现上述情况。

二、人性的心理学整合与心理教育的价值起点

追溯人性研究的历史，由关注与自然合一的"人"到关注人自身，由关注神性到关注人性，使作为人的"人性"进一步突显出来，也为心理学对人性的探讨设定了具体的目标。其后，心理学作为研究人性的科学，对人性的认识则形成了多种不同的观点。上面对心理学三大理论流派的人性观进行了分析，从其内容中不难发现，一方面可以看出心理学家对人性的开拓在不断的深化，另一方面，也能够体会到观点的不同或相左。对人性的不同看法，会直接影响教育的方式、方法，形成不同的教育取向，整合心理学理论对人性的理解，形成更接近人类本质特点的人性假设，以作为心理教育的价值导向，是心理教育面临的重要任务。

（一）人性的心理学整合

人性，是人特有的客观存在的本质属性，也是难以求解的"斯芬克斯之谜"。"人，认识你自己"——简单的一

句话，却承载着人类对人性探索的希望和目标，记录着思想家、哲学家和心理学家几千年来苦苦思索的足迹。

    在古希腊早期，将人与自然统一在同一世界中，认为人与宇宙是合二为一的，用自然的问题来说明人的问题；苏格拉底则完成了西方人性研究的第一次转向，将人性的研究直接指向人自身。"我所有的时间都用来试图说服你们，青年人和老年人，要首先和主要去关心你们心灵的最大的幸福，而不要去关心肉体享受和财产。"[1] 他将关注的焦点由万物本原转向人生，也转向了人类的心灵世界，奠定了心理学研究人性问题的基础。作为苏格拉底的学生，柏拉图则进一步发展老师的思想，将人的存在划分为肉体和精神两部分，提出灵魂是不死的，是完美的存在，它规定了人的本质，肉体是短暂和虚幻的存在，不是人的本质所在。将精神与肉体分离开来，而人性的研究也就从物质世界转向了精神世界。到了中世纪，人性进一步沦为上帝的奴役，用灵魂统辖肉体，人性则变成了神性。随着文艺复兴的到来，人性由"神"又一次转向了"人"，人性得到了解放。但此时灵魂与肉体、精神与物质依然是分离的。经验主义的人性论更多关注人的自然欲望和利己动机，强调人类现实的幸福；理性主义更关注理性与自由，试图为个人的幸福提供社会的理性目标和合理秩序。1879年，当冯特建立起世界上第一个心理学实验室时，标志着人性的研究开始转入心理学的研究视野内，人性问题也开始由过去的哲学问题逐渐变成了今天的心理学问题，而对什么是人性的追问，也就变成了什么是人的心理的探寻。

    追寻心理学对人性探索的脚步，可以看到人性变得越加具体与真实，对人性的认识也越加深入。

◀ 整合各种关于人性的理论可以确立起"完整的人"的形象。

◀ 现代心理学对人性的挖掘，使人的形象变得更加丰满。

---

[1] 柏拉图. 苏格拉底最后的日子. 上海：上海三联书店，1988：62.

弗洛伊德创立的精神分析心理学理论，大胆突破传统理性主义的人性观，发现了人性中无意识的部分，并将深藏着的无意识欲望看做人的一切心理活动的动力，而其中影响最大的是性本能。其后出现的一些新精神分析理论，虽然将本能进一步扩展为文化冲动，但将人性归结为自然性，坚持人性本恶的价值判断，片面强调人的本能需要，构成了精神分析心理学人性观的核心。

行为主义心理学则采取了一种自外向内的人性分析模式，用看得见的外显行为去描述人性的特征。虽然对"行为"重视的侧重点不同，华生、桑代克重视反射行为，斯金纳重视操作行为，班杜拉强调模仿行为。但其共同点是都认为人是受环境控制的，人是被环境决定的反应式的反应体；对人性持非善非恶的价值判断，其向善向恶完全由后来的环境塑造和决定；既不强调自然性也不强调社会性，否定人的需要。这些特点构成了行为主义心理学人性观的核心。

▶ 心理学的三大理论流派，依据各自不同的研究视角，分别剖析了人性的不同构成，均有其合理性的一面。

在批判精神分析心理学和行为主义心理学的过程中，人本主义心理学建立了自己的理论主张。当代西方曾有过这样的感叹：19世纪上帝死了，20世纪人死了。因为19世纪中叶，达尔文论证了人与生物界的连续性，说明人不是上帝创造的，这是科学战胜迷信的重大胜利，但从人性问题本身来看，这只解决了一半，即人不是神，还有一半即人与动物间的区别还未解决。精神分析心理学、行为主义心理学也只是在心理学的领域中继续着达尔文的论题。人本主义心理学则以重新塑造人的形象为目标，强调人的积极向上的潜能与价值，建立了自己的理论体系。人本主义心理学一方面坚持人性的自然性前提，将自我实现和完美人性也看做人类的天性，是一种自然性的本能需要，同时也强调人性的社会性，"精神生命是人的本质的一部分，从而，它是确定人的本性的特征，没有这一部分，人的本性就不完满。这是真实自我的一部分，人本身的一部分，人的族类性的一部分，完满的人性的一部分。"① 坚持人性本善的价值判断；认为人是一个整体，人的需要是多层次的，人有区别动物的高层次的需要，我们不能只看到人的性冲动而看不到高层次需要，也不能只注意环境对人的制约性而忽略人的自主性。由此，也显示出人本主义心理学试图整合心理学的人性观，形成更符合人类特点的人性假设。"那么多人坚持认为不赞成弗洛伊德就是反弗洛伊德，不赞成科学心理学就是反科学心理学，等等。我以为所有这些忠诚不渝的态度都是愚蠢的。我们的任务就是要把这些各种各样的真理汇集起来，使它们成为统一完整的真理。"②

人本主义心理学已经看到以往心理学对人性研究的不足，试图通过整合构建起一个完整的心理学的人性观，当然，这也是我们到目前为止探讨人性问题所要达到的目的。综合上述对心理学理论流派人性观的分析，整合后的人性观主要表现在以下几个方面：

1. 自然性与社会性：人性的二元构成

对心理学三大理论流派的剖析不难发现，精神分析心理学受存在主义哲学的影响，用本能欲望来解读人性的实质，片面强调人性中的自然性，把人降低为动物；行为主义心理学力图将意识排斥在心理学的研究对象之外，人则变成了既无自然性又无社会性的空壳，把人降低为机器；人本主义心理学虽然看到了人性的自然性与社会性，但"他们对精神内容的唯心主义理解以及贬斥自然性内容的极

---

① ［美］马斯洛. 人的潜能与价值. 北京：华夏出版社，1987：223—224.
② ［美］戈布尔. 第三思潮：马斯洛心理学. 上海：上海译文出版社，1987：13.

端立场，并不能将人性从二元论的分裂判决中解放出来"①。人的本性或人性是区别于一切动物而为人普遍具有的共同属性的总和，是由人的自然性和社会性这两个基本成分构成的复杂统一体。其中，自然性是人性的前提和基础，而社会性则是人性的升华和统帅。两者始终相互依存、相互制约，处于对立统一之中。人本主义心理学过分强调个人在自我实现中的作用，忽视社会发展和社会实现对个人自我实现的决定性意义。

▶ "自然性"与"社会性"是对人性事实层面的解构。

由此可见，现代西方心理学虽然看到了人性的自然性与社会性的存在，但并没有真正有效地将其整合起来。究其原因，也是科学心理学自身设置的一个藩篱，"西方传统思想中科学与人性的分裂成了心理学的'原罪'。心理学的悖论在于：如果它是人性的就不是科学的，如果它是科学的就不是人性的。这也是西方心理学的悲剧：它在科学的路上进步愈大，它离人性就越远。同时这又是人性研究的悲剧：要么是'精神性'的但是哲学式的，要么是'科学式'的但是生物性的。人的生物性和精神性是人类心理活动缺一不可、不可分割的两种属性，西方科学却制造了它的分裂。人性的分裂成为西方心理学进一步发展的障碍。"②人本主义心理学的适时兴起，使社会性又回到心理学的研究对象中，虽然没有摆脱社会性与自然性两者分离的现实，但对人性的认识，从"一元"到"二元"，从"分离"到"统一"，这是一个正常的、必然经历的认识与发展过程，两者统一是心理学人性整合的必由之路。所以，人性既有自然性又有社会性，是自然性与社会性的统一。实际上，

---

① 郭斯萍. 人性：西方心理学的误区与中国文化的解读. 南京师范大学学报：社会科学版，2000：77.
② 郭斯萍. 人性：西方心理学的误区与中国文化的解读. 南京师范大学学报：社会科学版，2000：77.

重视自然性、社会性还是重视两者的统一，不单代表着不同理论的人性观，也在一定程度上反映着理论家对人性认识的不同价值走向。

2. 善与恶：人性的价值判断

从精神分析心理学的性恶论及行为主义心理学的性非善非恶论，到人本主义心理学的性善论，虽然观点各自不同，但都反映着心理学家对人性不同的价值判断。弗洛伊德把人的本性视为生物本能和欲望，它是强烈的、反社会的，由此主导着精神分析心理学对人性持悲观主义的看法；行为主义心理学则把人仅看成一个受外力控制的有机体，没有什么自由与尊严，完全处于被动的地位，是环境塑造的产物，就像一张白纸一样，染黑即黑，染红即红，人很难主动去选择自己的命运；而人本主义心理学则坚信人性是善良的，对人的健康成长和自我实现持乐观主义的态度。

◀善与恶是对人性价值层面的解构。

人本主义心理学家所以对人性充满信心，是因为他们认为"善"是存在于人的本性之中的。马斯洛认为，人性的核心在于人类有机体内部有一个"类本能"内核，它包含着趋向实现的潜能。这个生物学内核只是作为一种潜在"原材料"而存在的，它等待着个体对它进行主观的开发和实现。类本能虽然也属于先天的生物学因素，但它是一种比较微弱的先天因素，不像本能那样强烈迅猛，物种的等级越高，这些类本能的冲动或需要就越明显，越是高级需要，越带有人性的特征。而罗杰斯则认为，人类有机体具有一种"实现倾向"，这一倾向是朝向满足内在潜能方向的。马斯洛和罗杰斯都相信，当提供了适当的成长和自我实现的环境时，人的本性便是善良的，恶则是由环境影响造成的。因为人作为生物进化的产物，有高于一般动物的特性，人已成为富有创造性和社会性的动物，人性基本上是建设性的，破坏和侵犯行为是人的基本需要遭受挫折后引起的。

在人性善恶的问题上,我们更愿意接受人本主义心理学的观点,像马斯洛和罗杰斯一样,相信人的本性是善的,人是可以信赖的,是可以自我管理、自我完善的。即人是"一种正在成长中的存在",人是一个独特的有机体,他有能力指引和改变自己的生命历程,人是一个有自主权的主体,可自由地选择自己的未来。

3. 需要:人性的价值基础

人性是以人的生命存在为前提的,人的本性可以反映在人的基本需要上。人不同于神,是因为人有维持自身生存的物质欲望和需求;人不同于动物,因为人的需要及其满足方式具有特殊性。人类的基本需要折射出人的本性,人的需要也就构成了人性的价值基础。行为主义心理学排斥人的需要,精神分析心理学只看到了人的"本能欲望",即人的基本生理需要,"人性最根本的东西是基本本能,基本本能存在于任何人身上,其目的是满足某些基本需要。"[①]也就是说,他们将本能看做一种先天性的生命冲动,来自于身体自身的生理需要。只有人本主义心理学看到了人的需要的独特性,也看到人的需要的丰富性和复杂性。

▶ 人的需要的多层次性,表现出了人性的丰富性。

虽然马斯洛也是从人的本能需要出发来规定人类的本性,但他更强调人的本能与动物本能的区别。马斯洛认为,人类并不具有动物式的本能,只是具有一些类似动物本能的天赋需要,人的需要往往是多种多样的,包括两大类:一类是缺失性的需要,又称基本需要,包括生理需要,安全需要,爱与归属的需要与尊重的需要,这是低层次的需要;另一类是发展性的需要,又称超越性的需要,主要指求知和理解、审美等自我实现范畴内的需要,这些需要不

---

① [奥] 弗洛伊德. 论创造力和无意识. 北京:中国展望出版社,1986:212.

是由欲望左右的，而是由实现自我潜能，超越自我驱使的，这种需要是高层次的需要。由此将人的需要由低到高依次分为生理需要、安全的需要、爱与归属的需要、尊重的需要和自我实现的需要。前四种水平为较低层次的需要，后一种是高层次的需要。不同层次需要的满足要求不同的环境条件。层次水平越高，对环境条件的要求也越高。马斯洛的需要层次理论丰富了人的需要的内容，看到了人是由多重需要构成的一个有机整体，为我们展现出人性的多层次、多侧面的特点。当然，我们也不能否认这一理论的局限性，尽管马斯洛并未否定环境，社会对人的需要实现的影响，但其注意的仍然是人性的自然因素，没有将环境、社会的影响看做决定力量。

综合上述心理学理论对人性的认识，我们可以看到人性是自然性与社会性的统一，人的基本需要由低到高反映出了人的内在本质，体现着人的主动性与创造性，人的生命存在是一种潜能，是不断成长、积极向上的，是善良而且值得信任的。

◀ 无论是作为类存在，还是作为个体的存在，人都是自然属性与社会属性的统一。

（二）人性预设：心理教育的价值起点

人性与教育是密不可分的，人的根本性质问题"几乎是支撑教育理论的一个阿基米德点"。"翻开一部教育理论演进史，可以看到，没有哪一派的教育理论可以不涉及人的根本性质，而且，它们之间的分歧往往总是围绕着对人的不同看法而展开的。"[①] 从教育史的角度来看，不论是中国古代还是西方的教育思想家，都将人性善恶作为建构教育理论的逻辑起点，对人性善恶的价值判断，往往导致产生不同的教育理念与教育行为。西方思想家、教育家的人

---

① 夏正江. 教育理论哲学基础的反思：关于"人"的问题. 上海：上海教育出版社，2001：2.

性思想对教育的影响,在前面的分析中我们已略有所述。实际上,中国古代思想家、教育家的教育思想同样闪烁着"人性"的智慧光芒,如孟子的性善论思想:"人无有不善,水无有不下。"认为人性的善良,正好像水性向下流一样,是一种天然的特征。① "恻隐之心,仁之端也;羞恶之心,义之端也;辞让之心,礼之端也;是非之心,智之端也。人之有四端,尤其有四体也。"(孟子·公孙丑上)而教育的作用就是要扩充善端,避免善端的丧失。

> 人性是作为一种价值预设而存在的,它是对人的本性的一种认同,体现了文化的价值取向。

对人性的不同看法,是构建教育思想或教育理论的起点,而心理学家对人性的不同认识,也同样在教育理论与实践中形成了不同的价值导向。

精神分析心理学相信人是受无意识决定的,人的现在是由过去(特别是出生头5年)的事件决定的,因此,将关注的焦点集中于无意识层面,集中于个人的过去生活史,将教育的价值导向定位于对无意识的洞察,把无意识中的事物提升到意识层次上来,重视早期经验的作用。

行为主义心理学相信人是受环境决定的,人只能对环境作出回应,因此,将关注的焦点集中于可观察的外部行为,关注对行为的预测与控制。将教育的价值导向定位于学习和再学习的历程。特别是斯金纳,没有仅停留在实验研究的阶段,他也将自己的理论直接运用到了教育实践中。由于成功地影响了老鼠或鸽子的行为,他推论认为,学校中的教育也应该以同样的方式来影响学生的行为,学生的学习也可以用一连串的强化来加以形成,这样,操作性条件反射理论直接运用到教学实践之中,以此发展起了"程序教学"的教学思想和教学模式,由此也掀起了一场世界范围内轰轰烈烈的教学改革运动。

---

① 廖其发. 先秦两汉人性论与教育思想研究. 重庆:重庆出版社,1999:167.

人本主义心理学则相信人的本性和价值，相信人能够自立、自主、对自己负责，有积极的人生取向，"自我实现"是潜在人性的显现，因此，将关注的焦点放在调动人性中的积极因素，充分尊重人，充分利用人的主观能动性，利用人的自我认识和自我教育的能力。由此将教育的价值导向定位于协助人的自我成长上，培养整体的、自主的、有创造性的人。

三种不同的人性假设，引发出三种不同的教育思想与教育行为。即使完全否定意识，更接近自然科学的行为主义心理学，也难以逃脱其内在的人性规定性。更难能可贵的是人本主义心理学，它直接探讨意识经验和社会生活的关系，打开了心理学研究向社会价值方面发展的通道，从主体内部出发扩大了心理学研究的领域，丰富了关于人类精神生活研究的内涵。人性假设是一种价值选择的结果，同时其本身也是价值引导的逻辑起点。心理教育作为整体教育的重要组成部分，同其他各种教育形式一样，价值引导是心理教育不可或缺的主要内容；心理教育作为提升和改变被教育者心理机能的活动，心理学理论流派中的人性预设是其重要的理论基础。我们也可以说，心理教育的理论基础中已经事先预设了价值的内容，即不同的人性预设，如何看待人性？如何认识完整的人？上述对人性观的分析与整合，构成了心理教育的价值基础。

◀ 三种心理学流派对人性的不同看法，是构建其心理学理论与体系的基础。

1. 心理发展：自然性与社会性的共同发展

人性在人的心理活动中表现出自然性和社会性，心理的发展必然包括自然性和社会性的全面发展，由此也规定了心理教育的价值起点，即心理教育既要研究人作为自然人的自然性的一面，也要研究人作为社会人的社会性的一面，把两者割裂开来，强调任何一方都是片面的。

人的自然性是人性存在与发展的自然基础，作为有生命的自然存在，人同动物一样都有生理机体，都具有以本能需要为基础的基本功能，"人来源于动物界这一事实已经决定人永远不能摆脱兽性，所以问题永远只能在于摆脱的多些或少些，在于兽性或人性的程度上的差异"。心理教育以提升与改变人的心理机能为己任，表现为人的心理发展。自然性是人的心理发展的物质前提，如现代心理学和分子遗传学的研究表明，遗传因素的特点决定着神经系统，特别是大脑的结构形态；酶系统和生物化学变化的特点，决定着大脑皮层分析与综合的特点，从而制约着个体心理活动的进行和发展；尤其对个体心理发展有重要意义的大脑神经过程的特性，如强度、平衡性、灵活性以及可塑性等，是与遗传基因的组合与控制分不开的，因此，遗传因素是心理发展的重要的生物前提，它们制约和影响着心理机能发展的水平、类型、速度等。同时，人的心理机能又有其自身内在的发展、变化的规律与特点，不论将其理解为行为规律、无意识的规律，还是内在的成长，均是一种客观存在，所以，心理教育首先要遵循人的身心发展规律，适应人的身心发展变化的特点，在此基础上，才能谈到提升心理机能的目标。

> 心理教育应是一种基于人性的自然性，提升人性的社会性，推进人性整体发展的教育形式。

人不仅有自然性还有社会性，心理发展不能脱离社会环境的影响作用，因为环境构成了人的心理发展的重要外部条件。人的自然性依附于人的社会活动、社会关系并受社会生活的制约，"人不仅是自然存在物，而且是类存在物"。从辩证唯物主义的观点看来，社会环境是对心理发展过程具有决定意义的外部条件，在具备了一定的心理发展的生物前提之后，要把发展的可能性变为现实性，环境（特别是教育）就成为决定性的外部条件。遗传因素与环境条件是相互作用，不可分割的，心理教育通过有目的、有计划的活动，引导受教育者的心理向着社会期望的方向发展。心理教育的过程是按照儿童身心发展规律组织进行的，因此，能让环境的自发影响具有更大的效能。社会环境对心理发展的主导作用，使得人类的心理活动必然表现出社会性的一面，因此，心理教育除了要遵循人的心理发展的内在规律之外，还要考虑社会历史文化对心理发展的影响与制约。心理发展是自然性与社会性的共同发展。

2. 需要：心理教育价值生成的基础

人性善恶的价值判断，一直是教育发展史上建构教育理论的基石，但随着对人性认识的不断拓展与深化，一些研究者开始看到这一逻辑起点的局限性，认为仅以善恶来涵盖人性是远远不够的。有的研究者提出，人的本性善恶问题，在理智的层面上今天已经不是问题了，这种价值判断的不合理之处有三个方面：一是这一提问方式本身不合理，在逻辑上只能是两者择其一，但实际上人的本性可以无善无恶；二是人的本性并非一个内部连贯统一、永恒不变的实体，人的本性是多层次、多侧面、不断变化的，简单地断定人性善恶显得太草率、太武断；三是人性善恶是一种价值判断，如果不首先明确善恶标准就枉加断言，是毫无意义的。① 有的研究者则指出，从教育理论的角度分析，对人性善恶的判断，常常是教育家从某个特定的角度，运用某种特定的方法，对人性的某个特定方面或特定层次的揭示，它们都是人性包含的一个方面的内容，它们都构成了人性的某一或某些方面的事实，但是它们又都不是人性的全部。所以，把人性某一或某些方面的揭示而得出的结论绝对话，夸大为人性的全部，会导致教育的片面化。② 由此进一步提出应从人性善恶的价值判断领域转向对人性的事实判断领域，"要进行对人性善恶问题的评价，不如先

---

① 夏正江. 教育理论哲学基础的反思：关于"人"的问题. 上海：上海教育出版社，2001.
② 姚远峰. 论人性及其教育的价值导向. 教育理论与实践，2002（3）：6.

> 以需要作为心理教育生成的基础，代表着心理教育的人性化走向。

转化为对人的需要的研究更有意义"。① 结合上述对心理学理论流派中的人性假设的分析，我们也同意这一观点。因为人的需要是与人性紧密相联的，特别是人本主义心理学的需要理论，其中不仅蕴含着对人性善恶的价值判断，而且直接揭示出了人性的生物性和精神性的内涵，反映出人性的多层次、多侧面、不断变化的特点，甚至可以说，对于人而言，"他们的需要即他们的本性"。②

将人的需要作为教育的基础和起点，这就意味着作为培养人的一种社会实践活动，教育要建立在人的需要的基础上，能够看到学生的需要，尊重学生的需要，满足学生的需要，以及引导学生的需要。就心理教育而言，心理发展是其需要的综合表现，它既表现为个人潜能的充分发展，也表现为人格的发展、自我的发展。心理教育就是要建立在这种心理发展需要的基础上，一方面要深入探讨人的心理发展的内在规律，分析心理建构的内在特点；另一方面，心理教育还要重视被教育者本人的意愿、情感和价值观，相信任何正常的学生都有自我教育、自我发展的潜能，应当看到需要的不同层次，代表着被教育者不同的心理发展水平，重视其高层次需要动机的激发，强调充分发展被教育者的潜能和积极向上的自我概念，发展其价值观和态度体系，从而使被教育者成为心理机能充分发挥作用的人。

> 心理教育是唤醒人性需要，体现人性关怀的教育。

也可以说，心理发展的需要是构成心理教育主客体关系的前提和条件，心理教育只有与被教育者心理发展需要的水平和状态相适应，才能够进一步发挥其积极作用，提升被教育者的心理发展水平，达到心理机能的完善。心理发展的需要，是心理教育活动的内在驱力，满足心理发展的需要，是心理教育价值生成与价值引导的关键环节。

---

① 叶澜. 教育概论. 北京：人民教育出版社，1991：193.
② 马克思，恩格斯. 马克思恩格斯全集：第3卷. 北京：人民出版社，1960：514.

第六章 价值导向——心理教育目标中的价值蕴涵

心理教育中的"价值中立"问题，也会直接反映到心理教育的目标定位上来。在以心理咨询为标志的心理学研究视域中，持"价值中立"观点者强调，咨询者要充分理解和尊重来访者的价值观，充分尊重来访者自身的判断，不把咨询者本人的理解及判断标准强加给学生，由此引发出心理教育是否需要价值引导，是否有权干预被教育者的价值观问题。在前述对心理教育概念的阐释中，我们已经明确了对这一问题的基本观点，即心理教育不同于心理咨询，不能简单地把心理咨询的原则扩展到心理教育的领域，不应忽视心理教育的"教育性"特质。心理教育作为提升和改善心理机能的一种社会实践活动，其内容是来自于社会实践的，心理教育不是一种抽象的活动，它同样离不开确定的社会生活环境，离不开特定的社会文化。形成人的正确的世界观、价值观、生活观，培养健全的人格结构，也是心理教育应当承担的重要责任。同时，即使在心理咨询的理论中，也并非放弃目标，每一种心理咨询的理论及方法都有其特定的咨询目标，而且均把咨询目标的确立作为心理咨询开始阶段的一项重要任务予以重视。所以，提倡"价值中立"并不是否定心理咨询应当有确定的咨询目标，相反，咨询目标引领着咨询过程的方向，决定着咨询方法的选择、咨询计划的制订和咨询效果的评价，是心理

◀作为全面发展教育的组成部分，心理教育应形成自身科学、独特的目标体系。

咨询中最为重要的一环。"价值中立"原则在心理咨询目标上的表现，实质上是如何处理好心理咨询目标的个体取向和社会取向的问题，虽然几乎所有的心理咨询理论都是个体取向的，其焦点都是注重对个体心理机能的改善，但其中仍然有一个无法回避的问题，就是心理机能的发展也是个体人性弘扬与生命成长的过程，人性是自然性与社会性的统一，生命成长也离不开精神世界的提升，所以，心理机能的发展难以脱离与社会适应的关系，应当将社会适应同样看做心理机能发展的有机组成部分，而达到良好的社会适应就离不开必要的价值引导。对心理教育目标问题的探讨，不论是心理学研究视域还是教育学研究视域，均未形成较为一致的观点，涉及的是不同学科、不同理论之间的整合与定位。在这一部分内容中，我们将从分析心理咨询理论确立咨询目标的方法和原则出发，在借鉴的基础上进一步探讨心理教育的目标定位，心理教育目标的价值切入点，并以此建立起系统、完整的心理教育的目标体系。

> 心理教育更关注被教育者自身"人性"方面的发展，从而促进个体的生命成长。

一、分析与借鉴：心理咨询理论中的目标问题

心理学视域下的心理教育目标是与心理咨询的目标分不开的，或者说是心理咨询目标在心理教育领域的扩展，因此，探讨心理教育的目标则难以回避对心理咨询目标的理解与借鉴，特别是心理咨询理论确立咨询目标的方法和原则，会为心理教育目标的制订带来一定的启示。

（一）咨询目标的确立方法及对心理教育的启示

心理咨询理论并不否认应当建立起客观、有效的咨询目标，而且将咨询目标的确立看做心理咨询过程中一项不可或缺的重要任务，对咨询目标在咨询过程中的重要作用，研究者们形成了一定的共识，认为咨询目标的确立有三方

面的意义[1]：一是确立咨询目标能够使咨询双方明确努力的方向；二是确立咨询目标有助于咨询双方的积极合作；三是因为有了明确的咨询目标，使得心理咨询的评估成为可能。这里所谓的评估包含两层意思：一是对心理咨询价值的评估，通过咨询目标，来访者可以清楚地看到现在的我与通过咨询而实现的改变了的新我之间的距离，从而认识到心理咨询在自我成长中发挥的作用；二是对心理咨询效果的评估，咨询双方对咨询方案的评价、对咨询结果的评估只能以业已确定的咨询目标为参照系。没有咨询目标就无法评价咨询方案的适用性，无法确认经过双方努力达到的改变是否令人满意，无从得知心理咨询是否到了结束的时候。因此，没有明确的咨询目标，咨询者和来访者对他们的工作就不能很好地把握。因此，在心理咨询过程中确定咨询目标是一个重要的环节。但即使是重视这个环节，也并不意味着咨询者就能有效地做好这项工作。事实上，学校心理咨询的实践中，关于咨询目标，较多的问题还不在于咨询者对确定咨询目标的重视程度，而是在如何正确确定目标上。确立咨询目标的上述意义，对心理教育也是适合的，同样适用于对心理教育目标的认识。

1. 咨询目标的确立方法

在心理咨询的实践过程中，心理咨询的目标常被简单地理解为通过心理咨询所要取得的结果，并且主要从两个方面对目标加以确立：

一是来访者寻求咨询时自己带来的目标。如有的是在学习、生活、工作中遇到了困难，不知如何对待，希望通过心理咨询能得到解决的办法。

二是各心理咨询理论流派持有的咨询目标。如精神分

---

[1] 刘晓明. 学校心理咨询模式. 长春：吉林人民出版社. 2000：183—184.

析心理咨询理论的目标是将潜意识内的矛盾、冲突发掘出来，呈现到意识层面使来访者有所领悟，从而消除心理障碍或心理疾病；行为主义咨询理论的目标则是削弱、消除来访者的不良行为，经过学习掌握新的行为；人本主义心理咨询理论强调提供一种安全的气氛、和谐的关系，以引导来访者自我探索，发现成长的障碍，对自我经验采取更为开放的态度，同时激发出自我实现的潜力，对生活具有责任感和信心；而认知心理咨询理论则致力于帮助来访者发现、纠正其不良认知，确立其理性的认知方式。

> 各心理咨询流派因其对人的心理问题的假设不同，因此看待心理问题有不同的倾向性，形成了各自不同的咨询目标。

2. 对心理教育目标确立的启示

不论是从来访者的现实问题，还是从秉持的心理咨询理论来确立心理咨询目标，相对于心理教育而言，明显带有一定的偏差性。首先，它是问题取向的，关注的是来访者遇到的心理问题，以解除来访者的心理困扰和心理冲突为核心；其次，它是个体化的，针对不同的来访者因其问题不同而具有差异性，虽然心理问题的产生有社会因素的影响，但心理咨询目标更多关注的是个体自身的心理困扰；再次，因不同理论流派对心理内涵的理解不同，分别强调心理机能的不同侧面，使得心理咨询的目标更多带有局部性的特点，缺乏对整体心理机能发展的关照。将心理咨询目标确立的方法简单扩展到心理教育领域，显然存在着一定的问题。

（二）咨询目标的确立原则及对心理教育的启示

相对于心理教育而言，心理咨询目标的研究较为成熟，已经形成了一套相对稳定的确立咨询目标的原则，对心理教育目标的制订具有一定的指导和借鉴意义。

1. 咨询目标的确立原则

原则1：属于心理学性质。

心理咨询的内容应属于心理问题，具体包括心理适应、心理发展等问题，不应也不能超越这个范围，因此，心理咨询的目标必须属于心理学性质。在确定心理咨询目标时要注意区别一些容易使心理咨询超越心理学范围的问题，这些问题在实践中咨询者会经常遇到。如属于驱体疾病还是心理疾病？心理咨询应始终坚持其心理学目标，切勿混淆与医学目标的区别；是解决心理问题还是其他问题？咨询者是只帮助来访者提高自己解决问题的能力，还是直接帮助他们解决面临的问题，前者属心理咨询的目标，而后者已超出了心理咨询的范围，是心理学的目标而非德育的目标。在学校心理咨询中，心理学的目标与德育的目标很容易被混淆。这是因为在学校教育领域心理咨询已习惯于被认为是加强学校德育工作的途径之一，而且许多德育教师兼职从事这项工作。我们赞成这样的说法：学校心理咨询有助于德育；我们也认为这两者之间存在联系。但我们反对以前者包容后者或以后者包容前者。心理咨询的工作性质、内容和方法有自己的特殊性。一般说来，心理咨询并不对来访者的问题作价值评判，也不进行意识形态的灌输和教育，而德育则正好相反。心理咨询要解决的是心理学问题，而不是价值取向、政治信仰、道德品质的问题，虽然这些问题作为精神动力会影响到人的认知、情绪和行为，但毕竟已超越了心理咨询的范畴。混淆这两种目标，不仅不利于学校心理咨询工作的发展，也将削弱学校德育。

原则2：咨询双方共同制订目标。

心理咨询的过程是咨询双方积极合作的过程，确定咨询目标也体现了这种特征。来访者往往在前来咨询时就有自己的目标，即希望通过咨询解决什么问题或得到什么收获；而咨询者根据对来访者情况的了解，以及其依据的咨询理论也会提出咨询目标。事实上，咨询双方的咨询目标常常是不一致的。那么，以哪一方提出的咨询目标为准呢？

◀ 咨询双方共同制订目标，选择何种目标，会反映出咨询者的理论倾向，也会反映出来访者迫切想要解决的现实问题。

有些咨询者或许认为应以来访者的期望作为咨询目标，因为作为当事人，来访者最了解自己的需要，而且他们有权对心理咨询提出要求；但有些咨询者并不以为然，认为应由咨询者来确定咨询目标，因为作为旁观者，咨询者对来访者问题的把握更客观，而且作为专业人员咨询者提出的目标当然更为准确、科学。

我们认为，上述两种观点都过于极端，情况并不像上述观点持有者认为的那样。首先，从来访者的情况看，有经验的咨询者都知道，来访者恰恰是很难提供有效的咨询目标，因为很多来访者只是感觉到在情绪或社会适应上有困难，他们向咨询者诉说着自己的直觉，并不清楚造成这些问题的原因。显然，简单地以改变这些不良感觉为咨询目标是不科学，也是很难达到的；有些来访者虽然也能提供他们自认为的原因，但这些原因可能只是表面的、非本质的，他们不能自觉地把握和揭示深层次、本质性的问题，或是因为顾虑而不敢、不愿涉及这样的问题；来访者所感觉和反映的困难往往是多方面的，他们不了解这些困难之间的联系，不知道其困难的实质；有些来访者可能也会提出明确、具体的目标，但这些目标不符合心理咨询工作的实际或根本就是不现实的；有些来访者前来咨询并非出于自愿，而是应老师、家长、同学的要求或被带着来咨询的，他们并不认为有什么问题，当然也提不出咨询目标。

而从咨询者的情况来看，对来访者情况的掌握并非总能做到客观、准确，由于缺乏共情或交谈程度不深，容易出现自以为了解了情况，出现自以为客观的片面性和主观性，尤其是经验不足的咨询者更容易发生这样的问题。因此，仅仅依靠咨询者的力量，也不能提出适当的咨询目标。

共同制订咨询目标，首先要求咨询双方在心理问题实质的把握和原因的分析上取得一致的意见，为此咨询者要鼓励并引导来访者全面、深入地倾述、反映；同时，咨询者也必须将自己的认识、看法、结论反馈给来访者并得到确认。其次，咨询者要引导和鼓励来访者思考和提出自己的要求以及希望达到的目标；同时，也坦诚提出对咨询目标的看法。在此基础上逐步达成一致。

原则3：中间目标与终极目标相统一。

为了更好地理解心理咨询的目标，帕罗夫（Parloff）提出把目标分为中间目标和终极目标。这种划分是合理的。中间目标就是在心理咨询中所要达到的具体目标，而终极目标则是实现人的心理健康、潜能的充分发掘和人格的完善。中间目标是向终极目标发展的步骤。

◀ 中间目标是向终极目标迈进的关键，中间目标的确立与咨询者及所采用的咨询理论有关。

确定心理咨询目标，应强调中间目标与终极目标的辩证统一，即咨询双方不仅应从解决来访者当下面临的、具体可感的心理问题入手，更应从提高其心理健康水平，充分发掘潜能，促进人格的健康发展着眼，把终极目标融于中间目标，以终极目标引导中间目标，通过中间目标的实现增进终极目标的达成。事实上，来访者的具体心理问题是其深层心理问题的反映，即有其心理健康水平、人格状况的根源。只重视具体问题的解决而忽视透过此表面现象窥见其深层根源，忽视通过治表深入到治里，那么，这种心理咨询取得的效果是肤浅、短暂和极为有限的。由于没有对问题的根源矫治和提高，一旦遇到适当的诱发因素，还会重现心理危机。而通过治标改善了本，其心理咨询的成效将是深刻和长远的。强调中间目标与终极目标的统一，才真正符合心理咨询追求的境界——促进人的健康、发展。

◀ 这与咨询者所采用的咨询理论与方法的局限及自身的专业能力密切相关。

在学校心理咨询实践中，人们（包括咨询者和来访者）往往看重、局限于来访者呈现的具体心理问题，以此作为心理咨询的唯一目标，而忽视甚至意识不到长远的、终极目标的追求，表现为头痛医头、脚痛医脚，不探究头痛、脚痛的背景因素。这种现象出现在来访者身上也许情有可缘，而对从事心理咨询工作的专业人员来说则反映了其专业素养、专业水平的缺乏，这样的心理咨询者是不合格的。

强调在确定心理咨询目标时重视终极目标，并不意味着要求咨询双方通过某个心理咨询过程就能实现终极目标。这是不现实的，即便是一个费时很多的咨询过程（半年、一年或更长时间），也毕竟是有限的，而健全人格、提高心理健康水平是一个漫长的、不断超越与发展的永无止境的过程。重视终极目标，强调中间目标与终极目标的辩证统一，意即通过中间目标实现在终极目标追求中的一种对现实人格状况、心理健康水平的超越和进步。

在心理咨询实践中，具体地实现这两种目标的统一，就是要求咨询双方不仅发现具体的心理问题以及引发的具体原因，还要就此发掘其人格特点、认知、情绪情感、意志品质等方面的不足，并把对来访者具体心理问题的劝导帮助与消除上述人格等方面的不足结合起来，从而不仅在现象上得到矫治，也在本质上得到完善；不仅在来访者的具体心理问题上指导其自己发现问题、解决问题，而且通过它提高其自己发现问题，自己解决问题的能力；不仅使来访者在该具体问题上获得合理的心理和行为调节、反应的技能和方式，而且能使其把这些原理、技能迁移、运用于类似的问题和生活的其他方面。具备体现中间目标与终极目标相统一的综合目标，是确定心理咨询目标时必须坚持的一条重要原则。

原则4：心理咨询目标必须具体、可行。

> 比较具体的目标易于得到来访者的认同，便于对咨询进展进行评估。

这是确定心理咨询目标又一需要遵循的原则。来访者表述其咨询目标有时比较具体明确，但有时比较笼统抽象，因此，需要咨询双方经过商讨，化抽象目标为具体目标，将模糊的目标清晰明确起来。心理咨询的目标要符合实际，一是符合来访者自身条件的实际，符合社会环境、现实条件的实际，符合事物发展变化的规律性；二是符合心理咨询功用的实际，符合咨询者业务水平的实际。对于不符合实际的目标，咨询者要向来访者进行解释、说明，并帮助其修订以符合实际；对于超越心理咨询或咨询者力所能及范围的目标，应向来访者坦诚相告，或调整目标或中止咨询或转介。

没有目标，心理咨询固然无法进行；确定了目标，没有指向目标的努力过程，心理咨询也不会有成效。因此，确定目标后重要的是制订相应的实施计划，激励来访者实践计划。这需要：第一，制订的实施计划要明确、具体、可操作；第二，咨询者要向来访者说明实践每步计划的意义、方法，并及时进行检查、提醒；第三，向来访者展示达到目标后的美好前景，即用积极的语言描绘实现目标对其具有的价值，以鼓舞其积极性、主动性；同时说明实施计划、实现目标过程的艰巨性，说明可能遇到的困难和反复，使其增强克服困难的心理准备、精神斗志；向其承诺，在实施的过程中，咨询者会始终与他（她）共同努力，尽力给予支持和帮助，以提高其信心和力量感。

2. 对心理教育目标确立的启示

不可否认，心理咨询中确立咨询目标的原则，对心理教育目标的建立有着重要的借鉴价值。从上述原则出发，制订心理教育目标时也应当考虑以下几个方面：

（1）心理教育的目标不应超越心理学的范围。目前，心理教育中存在医学化、德育化等倾向，其原因在于没有确认出心理教育的作用点与独特性。心理教育应当有其确定的研究对象，这就是人的心理机能，心理教育的目标也应定位于对心理机能的提升和改变上。前述章节中对心理教育概念的解析已经明晰了这一观点，虽然心理教育需要

◀ 借鉴不是简单套用，产生于西方文化传统中的心理学，无法完全解释中国人的心理教育现象。

与整体教育的互动与协调，心理教育也需要以其他学科的知识为载体予以实行，但这并不代表心理教育没有自己确定的研究对象，那就是心理教育的目标应当属于心理学的性质，不能等同于医学、德育等目标。

> 聚焦心理机能的改变和提升，避免直接干预心理内容。

（2）心理教育目标的确定，不仅需要考虑社会对心理教育的需求，还需要考虑个体心理发展的内在需求，将教育者认定的目标与被教育者自身心理发展的目标结合起来。在目标确立的过程中，要求教育者与被教育者共同配合、互相交流并最终达成一致。这样的心理教育目标才比较客观、真实，才能因为双方对确定的目标有共同的认可和一致的理解，使得在实现目标的过程中能够积极有效地合作。

（3）心理教育的目标不是单一的，而是一个目标体系，是适应性目标与发展性目标的统一。心理教育的适应性目标与发展性目标的划分并非绝对，它实际上反映出心理教育的两个不同目标层次。如果发展上出现问题，就会直接导致适应出现困难，出现适应性心理问题。适应和发展是人生的两大基本任务。适应是通过个人不断作出身心调整，在现实生活环境中维持一种良好、有效的生存状态的过程。[①] 而发展是指个体的成长和才能品质在时间上发生的积极变化。适应和发展两个概念有密不可分的联系，在一特定的适应水平上，由于个体生理的成熟，或由于环境和教育条件发生了改变，原来的适应平衡被打破，新的条件和新的要求需要高一级的心理机能才能适应。由此产生了一种张力，使个体由原来的适应水平向高一级的适应水平推进，这一推进过程便是发展。适应和发展应该是心理教育目标考察的立足点。

> 心理教育应以促进个体的主动发展为主，又不能忽视对适应性心理问题的调适。

（4）心理教育的目标应当具体、可行。心理教育的目

---

① 江光荣. 心理咨询与治疗. 合肥：安徽人民出版社，1995：67—75.

标体系既需要有引领方向的高层次的一般目标，也需要有具体可操作的具体目标，因为一个高度概括的一般目标若想在心理教育活动中得以贯彻和执行，则需要进一步地具体化、系列化，需要借助具体目标作为桥梁，以此来制订心理教育内容，指引心理教育的活动，检讨心理教育的得失，衡量心理教育的效果。所以，心理教育目标应当是一般目标与具体目标的结合，在一般目标的引领下达到具体目标的可操作性。

二、人性化教育：心理教育目标的价值定位

任何心理学理论都是以一定的人性观为前提的，不同的人性预设导致其理论建构的差异，也直接影响着心理教育目标的价值定位。哲学家、心理学家们对人性的认识，从"一元"到"二元"，从"分离"到"统一"，探索的脚步一直没有停止。整合三种主要的心理学理论的人性假设，使得我们能够进一步窥见人性的内涵，对于揭示与限定心理教育的目标走向有着重要的现实意义。

（一）心理教育：指向个体生命成长的教育

基于人性的心理教育是自然性与社会性的统一。人性在人的心理活动中表现出自然性与社会性，所以，人性的发展必然是自然性与社会性的全面发展。人是"自然"的一部分，这就要求心理教育首先应当是"适应自然"的教育，遵循人的身心发展规律，从人的需要出发，尊重人的需要，满足人的需要，以充分开发被教育者的心理潜能，充分实现被教育者的个性发展。由于人具有社会性，人的本质是"一切社会关系的总和"，因此，心理教育还应当是"适应社会"的教育，引导被教育者的需要向社会期望的方向发展。人性的自然性与社会性并不总是协调一致的，因为人的需要是复杂的、多层次的，满足与实现需要的方式

◀ 心理教育的价值重心在于提升人的主体意识，关注人性的生成与完善，追求人的生命成长。

又是多种多样的，人总是倾向于选择那些对自己而言是最好的需要，选择最有利的方式满足自己的需要，对需要的"好"与"坏"，对"最有利的"需要满足方式的不同价值判断，便会产生不同的价值认识和行为选择，要使人性趋向于"善"，实现从"实然"向"应然"的转化，就要求通过个体社会化的过程予以提升，从而达到人的自然性与社会性的和谐发展。

心理教育是一种基于人性、弘扬人性的教育，是一种更为人性化的教育，它更关注被教育者本身"人性"方面的发展，从而促进个体的生命成长；更注重被教育者心理需要的满足，以达到心理机能的提升与改变。从这一意义来看，心理教育乃是直接指向个体生命成长的教育，是按照生命的内在需要和成长规律丰富生命内涵、充实生命价值的教育。生命是一切教育的基础，心理教育是为了提高人的生命质量而进行的活动，是学校教育的基础与核心。因此，学校心理教育的研究与实践，不应仅仅停留在对现实问题的研究与帮助的层面上，应当直达人的生命成长，在生命成长中帮助个体寻找自我成长的生命动力和源泉。生命是一个整体的概念，包括自然生命、精神生命，生命成长不只是自然生命自然成长的过程，更重要的是促进精神生命的成长，而心理教育的作用就是挖掘生命自身的力量，实现生命意义的追寻。

1. 精神成长：心理教育的"形而上"目标

> 既要体现出心理教育"是什么"，也要反思心理教育"应如何"。

人是主动的、理性的成长并追求有价值目标的，因此，心理教育的目标应当建立在对生命内涵的完整把握上，建立在对人性的深层理解上。具体而言：

（1）心理教育目标不仅停留在人的事实存在上，同时还体现在价值存在上。因为人可以根据自己的需要超越客观对象物，心理教育对人的把握"以其事实存在为基点，但人是灵物，他对事实一刻也没有停止过自己的期望"，①人的根本存在方式应当是价值存在，因此，人需要提升、导引和陶冶。心理教育的目标需要关注人"应当怎样"的超越性问题，但这种关注不是基于现实与功利的目的，不是外在于人之外的标准，它不同于被异化的教育现实，因为在教育的发展史上这样的情况并不鲜见，长期以来，教育的实用性和功利性主宰着教育的现实，从古罗马开始，教育便成了训练优良公民、士兵和工人的工具，中国墨家提倡功利至上，儒家倡导"学而优则仕"，这样的教育均是把人看成了物。心理教育的目标应当把对人的关注放到首位，应当建立在这样一种认识上："人有着对人性完美的执著追求，有着超越自身与既定特征的能力，有着诸多得以生成和发展的可能性。"②也可以说，应当将人的内在需要的提升以及人的精神成长作为心理教育追求的目标。

◀ 应体现出对人的理想性、超越性的追求，表现出对人自身的关怀。

（2）心理教育是一种尊重生命主体的教育，因此，心理教育目标应当是凸显人的主体性的目标。尊重生命主体就是尊重生命的自主性、主动性和创造性，激活或唤醒主体心理活动的过程是心理教育的基础。人的主体性是人性中最集中体现人的本质的部分，"人不但能思想，而且能知其所思想（能批评、检讨、反省、纠正自己的思想）；人不但能感受，而且能知其所感受（感情中有理性，不为感情所迷惑）；人不但有意识，觉知到周围的世界，而且更有自我意识，觉知到自己在世界中的存在"③。所以，心理教育的目标要尊重主体现有的心理发展状况，尊重主体心理发展的潜力和可能性，充分发挥主体自身的力量，激发主体

---

① 耿志涛. 心理健康教育理想：教育的一种哲学反思. 连云港师范高等专科学校学报，2004（2）：96—97.
② 黄辛隐. 对学校心理教育的哲学解读. 教育评论，2003（2）：27.
③ 罗红. 人文精神的现代复兴与学校心理健康教育. 社会科学家，2003（9）：131.

生命的内在活力。在这样一个前提的引导下，心理教育的目标就不应停留在"适应"的标准上，更应当强调"主动发展"的内容。心理教育的基本目标在于培养被教育者健全的心理机能，这就包含了两个相互衔接的目标层次：一是促进被教育者的积极适应，维护其心理健康，使其能够合理应对学习、交往和身体发育中的各种变化，能够表现出与学习、交往及身体发育相一致的心理和行为，达到良好的学习适应、人际交往适应及自我适应；二是促进心理机能的主动发展，形成健全的心理素质，这是心理教育的高层次目标，核心是促进心理素质各成分及其整体结构的健全发展。因此，心理教育的目标就是有目的、有计划地帮助被教育者"积极适应，主动发展"，既要符合社会发展和教育对人才培养的要求，又要有利于被教育者成长发展的需要，发展其健全的心理机能。

> "适应"与"发展"不是分离、对立的，而是内在统一的，统一于实际活动着的人自身。

学校心理教育作为素质教育的重要组成部分，已逐渐成为现代教育的一个重要的生长点。今天的心理教育不只是一种方法和技术，首先是一种现代教育理念，对人性的挖掘与深切关照，弘扬个人的尊严与价值，呼唤和昭示着心理教育必须在更广阔的学校教育范围内发挥作用。但理念也不仅仅是一种"形而上"的观念，在学校心理教育中，"形而上——人的内在追求的哲学理念，将会以形而下的具体方法和方式得以实现"[①]。心理教育理论中的人性预设需要转换成实际可操作的模式，建构起进入精神世界的台阶，而心理教育具体目标的构建就是这样一座桥梁。

2. 心理机能：心理教育的"形而下"目标

心理教育的目标需要有精神理念的导引，同时也应当有具体的、真实的、显性的内容，关注"当下"平台上的

---

① 黄辛隐. 对学校心理教育的哲学解读. 教育评论，2003（2）：27.

"形而下"目标。这就需要进入到心理教育的具体内容之中，探讨心理教育的具体目标。

已有的分析表明，心理教育是提升与改变被教育者心理机能的一种社会实践活动，其目标是培养"机能健全的人"，那么，我们首先遇到的一个问题，就是衡量和判定心理机能健全与否的标准，即如何来确定什么是心理机能的健全状态。为此，在我国心理教育领域，常从心理健康标准的角度来分析这一问题。心理健康实际上也可以看做心理机能状态的外部表现，因此，心理健康的标准与心理机能健全的标准是同一的。

◀心理机能健全的程度则代表着心理健康的不同水平。

（1）判断心理机能健全的标准。

根据《云五社会科学大辞典》[①]的概括，认为国际上确定心理健康标准的依据一般可以分为以下几种类型：

一是统计学的标准。利用统计学的方法，找出正常行为的数值分布，即常态分配的平均数加（或减）一个标准差。如果一个人的行为接近数值分布的平均状态，就被认为是健康的。如果其行为偏离平均状态，则被认为是不健康的，即以统计学的常态分布作为标准。

二是社会学的标准。每个社会都有某些被大多数人所接受的行为标准，如果某个人的行为符合这些社会规范，他就是一个心理健康的人，明显偏离这些社会规范的人，就被认为是心理不健康的人，即以社会规范作为衡量标准，行为符合公认的社会规范为健康、正常，反社会规范视为异常。

三是医学的标准。没有心理疾病症状者被认为是健康的，凡表现出心理疾病症状者被视为心理不健康。这一标准以精神医学研究为基础，有临床症状或病因者肯定是异

---

① 陈学屏. 云五社会科学大辞典：心理学分册. 台北：中国台湾印书馆，1979.

常者。

上述三种心理健康的判别标准，虽然各有侧重点，但其问题也是相当明显的。医学标准直接以心理症状为判定准则，将心理健康等同于心理障碍的判定，将心理异常者的甄别作为判断心理健康标准的核心，难免以偏概全；统计学标准强调以对大多数人行为的趋同作为判定准则，社会学标准强调以对社会规范的适应作为判定准则，实质上都是将心理健康等同于对社会的适应，将心理健康评价的重点放在了社会适应程度的评定上，依然是将适应性心理问题的判别作为心理健康标准的中心，没有给发展性以应有的地位。

▶ 因人性观、方法论的分歧，不同研究者对心理健康的认识存在差异，但也标志着对这一问题认识的不断深入、完整。

为此，人本主义心理学家马斯洛旗帜鲜明地指出，自我实现的人是其内在本性发展得最为充分的人，这样的人代表着真正的心理健康。"一个人仅仅免于神经症或精神疾病，还不能证明他是合格的健康者，而只能说是具备了心理健康的最低条件。"[①] 因此，心理健康的标准应该根据自我实现者的心理品质来确定，即以自我实现者共同具有的那些心理特点作为心理健康的标准。人本主义心理学没有流于传统的心理健康标准，而是将发展性作为心理健康标准的主要判定准则，关注心理健康的发展特点，将发展性引入到心理健康标准之中，拓展了心理健康标准的范围，对情感、态度、价值观等学生发展的各个方面予以重视，看到了学生发展的全面性。

综合上述对心理健康标准的分析，我们认为，一个完整的心理健康标准应当是发展标准与适应标准的统一，而发展与适应则代表着心理健康的不同层次。什么是心理健康？联合国世界卫生组织（WHO）明确其含义：心理健康

---

① 李国榕. 评人本主义心理健康观. 中国心理卫生杂志，1988 (6).

不仅指没有心理疾病或变态，不仅指个体社会生活适应良好，还指人格的完善和心理潜能的充分发挥，亦即在一定的客观条件下将个人心境发挥成最佳状态。结合我们对心理健康标准的分析，不难看出，心理机能的健全状态有两方面的含义，一方面心理机能是一种心理充分发展的状态，是心理素质协调发展的最佳表现，是心理机能发展的最高境界，表现出其发展性的一面；另一方面也指维护心理机能状态，预防适应性心理问题的产生，达到良好的社会适应，表现出其适应性的一面。

(2) 心理教育目标的层次定位。

以心理健康标准为依据，心理教育目标的立足点应当定位在心理机能上，但应当重新认识心理机能的内涵，从适应与发展两方面来确立心理教育的层次目标。具体而言，心理教育的目标应体现对心理机能的提升与改变，从内在结构上看，它是由认知、情感、意志、个性等心理品质构成的，同时这些心理品质经过不同方式的组合，与社会规范相结合，又可外化在学生活动的不同领域，通过行为表现出来，并带上一些新的特点，表现为社会适应性的不同，对学生而言，主要表现为学习、交往及自我意识的不同。因此，可以将中小学生心理教育的目标确定为两个不同的层次：即心理发展层次，包括认知发展、情感发展、意志发展、个性发展等不同侧面，体现着心理健康的发展性标准；心理适应层次，包括自我适应、学习适应与交往适应等，注重学生的社会适应，体现着心理健康的适应性标准。

心理教育的目标应具有不同的层次，是适应性与发展性的统一。从心理健康标准研究的分歧中可以看到，虽然人本主义的心理健康观也存在明显的局限，但它与以往心理健康标准的主要区别就在于对发展标准的关注。认为"真正的心理健康者，应该是内心世界极为丰富，精神生活

◀ "适应"与"发展"同样是心理健康与否的核心标志。

无比充实，潜能得以充分发挥，人生价值能够完全体现的人"[①]。提出心理健康务必追求自我实现、丰满人性与高峰体验等发展标准，包括"具有自发而不流俗的思想；在其环境中能保持独立，能欣赏宁静；具有真正的民主态度，有创造性和幽默感等"。同时，关注心理健康的发展标准，是学校心理教育的现实需要，即使是学校心理咨询的发展，也已呈现出从传统的治疗模式向发展模式转向的趋势。1984 年出版的由国际心理学联合会编辑的《心理学百科全书》指出："咨询心理学始终遵循教育的而不是临床的、治疗的或医学的模式。咨询对象（不是患者）被认为是在应付日常生活压力和任务方面需要帮助的正常人。咨询心理学家的任务就是教会他们模仿某些策略和新的行为，从而最大限度地发挥其已经存在的能力，或者形成更为适当的应变能力。"[②] 由此可见，注重发展性是心理健康标准研究的必然趋势，也是心理教育目标制订时应当遵循的方向。心理教育的两种不同目标层次实际上代表着心理教育两种不同的目标内容，两者的区别主要在于"适应标准立足于个人生命的存在，目标是最有利于保存和延长生物学寿命，故强调无条件适应环境、顺从社会世态（主流文化），发展标准则着眼于个人与社会的发展，希求最有价值地创造生活，强调能动地适应和改造生活，通过开掘个人最大身心潜力求得身心的满足，成为崇高、尊严、自豪的人"。发展性目标取向与适应性目标取向，其实质实际上均是从个体自身出发来看待心理教育的目标，只是关注点有所差异。发展性目标偏重个体内在价值的实现，强调对个体内在心理品质的提升与完善，认为这也是个体内在基本需要满足

▶ 关注发展标准，能够反映出学校教育的主旨和学校心理咨询的特征。

[①] 李国榕. 评人本主义心理健康观. 中国心理卫生杂志，1988（6）.
[②] 马建青. 大学生心理卫生. 杭州：浙江大学出版社，1992：22.

的过程；而适应性目标则强调个体对外在价值的顺应，但关注的焦点并非外在价值内容或社会规范的正确与否，而是注重从个体自身出发，探讨社会文化因素对个体心理机能发展的意义。个体在与环境的相互作用过程中，其心理机能活动能够有效地反映现实，解决面临的问题，达到对环境的良好适应并且指向更高水平的发展，就是机能健全。因此，心理教育的目标就是培养"机能健全"的人，而健全的心理机能将通过适应和发展表现出来。

（二）社会适应：心理教育中价值引导的切入点

社会适应是指"社会或文化倾向的转变，即人的认识、行为方式和价值观因为社会环境的变化而发生相应的变化。"① 从个体发展的角度看，社会适应实际上是个体社会化的过程，意味着"个体在社会因素与主体因素的交互作用下，有选择地接受社会文化价值规范，获得社会生活所需要的知识技能，由生物个体转化为社会成员的过程"②。从个体社会化的角度来看心理教育的适应性目标，实际上反映的是社会文化对人类心理建构的影响，是一个外在价值内化的过程。社会文化是人类思想、观念、知识体系、社会意识形态、社会心理等的汇集，既有物质载体，可以超越个体精神而存在，又有观念特征，可以同人的内在精神方面进行交流，因此，对于提升人的心理机能和心理建构具有独特的作用。社会的价值观念体系作为人类的共同理想、共同信仰以及持久的信念，规定着社会中的个体的价值观念，它作为一种稳定因素对人的行为起着指导和控制作用，同时通过导引个体的价值取向制约着人的心理机能。而个体的价值观念，是个体在与社会的交往中社会价

◀社会适应反映的是心理教育的社会规定性。

---

① 陈会昌. 德育忧思录. 北京：华文出版社，1999：257.
② 董泽芳. 教育社会学. 武汉：华中师范大学出版社，1990：205－206，203.

值观念内化的结果。

1. 个体社会化是心理教育外在价值实现的契机

> 帮助个体沿着社会发展和文化发展的主流方向变化。

心理教育是一个帮助个体社会化的过程,将个体内在心理机能中的知、情、意与真、美、善融为一体,才能使个体在社会化的过程中获得健康、和谐的发展,通过心理教育培养出来的人才能在现代社会中独立生存,成为真正意义上的人。因此,心理教育无法脱离外在价值的引入,社会价值观念的内化,也是个体在内在需要的驱使下通过社会适应促进心理机能发展的重要方式,是心理教育外在价值实现的过程。我们认为个体社会化的过程就是心理教育外在价值实现的契机,其原因主要表现为:

心理教育作为人类特有的社会实践活动,毫无疑问,人是这一活动过程中的主体。但是,由于人自身具有的双重性,即人一方面作为"个体的自然人",另一方面又作为"群体的社会人",这就使心理教育具有了"个人"和"社会"两个不同质的主体,形成了心理教育的个人发展价值和社会价值这两种既相互联系又相互区别的价值关系。心理教育对个人的价值源于其活动过程中对人的心理机能的提升与改变,表现为对人的心理素质的促进作用,这是心理教育核心的、内在的、本质的价值,但不能因此忽视心理教育的社会价值,看不到作为"群体的社会人"的心理教育的另一个主体。其次,心理教育作为教育的一部分,与教育的其他部分一起,共同构成了社会大系统中的一个子系统,因此,心理教育还要受社会发展的制约,具有满足社会需要的价值。心理教育的双重价值关系,不仅内在于心理教育过程之中,而且会直接体现在心理教育的目标定位上。

另外,我们把心理教育看成培养人的一种社会实践活动,这一过程也是一种价值活动。心理教育是一种价值活动的观点，实际上可以看做心理教育中"教育"内涵的彰显，因为"教育是一种价值"，按照沃德的看法：教育是一个价值，并且是一个很具人性的价值。但是，教育不仅是一个已然的存在，即本身就是目的；也是一个内在的、将然的存在，是一种价值的成长，是对原始状态的一种相对的脱离，也相对地，是人性完美而内在的发展。[①] 从教育学的研究视域来看，教育本身作为一种价值引导的活动，"不言而喻，我们的教育应该使被教育者沿着社会发展与文化发展的主流方向变化"[②]。因此，价值引导又是心理教育的核心特征，不仅需要价值参与，还应当有明确的价值导向。同时，心理教育作为学校教育的重要组成部分，它在全面发展教育中居于重要地位，必然与整体教育构成一个相互联系、相互贯通的大系统，这就要求心理教育不能偏离学校教育的总目标，不应与教育的整体目标发生导向性扭曲。

2. 主体需要的多元性使价值选择成为必然

价值是在主客体的相互关系中产生的，价值的现实存在取决于客体对主体需要的满足。对心理教育而言，一方面，由于主体心理发展的需要具有多样性和可变性，不同的人有不同的需要，同一个人在同一时期有多方面的需要，同一个人在不同时期、不同条件下需要也会发生变化，这就要求在一定条件下对主导需要进行价值选择；另一方面，由于心理教育是主体的一种主动、自由、自主的活动，能够对事物进行认识与评价，从而趋利避害，因而也会表现出价值选择的特点。人的价值选择存在着取向与导向两个不同的向度，分别代表着个体的价值选择向度和社会的价

◀ 价值以人的主体地位为实质，体现出了主体自身的本性和目的，体现了主体对自身活动的自我调控。

---

① 李荣安. 从道德角度看价值、文化、和教育. 道德教育论丛：第 2 卷. 南京：南京师范大学出版社，2002：325.
② 杜彩芹等. 心理健康教育的学科性质与价值导向. 教育与职业，2003（11）：41.

值选择向度,它们共同决定着心理教育的目标定位,表现为对价值目标的选择。"正确的价值目标是客观规律与主体需要的结合点。价值目标的选择和实践目的的确立,都将成为人们进行活动的动力。"① 因此,心理教育不应是对主体需要的被动满足,应当为心理教育注入价值的元素,这样,即有利于对人自身心理发展的关注,也有助于将人性的提升与对社会的适应融为一体,在引入外在价值观念的基础上以提升主体的价值追求。"人类如果没有了价值追求,其精神向上提升和向外拓展无疑都将成为问题。在一定意义上说,个体成长的历程实际上就是个体不断实践其生活目标并将其生活经验内化为其价值系统的过程,而一旦价值观有意识和无意识地被内化,它就成为指引行为、对客体和情境所抱态度、对自己与他人以及比较自己与他人进行判断的标准与尺度。"②

所以,心理教育作为一种价值活动,需要价值引导来保证心理教育的方向,需要价值内化以促进心理机能的提高与完善,需要通过价值观的干预以发展学生的价值判断和价值实现的能力。坚持心理教育目标的价值引导作用,不仅是必要的,也是必然的。

▶ 心理教育目标以此能够达到科学主义与人文主义的融合。

三、价值引导:心理教育目标的具体内容

心理教育是一个价值引导的过程,但如何将价值引导贯穿到心理教育的目标体系中,仍然是一个需要深入研究的问题。换句话说,心理教育目标的设置,是心理教育价值引导作用的直接体现,而心理教育目标也将直接决定心

---

① 王玉梁. 当代中国价值哲学. 北京:人民出版社. 2004:197.
② 叶一舵. 论心理辅导与咨询中的"价值参与". 福建师范大学学报:哲学社会科学版,2001(4):125.

理教育的方向与内容，决定心理教育的作用发挥和心理教育体系的整体构建。

关于心理教育目标的具体内容，从我国目前心理教育研究的现实来看，研究者们从不同的角度出发提出了许多不同的看法："有的从心理卫生学的角度将心育目标局限于维护心理健康；有的从提高德育实效性的需要出发，认为心育的目标是培养良好的个性心理品质；有的从智育的要求出发，将开发智力作为心育的主要目标；有的从个体社会化的需要出发，认为心育旨在培养人的适应能力；也有的将心育视为行为调控的手段，提出心育的目标在于促进行为习惯的养成；还有的将某一非智力的心理因素的培养，如情感培养、自信心训练、意志磨炼等视为心育的目标。"[①]不同的目标定位，必然会形成不同的心理教育实践模式，而这些对心理教育目标的不同看法，一方面反映出目前我国心理教育领域对心理教育目标内容研究的不足，同时也是由于研究者从不同的学科视角出发，对心理教育目标的认识存在偏差。如何建构起系统完整的心理教育目标体系，发挥心理教育目标的价值引导作用，是当前心理教育领域急需解决的现实问题。

（一）学校心理教育目标设置的原则

与其他教育形式相比，心理教育是一个相对独立的系统，有其自身的特点和要求，正确理解和把握设置心理教育目标的原则，对心理教育工作的开展具有宏观的指导意义。

◀心理教育目标既要立足当前，又要着眼于未来需要。

1. 心理教育的目标应是面向未来的

心理教育目标设置的立足点应是面向未来的。过去我们的教育往往是根据"昨天"的需要而设计，教育者只是

---

① 肖汉仕. 论心理素质教育的目标构建及要求. 中国教育学刊, 1997 (2): 38.

强调把现有的知识经验、道德规范传递给下一代，目的在于让下一代向老一辈人那样思考、生活和工作。而心理教育就是要改变这种教育上的"惰性"，它的目标是建立在让下一代适应未来发展的需要上，因为未来世纪的发展速度将比以往这两个世纪的总和还要多，教育给予人的不仅是已有的知识经验，还有在动态环境下不至于失去的种种发展机会，只有在知识范围、能力系统、心理状态等方面大大超过前人，才能成为时代的成功者。所以，心理健康教育的目标应是面向未来的，其指向是人的心理机能的发展。

2. 心理教育的目标是学校整体目标的子系统

> 心理教育与整个教育构成了一个相互联系、相互贯通的大系统。

学校心理教育的目标，应当把它看做学校教育这一整体目标系统中的一个子系统。从纵向来看，既要有反映学校心理教育最终目的的基本目标，又要建立一套根据各年级学生心理发展规律与特点及与社会要求相适应的具体目标，体现出学校心理教育的层次性、阶段性与操作性，每一个年龄段的心理教育目标有不同的侧重点和特点。从横向来看，既要考虑学生一般的、基本的心理素质培养的发展性目标，又要考虑综合表现在学生各活动领域，带有社会适应特点的适应性目标。所谓发展性心理教育目标，是使适应正常的广大学生具有健全的心理品质，使其内心世界极其丰富，精神生活无比充实，各种潜能得以充分发挥，人生价值能够得以充分体现；而适应性心理教育目标是预防适应性心理问题的产生或解决已出现的适应性心理问题，使其心理能够正常适应生活与学习环境的变化，并符合社会规范和社会标准。

3. 心理教育的目标应保证心理机能得到充分的发展

人与人之间在基本心理素质上是相同或相近的，同时人与人之间的心理素质又存在很大的差异。人的基本心理素质的相同性，为每个人的发展提供了各种可能性，而在环境和教育的影响下,每个人的主观能动性不同,使人与人之间的差异客观存在。心理教育是从人的差异出发,通过教育过程使每名学生在原有的基础上得到发展与完善,并促进认知、情感与行为技能的提高。同时,心理教育的目标还要适应人的心理机能发展的特点,以心理机能发展的内在规律相一致设计其具体内容。

(二)学校心理教育目标的具体内容

在上述心理教育目标设置原则的指导下,我们进一步提出学校心理教育的基本目标、具体目标与具体操作性目标。

◀使心理教育目标成为一个有序的结构。

1. 学校心理教育的基本目标

学校心理教育的基本目标就是通过教育者有意识地指导和帮助,使每个被教育者都具有良好的心理品质和社会适应能力,提升和改变其心理机能水平,使其心理机能在适应的基础上求得更高的发展,即心理教育不仅要使个体社会适应良好,还要使个体达到人格完善和心理潜能的充分发挥,亦即在一定的客观条件下将个人的心理机能发展到最佳状态。

具体而言,心理教育的目标应体现为对心理机能的指向上,从内在结构上看,它由认知、情感、意志、个性等心理品质构成,同时这些心理品质经过不同方式的组合,与社会规范相结合,又可外化在学生活动的不同领域,表现为社会适应性的不同,对学生而言,主要表现为学习、交往及自我意识的不同。因此,从横向上,我们将学生心理教育的具体目标确定为:认知发展、情感发展、意志发展和个性发展等发展性目标,自我适应、学习适应与交往适应等社会适应性目标。

2. 学校心理教育的具体目标

与基本目标相一致,依据中小学生的心理发展特征,可将中小学心理教育的具体目标归纳如下：

（1）认知功能正常。认知功能发展正常，有强烈的求知欲，乐于学习；对新问题新事物有浓厚的兴趣和探索精神，表现出能动性；智力各因素在活动中有机结合，积极协调，正常地发挥作用。

（2）情绪反映适度。情绪稳定、乐观，心情愉快。积极情绪多于消极情绪，使自身保持乐观、积极、向上的心态；情绪反应适度，有适当的引发原因，反应强度与引发情境相符；能有效地调节和控制情绪的质、量、度。

（3）意志品质健全。有较强的行动的自觉性、果断性、顽强性和自制力。在活动中有自觉的目的，而不是缺乏主见或盲目决定，一意孤行；执行决定中能及时决断，并根据变化的外界环境随时调整决定；能克服一切困难和挫折，实现既定的目标；同时有效地控制、调节自身的心理和活动，使之符合实现目标的要求。

（4）个性结构完善。以积极进取的人生观作为个性的核心，把自己的需要、愿望、目标和行为统一起来。个性也较为健全，即气质、性格、能力和理想、信念、动机、兴趣、人生观等能平衡发展。整体精神面貌有较为完整、和谐、协调的表现。

（5）自我意识客观。对自己的认识比较接近现实，不产生自我同一性混乱；能愉快地接受自己，对自己的生活、学习现状和未来有一定程度的满足感和发展感。行为表现规范，在明确的行为动机、目的的支配下，行为表现出明确的方向性，思想与行为一致，言语与行为一致，而且其行为特征与多数同龄人的行为特征相符。人生态度积极，有确定的生活目标、理想较为符合实际，对个人的前途、未来充满信心，热爱生活。能体验到自己存在的价值，对人生、未来抱有乐观的态度。

(6) 人际关系协调。乐于与人交往，即有稳定广泛的一般朋友，又有无话不说的知心朋友；在与人交往中不卑不亢，保持自己的个性；宽以待人，乐于助人，客观评价自己和别人，取人之长，补己之短；积极的交往态度多于消极态度；有必要的心理准备，在复杂的人际关系中保护和发展自己。

(7) 学习状态良好。掌握学习的方法和技能，能够优化和调节自己的学习过程，能够调控自己的学习心理状态，有良好的学习动机，浓厚的学习兴趣，掌握科学的学习方法与学习策略，养成良好的学习习惯。

这七个侧面的不同发展水平，同时也反映出了中小学生心理机能发展的动态过程，如果其心理机能的发展没有达到这些要求，就会出现心理问题，形成适应性问题；如果达到了这些要求，则会进一步在此基础上表现出更高层次的、综合性的心理素质，即表现出：高效能的心理品质；充分发挥出潜能和创造性；完善的个性；最大限度地体现人生价值。

3. 学校心理教育的操作性目标

将心理教育的具体目标进一步细化，使其具有可操作性，以有效地指导中小学心理教育活动，中小学心理教育的操作性目标表现如下：

◀ 操作性目标在于使心理教育目标具体到可观察、可把握的水平。

(1) 认知方面目标：

小学低年级：① 学会观察，掌握简单的观察方法，如顺序法、比较法；② 养成注意习惯，使注意稳定性有所提高；③ 言语表达能力和思维能力和谐一致；④ 在机械记忆的基础上初步懂得意义记忆；⑤ 充分发挥无意想象，并向有意想象过渡；⑥ 在直观动作思维基础上积极发展具体形象思维；⑦ 具有日常生活基本概念。

中学中年级：① 注意集中性较好，观察具有一定的深刻性、精确性；② 能够使用意义记忆，会运用两三种常用的记忆策略；③ 想象具有目的性，创造的成分增多；④ 形象思维得到发展，概括能力达到从形象到抽象水平；⑤ 具有联想能力，实现事物间的迁移。

初中年级：① 理解能力明显提高，具有抽象概括能力；② 具有一定的逻辑推理能力、组合分析和分类能力；③ 思维具有批评性、独创性、流畅性；④ 会区分日常概念和科学概念；⑤ 想象更接近现实，内容较丰富。

(2) 情绪情感目标：

小学低年级：① 认识喜怒哀乐基本情绪表现；② 体验积极情绪和消极情绪；③ 热爱大自然，保护环境和发展美感；④ 学会从家庭、学校日常生活中寻找快乐；⑤ 认识并体验学习的乐趣，培养理智感。

初中年级：① 具有道德感、有爱憎意识；② 具有较强的理智感，能体验到学习的苦与乐；③ 懂得如何愉悦情绪，使积极心境占主导；④ 了解简单的不良情绪的疏导方式。

初中阶段：① 具有相对稳定的情绪情感；② 能够适度地表露各种情绪情感，情感具有可控性；③ 能从文学作品、艺术、大自然中体验美感；④ 理智感增强，求知欲强烈；⑤ 会利用音乐、运动、自我暗示、倾诉等方法进行情绪宣泄。

(3) 意志方面：

小学低年级：① 从事日常学习和简单劳动具有坚持性；② 活动前有相对明确的目的，初步具有有意性；③ 会用一些外部因素来约束自己，提高自觉性；④ 能够独自或在别人帮助下战胜挫折困难。

小学高年级：① 学会自我激励；② 面对冲突会作出比较正确的选择；③ 勇敢但非冒险；④ 抵制诱惑，具有一定自我约束能力；⑤ 克服困难能力增强，能够正确对待学习生活中的困难和挫折。

初中年级：① 能够独立地解决自己的问题；② 做事善始善终，有耐心恒心；③ 知道积极锻炼身体，提高意志力；④ 能理智面对挫折，努力克服。

（4）个性方面：

小学低年级：① 懂得合作，与同伴友好相处；② 做事有信心；③ 热爱生活，乐观向上；④ 爱护环境，具有环保意识；⑤ 学会关心父母、教师、同学及他人；⑥ 富有同情心，对处于危难中的人、动物偏露出同情心；⑦ 会做一些力所能及的家务，不懒惰；⑧ 学习辨别是非，有一定的善恶观念。

小学高年级：① 学会助人，乐于奉献，帮助不求回报；② 懂得与人分担忧愁，分享快乐，合群；③ 诚实；④ 积极克服嫉妒、任性等不良性格特征；⑤ 勇于承担责任，具有责任心；⑥ 不过分强调自我，有适度的自尊。

初中年级：① 懂得如何竞争；② 能够摆正自己在家庭、集体中的位置；③ 有积极的人生态度，乐观向上；④ 学会尊重；⑤ 具有幽默感；⑥ 善于承担责任，有责任感。

（5）自我适应方面：

小学低年级：① 认识到自己重要的社会角色；② 认识到自身的身体特征、活动特征和性别；③ 初步认识自己与父母教师同伴的关系，知道被人爱、爱人，借助别人的评价来认识自我。

小学高年级：① 认识到自己的兴趣和优点；② 认识到自己的身体变化；③ 接受悦纳自己；④ 能够评价自己的地位。

初中年级：① 认识到自己的性格特点和学习动机；② 认识到自己的地位和人缘；③ 关心自己的成绩和未来；④ 认识到自己的身体变化和了解青春期的知识；⑤ 有自己的

评价标准；⑥ 有羞愧感、委屈感和自尊感。

(6) 学习适应方面：

小学低年级：① 认识到学习在自己生活中的地位，对学习有较浓厚的兴趣；② 为得到老师家长的表扬而努力学习；③ 能顺利地完成学习任务，会听课、作业、参加考试等；④ 喜欢探究事物间的联系，好发问；⑤ 爱护学习用品；⑥ 每天能在家里自学二三十分钟，注意养成自学的习惯。

小学高年级：① 具有良好的学习习惯，会预习、听课、作业、复习、小结；② 以教师表扬、父母夸奖、同学羡慕等精神奖励为学习动力；③ 有相对稳定的学习兴趣；④ 各科学习均衡发展，不偏科；⑤ 会利用学习策略，关心学习结果；⑥ 具有读、写、算等基本技能。

初中年级：① 能够合理安排自己的学习生活；② 具备良好的学习习惯；③ 能够总结出自己的学习经验；④ 懂得科学用脑，提高学习效率；⑤ 正确对待考试，有应试能力，知道分数的意义；⑥ 喜欢阅读文艺作品和通俗的科学读物。

(7) 交往适应方面：

小学低年级：① 会恰当使用礼貌用语；② 喜欢交往，积极主动与父母、老师，尤其是与同学交往；③ 懂得如何同陌生人交往；④ 认识到自己是班集体中的一员，言行符合群体规范，有班集体的归属感；⑤ 积极参与有组织的游戏活动。

小学高年级：① 喜欢与同性同学交往，是同伴团体中的一员；② 具有团队精神，有集体荣誉感；③ 尊重喜欢交往对象；④ 初步具有交友的内在标准，友谊较稳定、持久；⑤ 具有非言语交往的技能；⑥ 学会原谅，促进人际关系的和谐；⑦ 能够进行恰如其分的自我介绍。

初中年级：① 学会倾听，别人讲话时不插话，并给予反馈信息；② 能够组织班集体活动；③ 会利用书面语言进行交往；④ 懂得如何消除交往中的障碍；⑤ 学会与异性朋友交往；⑥ 正确认识、对待与老师、同学和父母的关系；⑦ 交往场合能做到仪表整洁，端庄大方。

综上所述，心理教育的目标是提升和改变被教育者的心理机能，具体将落实到心理教育的适应和发展目标上。前者注重促进心理发展，张扬人性，这是心理教育内在价值的实现过程；后者注重提高社会适应性，接受社会文化价值规范，是心理教育外在价值的引导过程。但适应与发展目标的划分并非绝对，它实际上反映出了心理机能的两个不同层次。适应是个人不断作出身心调整，在现实生活环境中维持一种良好、有效的生存状态的过程。[①] 而发展是指个体的成长和心理品质在时间上发生的积极变化。如果发展上出现问题，就会直接导致社会适应出现困难，而发展又总是指向更高水平的适应。

◀ 教育在于引导人"走向人之为人的存在"，心理教育也要承担起"引导人的生成"的使命，这一价值导向的功能需要心理教育目标予以彰显。

心理教育的适应性目标主要解决的是学生与环境的协调（这里的环境包括主观环境和客观环境）问题，而发展性目标则致力于把学生的发展水平带到一个新的高度，它侧重于学生整体心理素质的提高。当然，两者是彼此衔接、相互渗透的，在实际工作中，几乎是融合在一起的。只是在面对具体的被教育者时，才视情形有所侧重。如在对适应性问题进行教育时，其目标是指向发展的，而要实现发展性目标，只有在良好适应的基础上才可能完成。正如马斯洛所言，有些表面看来属于适应的问题，实际是发展受阻的一种变态反应。[②] 所以，在实际操作过程中，单一的适应性目标和发展性目标往往都是不完整的，应将两者有效地结合起来，以全面、有效地发挥心理教育目标的价值引导作用。

---

① 江光荣. 心理咨询与治疗. 合肥：安徽人民出版社，1995：67.
② 马斯洛. 存在心理学探索. 昆明：云南人民出版社，1987.

第七章 价值互动——心理教育过程中的价值蕴涵

综观心理教育中的价值问题，其中争议最大的是心理教育过程中的价值处理问题。人本主义心理咨询理论的价值中立原则，主要强调咨询者在咨询过程中要严守"价值中立"，即对来访者的价值观念必须无条件地接受，咨询者要超然于咨询双方的价值观念之外，采取中立的态度。因此，探讨心理教育中的价值问题，就不能不深入到心理教育的过程中，研究心理教育的实际操作过程，厘清其中的价值互动关系，有助于具体指导我国心理教育的实践活动。

> 心理教育是一个人际互动的过程，是人与人之间的一种平等交流，是生命与生命之间的深层沟通，必然包含着双方价值观之间的碰撞、交流和交换，人际互动就变成了价值互动的过程。

如何展开对这一问题的分析思路呢？最理想的方法是从心理教育的综合概念出发，探讨心理教育过程中的价值问题，虽然心理教育有两种主要形式——发展性心理教育和适应性心理教育，而且两者的目标不同，分别为提升心理机能和改变心理机能，但其实现过程应当具有同质性、共同性。不过，这样做也存在一定的难度，一是目前对心理教育本身尚未形成一致的观点，当然，对心理教育过程的认识也尚未形成统一的看法；二是人们在看待心理教育问题时，常常是各自为政，还没有形成足以达成共识的话语，即使限定了心理教育过程的内涵与外延，依然不能有效避免理解上的歧义；三是争议的焦点为心理咨询中的价值问题，心理咨询是一个相对较为成熟的学科，是心理教育的重要组成部分，如果厘清了心理咨询中的价值中立问题，心理教育中的问题自然不言自明。为了便于对问题的有效把握，本章试图以心理咨询为例，对心理教育过程中的价值问题进行分析，然后再扩展到宏观心理教育过程中进一步加以理解与诠释。

一、焦点问题解读：心理咨询过程中的价值处理原则

心理教育过程中的价值干预，实际上是形成和改变价值观的过程，价值观的形成主要是价值内化的结果，是通过心理教育的作用机制来完成的，这部分内容我们在前面的章节中已经加以论述。而价值观的改变过程，可以看做一个价值互动的过程，主要表现在心理咨询的过程之中。因此，下面我们重点结合心理咨询的实践过程来分析其中的主要论题。

（一）约定俗成：心理咨询过程中的"价值中立"原则

在西方心理咨询的理论中，虽然并不是每一种理论都赞成价值中立的原则，却存在着一种非常奇妙的现象，即在心理咨询实践中存在着一些为大多数咨询者公认的、共同遵守的咨询原则，而且已经约定俗成地被大多数咨询者在心理咨询的过程中予以遵守，其倾向是对价值中立持认同态度的。在我国心理咨询实践中，这一原则也是为大多数咨询者遵循的，但在使用过程中存在着操作上的困难，也引起了研究者的反思与争论。

◀ 避免"价值干预"是心理咨询实践中通行的原则。

1. 西方心理咨询过程中价值处理的通行原则

在西方的心理咨询过程中，这些通行的原则包括[①]：

（1）咨询者应该对自己的价值观有高度的警觉，对咨询中的价值问题有高度的敏感。由于价值干预是一个容易引起道德问题的领域，故要求咨询者对价值问题的处理首先要有一种谨慎的态度。这种态度自然就会要求咨询者一

---

① 江光荣.心理咨询中的价值干预.心理学动态，2001（3）：250—252.

方面对自己的价值观有自觉,知道自己对于一些基本的价值现象持有何种倾向。另一方面要对咨询中涉及的价值问题保持敏感,要能够迅速意识到在来访者的某个生活抉择后面,或者某个态度后面蕴含的价值冲突。只有知道自己的价值取向才有可能在面临价值问题的时候保持警觉,只有敏感于来访者面临的价值选择才会意识到自己的价值观可能对来访者产生什么样的影响,这是处理其余问题的前提。

(2) 承认多元化价值取向存在的权利,但这种承认不是漫无边际的。对于某些在来访者所属文化的主流中属于反社会或者边缘性的价值取向,咨询者应该保持警觉。布洛奇(Blocher)提到一些在现代西方社会中仍有生命力的(即有较多人遵从)价值体系,共有7种,即一神论的、道德理性论的、道德绝对论的、功利主义的、道德自我论的、道德直觉论的、追求社会公正的。尽管这些价值体系互相并不一致,但它们都是主流的价值,不能歧视。

▶ 将自己的价值观强加于来访者,如何能够保证这种价值干预的正确性和必要性?改变的是来访者的心理问题还是道德问题?

(3) 当涉及价值问题的时候,鼓励咨询者公开、清晰地和来访者讨论,同时不故意以任何明白或隐晦、直接或间接的方式把自己的价值观强加于来访者。让来访者享有选择和决定的自由。咨询者要明确地向来访者表明哪些是咨询者个人的价值观和倾向,并表明来访者并没有义务要遵从咨询者。但这不意味着当咨询者发现来访者作出一个明显"不好的抉择"时不能有任何举动。在这时咨询者有责任与来访者讨论,向来访者提供其他的替代性选择的可能性,然后把最后决策的权利留给来访者(当然来访者也得对自己的选择负责)。

(4) 咨询者在作价值判断时,必须遵循有相对普遍意义的价值:尊重人的生命,尊重真理,尊重自由和自主,信守诺言和义务,关心弱者、无助者,关心人的成长和发展，关心不让他人遭到损害，关心人的尊严和平等，关心感恩和回报，关心人的自由。

（5）小心地处理咨询者的价值与来访者的价值不一致的问题。当咨询者的价值观和来访者的价值观不一致，尤其是两者相反的时候，往往会产生对来访者的负面态度。如果咨询者没有敏感和自觉，就极易妨碍咨询关系。咨询者应该能够迅速察觉价值观差异，并且与来访者作公开的讨论。与此有关的一点是咨询者要经常对自己的价值、信念体系保持自觉。咨询者不是圣人，不会没有自己的偏见，关键是能够意识到并且承认自己可能有错，可能会错。

◀ 不一致时，可以帮助来访者进行价值澄清，引导来访者进行价值选择，应避免价值说教和价值强迫。

从上述这些通行原则的介绍中不难发现，心理咨询过程中的价值问题，其核心依然是如何对待和处理咨询双方的价值观和价值互动的问题，并非不承认价值的存在，而是要小心处理咨询双方各自拥有的价值观。一方面，咨询者要对自己的价值观保持必要的警觉，要清楚地知道自己的价值观，并诚实自然地面对自己的个人价值观；另一方面，要尊重来访者的价值观，承认来访者拥有自己独特价值观的权利；再次，并不否认存在一批公认的价值准则，在心理咨询过程中，也可以与来访者就价值问题进行讨论，分享各自的看法，但要时时对个人价值观渗透到咨询过程中的情况保持敏锐的觉察，不对来访者进行价值评判，更不能强迫来访者接受咨询者的价值观念。

2. 心理咨询过程中价值中立问题的再认识

虽然价值中立已经成为心理咨询过程中的通行原则，并已在实践上达成了默契。但仔细分析后依然可以看出其中的矛盾与困惑，即使局限于心理咨询的领域之内，这样的价值中立依然存在着认识上的曲解和操作上的困难。为此，在国内心理咨询与治疗的实践中，许多研究者也提出自己的质疑。分析这些不同的观点，我们似乎可以得出这样一些新的认识：

（1）咨询者的价值观对咨询过程的影响是必然的，也是无法回避的。

蔺桂瑞[①]的分析认为，从咨询关系的角度来看，心理咨询是咨询者与来访者之间进行的一种人与人之间的平等交流，是生命与生命之间的深层沟通，在这一关系中咨询者不是一个使用专业技术的刻板角色，他是以一个真实的个人投入其中，他带入咨询关系的是其全部人格，包括他的认识、情感经验及价值观。他如何看待来访者，如何判断来访者的问题，如何协助来访者建立一个正确的咨询目标，如何促进这一目标的实现等，都要受其自身价值观的支配，因为价值观是每个人内在的评价系统，决定着人对外在事物的评价态度，规范和引导着人的一切认识和行为。而从咨询者在咨询过程中采用的方法来看，他使用的每一种咨询方法，背后都有确定的心理咨询理论为依据，每一种理论都反映着一种人生哲学，因此，选取什么样的咨询方法，就代表着他认同了这种人生观，在咨询过程中采取的每一个步骤，实际上都是在他所认同的价值观基础上进行的。

> 咨询者是一个活生生的人，而不仅是扮演一个专业角色，无法屏蔽自己的价值观。

韩辉[②]则从理论、现实、文化的层面指出，价值中立的原则只是咨询者追求的一种理想，在现实心理咨询中是无法实现的。从理论层面上看，心理咨询的哲学基础之一是相信来访者可以改变，而这一改变也必然包含着价值观的改变，这就使咨询者的"价值参与"成为可能，并认为其"价值参与"的意义在于帮助、激活或催化来访者价值观念的转变，同时在一定程度上影响或支持来访者价值取向的方向性。在现实层面上，咨询者在使用"解释、反馈、影

> "价值参与"不能简单地与"价值干预"等同。

---

① 蔺桂瑞. 治疗师的价值观对心理治疗的影响. 中国心理卫生杂志，2002（6）：435—436.
② 韩辉. 是"价值中立"还是"价值参与". 中国心理卫生杂志，2004（4）：284—285.

响性总结"等一系列咨询技术时,是很难始终严守完全价值中立原则的,除非咨询者从事的是非常机械、呆板、非人性化的咨询,否则无法将价值和信念排除在咨询关系之外。而有些来访者的心理困惑就是源自于某些价值观的混乱或价值观的丧失,没有必要的价值参与就无法使来访者发生改变。从文化层面上加以分析,价值中立的原则不太符合中国来访者的文化特质,在西方特别是美国社会向来崇尚个人至上,不论是咨询者还是来访者都有权利选择自己的价值和信仰,心理咨询作为一种专业活动形式,无权推行一套统一的价值体系。而在以强调集体取向为特征的中国社会,来访者更希望在心理咨询时得到"直接的权威指导"。

所以,在心理咨询过程中完全的"价值中立"不具有普适性,价值参与是一个现实的选择。由此也将问题探讨的重点转移到了咨询者如何进行"价值参与"的问题上来。

(2) 咨询者价值观的影响具有双重性,对咨询过程的影响也有积极和消极之分,因此需要对自己的价值观保持高度的自觉,并不断反省、完善自己的价值观体系。

既然咨询者自身价值观对咨询过程的影响是不可避免的,自觉地觉察、反省自己的价值观,避免价值观中消极因素对咨询过程的介入,是咨询者应当不断思考的问题。周建南[1]的分析认为,对于咨询者自身而言,其价值观并非十分完善,也具有积极和消极两个方面,需要在咨询过程中不断及时、适当、有效地发现和处理自己价值体系中的积极与消极因素。但在实际的咨询过程中,时常会有咨询者无视和忽略自己价值体系中消极因素对咨询的干扰和破

◀避免价值干预,并非要求咨询者压抑或掩藏自己的价值观,可以真诚、开放地对待自己的价值观,但要避免价值中消极因素对来访者的影响。

---

[1] 周建南. 对心理治疗师的价值观及其两重性的把握. 中国心理卫生杂志, 2002 (6): 437—438.

坏，有时还会用自以为良好优越的价值选择判断去要求对方听从，导致价值观对咨询过程的消极介入。或是使自己头脑储存的价值选择判断陈旧信息未经分析批判的重放，导致自己的成见、偏见取代了现实理智；或是由于专业知识技能的不足，面对咨询难题和障碍时，无觉察、无判断地重放过去类似情境中的感受，情绪冲动取代了现实理智。所以，咨询者必须努力客观地认识和批判性地接纳自己的价值观体系，学会及时准确地分析批判自己头脑中涌现出来的陈旧的价值选择判断信息，学会及时准确地察觉和承认自己价值选择判断信息的缺陷和不足，不断发展新的现实理智的价值选择判断信息。

桑志芹则从咨询者自我觉察能力的角度提出了自己的看法。认为一个有能力的咨询者应该清楚地知道自己的价值观，同时又能帮助他人去发现、界定和实行他个人的价值观，所以此时咨询者的自我觉察能力显得格外重要。在咨询过程中，咨询者需要增强的自我觉察能力包括：

① 要敏锐地感受自己的一言一行，在自己的回应中表达了什么样的感受？为什么我会这样回应？

② 对方谈的问题我是怎么看的？触动了我内心的什么感受？我的行为表达是因为对方的问题吗？

③ 咨询过程中我的情绪怎样？为什么声音会突然变化？

④ 在我的来访者说出自己的问题时，我为什么要频频喝水？或者为什么我的身体突然向后靠？等等。

当咨询者敏锐地感受到自己的言行改变时，要去听听自己内心的声音，看看是什么在影响自己，以便给予及时的修正。

（3）对来访者的价值干预不可避免，而增加咨询者自身的价值观修养，在咨询过程中对自己的价值观保持高度的警觉，虽然可以加强自身价值观中的消极因素对心理咨询过程的干扰，但仍然面临着如何进行积极的价值干预问题，为此，研究者也提出了自己的一些观点和看法。

一是提出心理咨询过程中的价值干预可以有三种方式[①]：价值评判、价值澄清和价值引导。"价值评判"是咨询者对来访者的价值观作出好坏、正误的判断，通过说教或操纵的方式作价值仲裁，显然，这种方式会抑制来访者的价值追求，限制其自我决定，不符合心理咨询的本质要求；"价值澄清"是咨询者帮助来访者澄清在需求、价值和目标三者间冲突的过程，在这一过程中，咨询者可以协助来访者挑战、反映出自己的价值观，使其经由反省，再次审视、评估自己的价值观，咨询者也可以提出与来访者不同的看法，作为催化、刺激来访者思考、比较的催化剂或参考，以此拓展来访者可选择的视野，从而使其逐渐调整、重建，以达到平衡的价值观体系；"价值引导"则是由咨询者在必要的时候引导来访者作出价值选择或相应改变的选择。"价值澄清"与"价值引导"彼此相互联系，"价值引导"在"价值澄清"的基础上进行，"价值澄清"是"价值引导"的铺垫与前提，而"价值澄清"的结果有时也具有"价值引导"的意义。

二是提出心理咨询过程中的价值干预应采取"价值导向的非强迫性原则"[②]，即咨询者如果一定希望来访者接受自己的或社会主流的价值观，或决定用某种方法引导来访者接受一种既定的价值观念，至少他不能借助压力和精神控制迫使来访者改变价值观，遵循"价值导向的非强迫性原则"，给来访者以选择的自由。但更高层次的做法依然是

◀这样做是危险的，也与心理咨询的"助人自助"目标不一致。

---

① 韩辉. 是"价值中立"还是"价值参与". 中国心理卫生杂志，2004 (4)：286.
② 朱建军. 论心理咨询中价值问题的处理原则. 中国心理卫生杂志，2004 (5)：365.

尽量减少价值引导的作用，遵循"价值选择上的相互尊重原则"，强调我有我的价值观，你有你的价值观，每个人都有选择自己人生价值的自由，虽然我不同意你的价值观，但是我尊重你的选择，咨询者可以表达自己的价值观，也可以在价值问题上对来访者提出建议，但是要让来访者感到双方在人格上是平等的。也可以采取"在必要的时候搁置价值的原则"，在一些时刻先不对来访者进行评判，把注意力先放在共情和了解来访者身上，在以后的适当时刻，在来访者知情的情况下，在尊重来访者的前提下，再进行一定形式的价值引导。

(4) 心理咨询中的价值干预，其核心是功能干预。"心理咨询要取得成效，必须有价值干预。心理咨询的过程，无法避免价值干预。心理咨询的价值干预其实有两种，一种是内容干预，一种是功能干预。对当事人的价值取向进行内容干预，缺乏法理的和伦理的依据。因此心理咨询的价值干预，主要是功能干预。"这是我国学者江光荣提出的，并在心理咨询领域被大多数人所认同。[①] 这一观点认为，内容性的价值干预，涉及的价值是传统意义上的社会性价值，调整的主要是个人与他人、个人与社会的关系；功能性的价值干预，关心的是个人内部的机能健全，调整的是个人与自己的关系。在心理咨询过程中，所谓价值的功能干预，是指咨询者引导来访者把自我探索集中于个人选择与个人的需要之间的关系上，而不是由咨询者根据自己的价值判断来评判一个选择是否有价值，然后把自己的观点强加给来访者。例如，帮助来访者澄清其价值追求，让来访者意识到自己有什么样的价值观；帮助来访者明确自己的真实需要是什么；帮助来访者认识其价值观之间是

> 功能干预是心理机能改变的过程，能够体现出心理咨询的特质。

---

① 江光荣. 再谈价值的功能干预. 中国心理卫生杂志，2004 (5)：363.

否存在矛盾，认识价值选择和自己的需要之间是否存在矛盾或者不一致之处；让来访者领悟其价值观与行为和情感之间的矛盾及其后果，作出相应的改变，等等。在做这些工作时，尽可能避免价值说教（不向来访者宣讲人应该有什么样的价值追求），也不对来访者的价值观做好坏、正误判断。可以引入别的价值观，如表白咨询者自己的价值态度，但这种引入的目的在于扩大当事人的视野，认识到多种价值选择的可能性，而不应存有直接地或暗示性地迫使其接受某种价值的企图。因此，心理咨询中的价值干预应侧重于价值的功能干预，避免价值内容上的干预。这样做既有效地避免了直接干预来访者的价值选择权利，又满足了心理咨询中价值干预必要性和必然性的要求[①]。

上述我国学者对西方心理咨询理论与实践中的价值中立原则提出的一些有价值的新认识，加深了我们对心理咨询中价值问题的理解，并为我国学校心理教育中如何处理价值问题提供了有建设性的意见。

> ◀心理教育不同于心理咨询，价值引导也是心理教育中的"教育性"的体现。问题的关键在于如何引导。

（二）从心理咨询的价值原则到心理教育的价值原则

综合西方心理咨询过程实践中的价值中立原则及我国学者对这一问题的再认识，我们不难发现，不论是在理论或实践的层面上，价值问题都是心理咨询过程中的一个令人感到棘手的问题，即使认定了价值干预的可行性和必然性，提出了咨询者要对自己的价值观保持高度的警觉，避免价值观中的消极因素影响来访者；不作价值评判，将价值干预局限于价值澄清；价值干预的核心锁定为功能干预而非内容干预。虽然这些观点有一定的积极价值，反映出了心理咨询中价值干预的内在特点。但将其运用于心理教育的过程中，依然无法摆脱其中存在的矛盾与困惑。

---

① 江光荣.心理咨询中的价值干预.心理学动态，2001（3）：250—252.

1. 由心理咨询原则到心理教育原则：移植中的矛盾

心理教育不同于心理咨询，心理咨询属于心理学的一门分支学科，重视站在对方的角度思考问题，有着强烈的个体化取向和方法技术性取向，受临床和医学心理学的影响，在心理咨询过程中更多关注的是心理问题；而心理教育作为培养人的一种社会实践活动，是教育者通过有目的、有计划、有组织的活动提升和改善受教育者心理机能的过程，重点是提升心理机能的发展水平，这种提升是有价值导向的，既是个体价值实现的过程也是社会价值实现的过程。因此，如果简单地将心理咨询的价值处理原则扩展和移植到心理教育中，就会面临新的矛盾与困惑。

其问题至少可以表现在以下两个方面：

一是如何处理价值的绝对性和相对性的矛盾。在西方心理咨询的实践原则中，不难看出更多强调的是价值的相对主义，提倡价值的多元化，不承认有一套唯一的、公认的价值体系，没有一种价值观可以凌驾于其他价值观之上，强调尊重来访者已有的价值观，因为每个人都有选择自己的价值和信仰的权利，咨询者没有权利影响来访者的价值观。虽然每个社会因其特有的政治、经济、文化条件，在每一时期都具有一个占主导地位的社会价值规范，但在心理咨询的实践中，咨询者却无须以此来干预来访者的价值观。由此带来的问题是：作为学校教育重要组成部分的心理教育，必然要与学校教育的总目标相一致，必然要与学校教育的总任务相协调，因此，在心理教育过程中是否能够将价值引导仅仅局限于功能干预的层面，而无须关注价值内容？是否能够放弃社会主导价值规范的影响，仅仅对被教育者进行纯粹的功能训练？仍然需要进一步地思考。

二是如何协调价值影响与价值尊重之间的关系。在心理咨询过程中，强调将价值影响降到最低，对来访者的观

▶ 在心理教育中只强调功能干预，无异于将心理教育变成了形式训练。

念、情感、行为给予无条件的尊重与接纳，不将自己的价值观强加到来访者身上。但是，在学校心理教育的过程中，面对价值观正处于形成时期的中小学生，可能会经常碰到学生的价值选择与社会规范发生冲突的情景，此时是坚持价值尊重还是选择价值影响，是摆在每一位心理教育教师面前的一个两难选择，是以一位咨询者的角色出现，还是以一位教育者的角色出现，似乎都不妥当。如果选择对学生进行价值干预，就有可能与心理咨询的原则相冲突，还要进一步回答是以学生个体的利益为转移还是以社会利益为转移，如何证明这种干预就是"真正好"的；如果坚持价值尊重，又会与教育者的职业道德相冲突。

　　心理咨询过程中的"价值中立"原则，并不是一项具有约束性的规定，而是心理咨询工作者的一种不成文的默契，既然为大多数人所认同，则说明其具有一定的合理性和现实性，反映出了心理咨询过程中的一些内在规律与特点。虽然这一原则也受到许多研究者的质疑，但更多的意见是对"价值中立"原则的修正与完善，其核心依然是赞同价值中立的原则。即使在国内的心理教育领域，许多人同样认为不应当也不必要干预被教育者的价值观，其主要观点是：价值观的改变是德育的任务，心理教育既不规定也不干预学生的价值观内容；德育要求学生达到"君子"境界，而心理教育是要求学生达到"凡人"（正常人）境界。[1] 但笔者认为，赞同价值中立的原则，并不等于可以简单地将价值中立原则由心理咨询领域照搬到心理教育之中，"咨询"不同于"教育"，不能也不应该忽视心理教育中的"教育"属性，需要在协调中予以整合。

---

[1] 俞少华，张亚林. 我国大学生心理辅导现状. 中国心理卫生杂志，2002（2）：132.

2. 由心理咨询原则到心理教育原则：协调中的整合

认为心理咨询中的价值中立原则不应简单地移植到心理教育领域，并不意味着否定心理教育中应当坚持价值中立的原则，问题是"价值中立"是否是唯一选择，可以贯穿于心理教育的整个过程之中？"价值中立"与"价值干预"是非此即彼、不可调和的吗？价值引导一定是价值灌输，不应建立在价值尊重的基础之上吗？功能干预可以与内容干预相分离，只改变心理的结构与功能，而不会影响心理的内容吗？……凡此种种问题，使我们不得不进一步思考心理教育中的价值处理原则应有的特点。

（1）价值的绝对性与相对性的协调。承认价值的相对性，并不等于否认人类有共同的基本价值的存在。的确，对每个个体而言价值观是相对的，因个体的不同而不同，都有其形成与发展的历史性及存在的合理性，不能简单地加以价值评判，但如果我们一味地坚持价值的相对主义，不对被教育者进行任何价值评判，那也就使"心理教育"失去了存在的可能性，因为教育的目的就是将心理机能导向"好的"、"更有效能"的水平上，而什么是"好的"、"更有效能"的心理机能，这本身就是一种价值评判。人类存在着共同的基本价值，在西方心理咨询的通行原则中，也要求咨询者在作价值判断时必须遵循有相对普遍意义的价值：尊重人的生命，尊重真理，尊重自由和自主，信守诺言和义务，关心弱者、无助者，关心人的成长和发展，关心不让他人遭到损害，关心人的尊严和平等，关心感恩和回报，关心人的自由等。而心理教育在关注这些具有人类普遍意义的价值的同时，还应关注社会主流的价值体系，以此作为个体价值追求的目标。因此，心理教育中的价值处理原则应当是价值绝对性与相对性的协调统一。一方面尊重被教育者的已有价值观，承认价值的相对性，同时还

▶ 当今社会，只有相对的、约定俗成的价值标准，没有绝对的、放之四海而皆准的价值标准。

应当有一套相对统一的价值标准，兼顾个体与社会，与教育的整体目标相一致，使得被教育者既不背离社会要求，达到有效的社会适应，又能够有助于被教育者在有效利用社会资源的基础上，求得心理机能的提升与改变。

（2）价值影响与价值尊重的协调。价值尊重意味着对人的内在价值的尊重，承认每一个人都是有价值的，都存在着自我发展的潜能，但尊重与接纳不是目的，即使在心理咨询过程中，尊重与接纳的目的主要是与来访者建立起有效的咨询关系，是帮助来访者解决其心理问题的前提与手段。由此可见，对于心理教育领域而言，"应该是在价值尊重与接纳的基础上给予适当的价值导向"。心理教育面对的是"价值判断不成熟，且不具备完全的责任能力的儿童和青少年，那么价值中立不仅不可行，而且可能给咨询带来负面影响"[①]。因此，心理教育中的价值处理原则应当是价值影响与价值尊重的协调统一。价值尊重是前提，而且应当贯穿在心理教育的整个过程中，体现的是对人的内在价值的尊重，是对教育者最基本的职业要求；在价值尊重的基础上进行价值影响，价值影响可以是无形的，也可以是有形的，有形的影响会以价值导向的形式而存在，但价值导向不意味着强迫服从，而是要求教育者协助被教育者作出适宜的选择，并能理解这种选择可能带来的后果。

◀缺乏价值尊重的价值影响，是无法有效发挥效能的。

（3）功能干预与内容干预的协调。价值观既是伦理学、德育的研究内容，也是心理学研究的内容，但与伦理学、德育不同，在心理学学科体系中，价值观是人的个性的构成要素，属于个性倾向性的范畴，心理学研究的是价值观形成的内在结构与功能，不研究价值观的具体内容，因此是可以回避价值判断问题的，功能干预也就成为心理教育

---

① 吴薇丽. 中小学心理咨询中的价值导向与价值尊重. 中国心理卫生杂志, 2004 (6)：442.

> 但心理教育中的功能干预是无法脱离内容的，功能干预的同时也在不自觉地进行内容干预。

区别于其他学科对价值观进行影响的独有视角。即在心理咨询过程中涉及价值问题时，以对价值进行功能分析为主，帮助来访者认识自己的价值观，澄清其价值追求；帮助来访者认识其价值观之间的矛盾冲突，引导其进行价值选择；帮助来访者认识其价值观与情感、行为间的联系，促使其作出价值观的改变。这一观点也进一步扩展到了心理教育领域，认为心理教育也应当注重对价值功能的干预，而非价值内容的干预。功能干预就是"教育者在涉及价值问题时，对价值进行本体上的分析，不评价应该有什么样的价值观，也不对价值观作好坏评判"[1]。在心理教育的过程中，也不排除教育者对外在价值的引入，其目的是扩大被教育者对价值的选择，而不是直接或间接地让被教育者接受某种价值的内容。但功能与内容绝不是完全相互分离的两部分，我们无法设想功能的改变可以不借助内容的改变而实现，因此，心理教育中的价值处理原则应当是价值的功能干预与价值的内容干预的协调统一。功能干预是心理教育的核心形式，也是心理教育区别于德育的特征所在，但不能因此回避对价值内容的干预问题，虽然内容干预不是心理教育的主要任务，但心理教育的功能干预只有借助于内容作为载体才能发挥其作用，因此对价值内容的选择与改变是功能干预中无法回避的问题，只有处理好两者间的关系，心理教育才能在学校教育中真正找到自己学科的立足点，才能更有效地发挥心理教育的独有作用。

上述分析表明，心理教育不能简单地照搬心理咨询的价值中立原则，而应从心理教育的自身学科特点出发，吸取价值中立原则的合理成分，在价值尊重的基础上进行价

---

[1] 唐平，汪强．从价值中立原则和灌输原则谈心理健康教育与德育．中小学心理健康教育，2004（1）：8．

值引导，在保证内容选择正确性的前提下注重功能干预。笔者认为，不论是在心理咨询领域还是心理教育领域，纯粹的价值中立是无法实现的，但价值中立原则的提出也有它的必然性，只是将其作为一种普遍原则运用到整个咨询过程中，则有矫枉过正、不合理之嫌。如果将心理教育过程分成初期、中期、后期三个阶段，则不同阶段应遵循不同的价值处理原则。心理教育过程的初期应遵循"价值尊重"的原则，中期应遵循"价值澄清"的原则，而后期则应遵循"价值引导"的原则。当然，这样的划分和规定并不是绝对的，实际上，价值尊重是贯穿于整个心理教育过程中的，价值澄清有时也能起到价值引导的作用，所以做不同阶段的划分，不过是强调各个时期应有不同的侧重点，或者说，价值澄清、价值引导应以价值尊重为基础，价值引导应以价值澄清为前提。

◀ 心理教育过程具有历时性的特点，可以分别遵循不同的价值原则。

二、价值互动：心理教育过程中的价值处理方式

心理教育过程中的价值处理原则代表着三种不同的价值处理形式：价值尊重、价值澄清和价值引导，它们应当分别运用于心理教育的三个不同阶段——初期、中期和后期。

（一）价值尊重：心理教育初期的价值处理方式

心理教育的过程是一个人际互动的过程，教育者与被教育者之间良好的人际关系是心理教育能否顺利进行的基础。美国学校心理教育专家拉斯（S. W. Russ）曾指出[①]，"教育者与被教育者之间建立一种坦率、信任的关系，是教育过程中头等重要的事情，……是有效教育的前提条件"。的确，建立真诚、信任、接纳、坦率等合作的师生关系，既是心理教育的第一步，也是一切形式的教育过程中都需要时

---

① S W Russ. 学校心理学：理论实践的基础（英文版）. 1984.

刻维护的重要内容。这种关系不但表现在教育过程之内，而且会扩展到教育之外，成为被教育者重要的生命资源。

在传统教育模式下，教师常常有意无意地以权威自居，居高临下，或是不自觉地怠慢、冷落学生，主导的教育形式基本上是教师教、学生听的灌输式。而现代教育观念则强调教育包含着一种对话、一种沟通，是合作、共建。因此，把教育定位为交往，没有交往就不存在真正意义上的教育，与此相适应，要求教师在教育实践中通过交往建立起和谐、民主、平等的师生关系。就心理教育而言，师生双方良好的人际关系是心理教育能否顺利进行的基础，有了良好的人际关系，师生双方才能相互信任，才能使学生在与教师的人际互动中形成一种积极正向的心态和努力接近的倾向，才能使教师对学生的引导落到实处。由此可见，在心理教育的初期，"价值尊重"（或"价值中立"）对于师生之间良好人际关系的建立具有非常重要的作用。

在心理教育的初期，无论被教育者持有什么样的价值观，即使他所持有的价值观与教育者本人或与社会普遍认同的价值准则相冲突，教育者也应当首先放下自己的价值观，无条件地尊重和接纳被教育者。"这种尊重和接纳并不意味着同意或认可他的价值观的内容，而是尊重和接纳他拥有这种价值认识的客观性，以及这种价值观对于他个人独特成长经历的相对合理性。"[1] 如何有效地建立起这种真诚、信任、接纳、坦率、合作的师生关系，如何在师生关系的建立中表现出价值尊重的原则，人本主义心理学理论认为，对学生表现出无条件的积极尊重、精确的共情与真诚是至关重要的。

---

[1] 蔺桂瑞. 治疗师的价值观对心理治疗的影响. 中国心理卫生杂志，2002（6）：436.

1. 做到无条件的积极尊重

所谓无条件的积极尊重，是指绝对地、不加判断地把学生作为一个独特而有价值的人对待、接纳。尊重意味着完整地接纳学生，意味着一视同仁，意味着以礼待人，意味着信任学生，意味着保护学生的隐私，尊重应以真诚为基础。在学校教育的实践中，积极的尊重常被误解为对学生所持有的观点和行为表示赞同或反对的程度，事实上，积极的尊重只是一种尊重被教育者的态度，而非测量同意被教育者的水准。教育者显示出的积极尊重乃是表示尊重被教育者是一个独特而有价值的人。要做到无条件的积极尊重，需要在教育实践中做到以下几点：

◀ 无条件的积极尊重，是对一个人表示看重、认可，欣赏其价值，接纳其独特性。

（1）绝对地接纳每一名学生。在教育实践中，不论学生的种族、年龄、性别、职业、身份、社会地位、文化程度、经济状况、人格特征等有何不同，教师必须把每一名学生都视作是平等的人，与教师是平等的，学生之间是平等的，而且视作是有价值的、独特的人。没有任何理由轻视对方或厚此薄彼。教师不仅在认知上须具备这样的观念，在情感表达和行为举止上更应自然、充分地加以体现。

（2）完整地接纳每一名学生。完整接纳，一是指把学生的几个方面作为一个独特整体的组成部分全面接纳，不仅接受其光明面、长处，也不能拒绝其阴暗面、短处；二是指教师不能依据自身的价值观和习惯爱好，对学生的信息予以接纳或排斥。在这方面教师很容易有取舍地接纳学生，对学生身上积极的方面或与自身价值观相吻合的内容，表现出理解和接纳，而对另一些方面却不自觉地表示不理解，甚至厌恶、反感。完整地接纳学生，并不意味着要求教师同意、迎合、赞成学生的一切方面，只是需要教师承认存在的事实，并如实地接受这些事实。例如，对于中学生的早恋问题，虽然我们不赞成，而且还是反对的，但它既然出在学生身上，教师就应该正视它、承认它、接受它，至于在帮助劝导过程中指导学生合理认知、正确处理这些问题则是另一回事。否则，就不可能真正接纳学生。

（3）充分地信任每一名学生。教师必须确立"学生是一个有价值的人"的信念。有价值的人和其个别行为的价值是两回事，即有价值的人完全可能发生愚蠢的行为。信任学生就意味着不因为其某个（些）行为的价值，而对其作为人的价值发生怀疑，甚或否定。信任学生，也意味着教师坚信学生具有自我发展和自我完善的潜力，只要为其提供必要的条件和帮助，学生完全有能力解决现在的问题，获得充分的发展，因此教师就能对学生充满信心，同时，在教育过程中，教师要始终与学生平等相处，既不代替学生作决定，更不代替其去解决问题，而是设法充分调动学生自身的力量，让其自己去改变现状，获得发展。此外，信任学生还意味着教师相信其在反映自身问题时抱有的诚实态度。有时候，学生在反映自身问题时有顾虑或出现矛盾，没有暴露实质，对此教师应给予充分的理解，有些是因为学生对教师尚缺乏信任感，有些是因为其并未了解自身的真实问题，等等。对此教师不能视之为其不诚实，而应通过建立积极的师生关系，通过有效地引导和澄清来解决。教师只有以充分的信任，才能换取学生信任的回报。

> 遗憾的是，"就事论人"的现象在今天的教育实践之中依然非常普遍。

（4）无私地关爱每一名学生。尊重意味着关爱，尊重需要通过关爱来体现。关爱学生，就是要对学生拥有无私的爱心，热情、耐心、细心、礼貌相待，维护学生的权益，保护学生的自尊和隐私，为学生分忧解愁，出谋划策、尽心尽力，以学生为中心，提供审慎、积极有效的建议。因此，无私奉献是教师应有的职业道德。

无条件的积极尊重是建立良好的师生关系，促进学生发展的关键因素之一。首先，学生走进学校，是想从教师这里得到帮助，为此他们需要知道教师是否了解他（她）、理解他（她）、接受他（她）及怎样评价他（她）。而无条件的积极尊重，使学生感到被接纳和理解，从而信任和接纳教师，敢于向教师袒露自己的情感和要求，乐于与教师密切配合。其次，无条件的积极尊重，为学生创造了一种安全和温暖的氛围，这种氛围使他（她）感到轻松和愉悦，获得了情感上的支持；而且，这种氛围还可以使学生最大限度地表达自己，无所顾虑。再次，无条件的积极尊重，使学生获得自我价值感，激发其自信心，而这又是学生缺乏和渴望的，同时这种自我价值感、自信心又是其改变现状，收到良好的教育效果的基础。

2. 达到精确的共情

"共情"一词，中文有多种译法，如同情心、神入、投情、共感、移情性理解等。罗杰斯认为，共情是指能体验他人的世界，犹如自身的精神世界一样。简言之，共情是指设身处地地理解。哈克尼（H. Hackmey）等人提出，共情包含以被教育者的方式看事物，准确感受被教育者的世界并向对方表达对其的理解。与哈克尼的意见相似，台湾学者齐隆锟认为，共情是指教育者试着将自己融入被教育者的感觉世界中，设身处地地从对方的立场去体会其察觉及未曾自觉到的经验，并将此种了解用自己的词汇反映给对方，使之了解教育者已经知道其感受与经验，同时亦促使被教育者进行更深入的自我探讨，以达到自我了解。

◀共情就是指设身处地、感同身受。

准确的共情包括：① 在心理教育过程中，从被教育者内心的参照体系出发，设身处地地体验被教育者的内心世界；② 以言语准确地表达对被教育者内心体验的理解；③ 引导被教育者对其感觉作进一步的思考。有的研究者认为，共情的含义可以概括为三方面：一是教育者借助被教育者的言谈举止，深入对方内心去体验他的情感、思维；

◀"共情"不是"同情"，而是一种换位理解。

二是教育者借助知识和经验，把握被教育者的体验与他的经历和人格间的关系，以更好地理解问题的实质；三是教育者运用心理教育技巧，把自己的共情叙述给对方，以影响对方并取得反馈。

我们认为，共情的基本含义有两层：

（1）教育者站在被教育者的立场上，从被教育者的内在参照体系出发，去感受、理解来访者表达和尚未表达、感知和尚未感知的内容、情感。在这里，设身处地从被教育者的感觉世界出发，放弃自己的立场、思维方式、价值观是共情的前提。共情不仅要能对被教育者自身已觉察和表达的经验有所反应，还应进一步对其还未知觉或表达的经验作出反应，这样才能深刻理解被教育者，才能通过反馈帮助被教育者更深入地了解自我、更准确地反应自我。共情不仅要能准确复述被教育者所表述的内容，而且还须将其相应的情感以及情感的程度准确地反映出来。

（2）教育者不仅能感知、理解被教育者所表述的内容与情感，还需用自己的语言和非语言方式（如表情、动作）准确地表达出来，反馈给对方。这样才能使被教育者意识到教育者已了解、认识自己，意识到教育者与自己产生了共鸣。

在实际操作中，共情存在程度的差异，共情的程度反映了共情的质量。

卡可夫（Cakhuff）等（1976）[1]把共情分成五个不同层次：

层次一：教育者似乎没有留意被教育者所表达的内容和感受，因此他没有表达出被教育者已表达的内容和情感；

层次二：教育者理解并基本表达了被教育者所表达的

---

[1] 齐隆鲲编译. 咨询技术与策略. 台北：（台）复文图书出版社，1987：11—12.

内容，却忽视了被教育者所表达的情感成分；

层次三：教育者理解并表达出了被教育者所表达的内容，如情感，但对被教育者未能表达的深层的、隐匿于言语背后的意义，如感受，没有作出反应；

层次四：教育者的反应是一种增加性的反应，即能理解如表达出被教育者未能表达或尚未察觉的深层感受；

层次五：这是最精确的共情，即教育者能更多、更深刻、更全面地表达出被教育者未表达或未察觉的更深层感受。

◀ 层次一与层次二的共情，严格地说不能称为共情，它会对有效的师生关系起破坏作用。

卡可夫认为，教育者起码要达到第三层次的共情，才能在咨询过程中产生有效的结果；而只有达到第四、五层次，共情反应才是高层次和准确的。

宋湘玲等将共情分为初层次的共情（primary empathy）和高层次的共情（advanced empathy），初层次的共情相当于卡可夫的第三层次共情反应，即教育者以反正词汇与方式反应被教育者"明白表示"出来的感觉和情感。达到初层次共情具有能与被教育者建立良好的关系及以增加被教育者的自我探讨并逐渐提高自我探讨层次的意义。

初层次共情多用在咨询的初期，实现此层次共情需要：

（1）教育者应保持专注与倾听，以准确了解被教育者的表达。

（2）教育者精通表达感觉与情绪的词汇，以给被教育者恰当的反馈。

（3）教育者的共情，除了在内容上能表现出共情的感受外，在语调与态度上亦应与内容一致。

（4）教育者可多作共情，但应简洁，还要有弹性或试验性，以利被教育者有回顾的余地。

高层次共情等于卡可夫等的第四、五层次的共情反应，即教育者不仅能理解并反馈被教育者明白表达的感觉和情感,而且亦能对其隐含部分或未觉察的部分作出反应。实现高层次的共情,教育者可以通过协助被教育者扩大视野,察觉其间接暗示而来直接表达的部分,察觉他所说的话中依据逻辑引出的结论,打开其仅会暗示而未加以探讨的部分,发现他可能忽略的部分,识别问题的重点,完全掌握原先其仅能总分掌握的行为与感觉等方式来完成。

值得一提的是,使用高层次共情时,教育者应尽量使用有弹性的语句,还需注意时机的掌握,不可过早使用。因为高层次共情表达的往往是被教育者隐蔽或隐秘的部分,甚至连他自己也不知道,所以只有在建立了良好的咨询关系,教育者被信任和接纳时合作使用才能发挥应有的功效。

> 共情"提供了心灵的空气,帮助人们在相互交流中更自由地呼吸"。

学会并能精确地使用共情,对教育者来说是必需的。因为共情在心理教育中具有重要的意义。首先,共情是建立良好咨询关系的前提之一。共情使被教育者意识到自己被理解、被接纳,从而感到满足、愉快,增进双方情绪上的接近,产生遇到知己的温暖感、亲近感、信任感,因而有助于良好咨询关系的建立。

其次,共情有助于双方沟通,使教育者更准确全面地掌握被教育者的情况。共情是对被教育者问题的准确反应,这种能力不仅是掌握被教育者问题所需要的,而且能促使被教育者更深入地探索自己、表达自己——被教育者意识到自己的表达正在被理解和接纳便会增强其继续表达的兴趣和勇气,而高层次共情能激励、引导被教育者对尚未感知和隐喻表达的部分进行探索、予以明示。

学会并准确使用共情并非易事。教育者不仅要掌握共情需要的技术,还要具备共情需要的品质。达到共情的境界,仅有技巧是远远不够的,还要用"心",即需要教育者有一颗真诚的爱心,关心人,爱护人,真心诚意地愿望帮助被教育者,只有这样才可能用心去听、去想、去体会。

对被教育者缺乏热情、关爱、耐心的教育者，即使其教育技术使用得再熟练也不可能达到高水平的共情。

3. 学会表达真诚

真诚与无条件的积极尊重、精确的共情密切相连，在这三种态度中它是最基本的，无论是无条件的积极尊重甚或精确的共情都只能建立在真诚的态度上。真诚就是在心理教育中，教育者以"真实的我"出现在被教育者面前，开诚布公地与之交谈，直截了当地表达自己的想法，不装腔作势，不戴假面具，不搞角色扮演，不虚情假意，而是表里如一，真实可信。

但真诚并不等于有什么说什么，想到什么说什么，想怎么说就怎么说。有些教育者认为真诚不就是要坦率、开诚布公、直截了当吗？那么就直来直去。其实这是对真诚教条式的理解。真诚是一种态度，它要求坦诚，但不是说可以不讲表达的方式、时机和程度。真诚要服从这样一条基本原则，即对被教育者负责，对被教育者有助益。教育者对被教育者是真心诚意的，表达的思想和情感（不论是用言语还是非语言的方式）是真实的。但并不是所有的真实思想和情感都应表达，有些应注意表达的时机，有些应注意表达的方式，有些则不应表露。同样是教育者的一种真实思想和情感的流露，用"你这种做法真是太糟糕了！"和"你的这种做法，人家可能接受不了，会引起人们的不满"来表达，显然会产生不同的效果。当然，有时反而需用激烈的言辞，才能使被教育者有所触动。总之，真诚不等于教育者毫无顾忌地直来直去，而是既表达教育者的真实感受，又使这种表达准确，符合理性（避免极端化、过分概括、绝对化），最终有助于提高心理教育的效果。

尤其须要强调的是，真诚是对被教育者无私的爱心和高度责任感的流露，其真谛或者说实质是把被教育者视为

◀ 教育者越是表现出真实的自己，不戴假面具，来访者就越有可能发生建设性的改变和成长。

朋友，真诚地希望能为教育者提供帮助，使他得到发展。没有这种愿望和情感，就谈不上真诚。因而，若教育者对被教育者表现不耐烦、不关心，敷衍了事或把与被教育者无关的情绪（如与同事、家人争吵引起的不快）带进心理教育之中，虽然这种表达是真实坦然的，但与心理教育要求的真诚毫不相干，确切地说是违背了真诚的态度，因而必须予以禁止。

真诚在心理教育中具有重要的作用：

（1）犹如在日常人际交往中真诚具有的效果一样，教育者真诚的态度，会使被教育者感到亲切、亲近、被接纳、没有虚假、好像面对知己，因而容易对教育者产生信任感，缩短与教育者之间的心理距离。

> 罗杰斯认为，真诚导致信任。

（2）教育者的真诚，对被教育者是一种榜样，唤起、激励被教育者对心理教育和教育者的真诚，从而有效地促进被教育者的自我开放。

真诚是一种态度、一种素质，不是依靠掌握技巧所能获得的，而是需要教育者不断修养人性，提高道德品质、完善人格，需要在日常的为人处世中时时处处、点点滴滴积累养成。

无条件的积极尊重、精确的共情和真诚，这三种态度是建立积极的师生关系，获得良好教育效果的基础。研究表明，被教育者获得帮助的程度与这三种态度呈显著相关；已有研究发现，这三种态度与被教育者的成功呈正相关；被教育者从教育者那里感受到这三种态度越多，得益也就越大。[①]

（二）价值澄清：心理教育中期的价值处理方式

在与被教育者建立起积极有效的人际关系的基础上，就使得指导与帮助成为可能。在实施指导与帮助的过程中，

---

① 刘晓明. 学校心理咨询模式. 长春：吉林大学出版社, 2000：181.

不同的心理教育理论有不同的要求与方法，可灵活运用鼓励、指导与解释。对被教育者的积极方面给予真诚的表扬、鼓励和支持，增强其自信心，促进其心理机能的提升；也可以通过解释与价值澄清，使被教育者从一个全新、全面的角度面对自己，认识其自身以及周围的环境，从而提高被教育者的自知力，促进其人格的完善。

具体到心理教育中期的指导与帮助，教育者究竟要扮演什么样的角色？一般说来，在传统的学校教育中，教育者与被教育者的关系总是一方指导、一方服从，而这种角色关系是十分有害的。它易使被教育者形成依赖心理，并强化了这种对教育者的依赖，而且阻碍了被教育者的成长，使其难以在以后的社会生活中自立自治。教育者要扮演的应是建议者、参与者、学生的商讨伙伴的角色，担负着给被教育者提供一种有利的外部环境和良好人际关系的任务，为其提供说明、解释、意见、建议，当好参谋的角色，促进被教育者的改变和成长。被教育者是决定者、实践者，是实现改变和生长的内因。教育者通过其角色行为为被教育者创造自立自治的外部条件，帮助被教育者成为自己的教育者。教育者不能代替被教育者决定什么，而是通过启发、引导、建议、帮助，最终由被教育者自己为自己作决定。双方的这种角色关系和各自的责任，在心理教育的过程中，教育者自己必须有清醒的认识，能准确地予以把握。为了准确地理解这一问题，需要我们进一步明确心理教育的特征以及心理教育中价值互动的特点。

1. 价值尊重是价值澄清的前提

帕特森（Patterson）曾经指出，心理教育有其自身的特点，这一特点表现在[①]：（1）心理教育并不是给予知识，

---

① 齐隆鲲编译. 咨询技术与策略. 台北：（台）复文图书出版社，1987：11—12.

虽然心理教育中可能会提供知识；（2）心理教育并不是给予劝告；（3）心理教育并非选择或指派个人从事某项工作；（4）心理教育并不是会谈，虽然心理教育过程中包括了会谈；（5）心理教育并不是经由劝说、警告、威胁或诱骗而影响被教育者的态度、信念和行为。

那么，心理教育到底是什么？事实上，心理教育是一种助人关系，它包括：（1）存在着适应性和发展性心理问题，需要提升和改变心理机能的被教育者；（2）有愿意给予帮助的教育者；（3）教育者本身有能力且受过相应的训练；（4）一种环境允许帮助和接受帮助的进行。

把心理教育界定为一种助人的关系，反映出了心理教育的特殊性质，也预示着心理教育中的指导与帮助应当建立在接纳被教育者的认知和情感的基础上，换言之，在处理被教育者的任何事情之前，必须先接纳对方，因为教育者在预期被教育者成长和改变之前，应该先了解其现在的情况及关心的事情。助人关系所以重要，是因为它是构成心理教育的主要媒介，有效的助人关系应该是一种接纳与容许的关系，在这种关系之内可以促进被教育者的成长，而教育者应当凭借这种关系，认识与处理被教育者的认知与情感，从而达到改变其行为的目的。同时，这种关系的性质，不仅可以决定指导与帮助的效果，而且还可以影响指导与帮助过程能否持续进行。但这种关系同时又具有难以触及的特性，常受各种因素的影响，被教育者自身的人格特质及心理准备是主要的影响因素，而教育者要创造出这种助人关系，则更需要明显地表示出他的基本态度——真诚、接纳、了解与沟通。从这一意义上加以理解，价值澄清应当建立在价值尊重的基础上，价值尊重是价值澄清的前提。价值澄清是心理教育中期的主要任务，通过有效的价值澄清过程，可以帮助被教育者提高价值选择能力，对自己选择的价值产生珍视的情感并形成一致性的价值行为方式，为下一步的价值引导奠定基础。如何进行有效的价值澄清，价值澄清理论为我们提供了认识、使用这一方法的有效手段。

2. 价值澄清的过程也是心理建构的过程

价值澄清理论并非一种心理教育的理论，它最早是作为一种教学方法产生于 20 世纪 20 年代，为美国进步主义教育所采用。一直到 20 世纪 60 年代，在美国纽约大学教育学院教授路易斯·拉思斯（Louis E. Raths）等人的发展下，才逐渐成为一个道德教育的理论流派。

◀价值澄清理论是以人本主义心理学的理论观点为思想基础发展起来的一个道德教育的理论流派。

这一理论认为，道德和价值观不是靠教导获得的，即价值观不是塑造的结果。拉思斯在其《价值与教学》一书中援引了佩克（Peck）与哈维格斯特（Havighuest）的一段话，指出价值观的塑造只能是一种价值强迫，是以牺牲儿童的心理与道德成熟作为代价的。"'塑造'儿童或借助于行使成人的优越地位和权威的手段来'使许多儿童走上正道'的做法甚是简单，颇能吸引人，并且使人满意，但隐伏着危险之处。对于教师个人来说，允许儿童有时间自由讨论各种可能选择往往极为麻烦；而且，倘若他们的选择与教师本人的爱好背道而驰，这或许会使教师产生一种挫折感。假如任何自私的、敏感的'自尊心'遭到威胁，大多数成人会不由自主地以专横的方式控制儿童。于是，至少对于专横者而言，这看上去与其他发号施令一样'更富有成效'。然而，它在品格上产生的效果却抑制了理性判断的发展，引起了儿童的厌恶情绪，譬如压制了真诚的利他主义的冲动的发展。数千年来，长远的效果被人们忽视，在大多数情况下让位于短期的成人优势。相对而言，几乎没有人会成为心理上或伦理上的成熟者，这大概不是偶然的吧。"① 教导与塑造不是价值观形成的有效方式，因为当代儿童生活在一个价值观日益多元化的世界里，而且是一个复杂的、充满价值冲突和混乱的世界，各种各样的价值诸如政治的、宗教的、道德的、意识形态的等都在试图对其施加影响，复杂多变的社会因素使儿童面临着众多的价值和选择，在这众多的价值和选择面前，儿童常会感到无所适从，使其价值观日趋混乱。因此，价值观不是教导的结果，而是经由自由选择、反省和行动澄清出来的。同时，价值澄清学派的倡导者还认为，当代社会根本不存在一套公认的道德原则或价值观可传递给儿童。基于这两方面的假设，价值澄清理论提出："考虑个体对周围世界的态度以及怎样利用体力和精神来适应环境，比考虑他在任何时候、任何特定的场合或一系列相似的场合中发现什么是有价值的更有益处。"② 换句话说，"'他是如何形成他的思想的'比'他得到了什么'更为重要。"③ 哈明和西蒙则进一步明确了价值澄清法的核心：价值澄清法的主要任务不是认同或传授"正确的"价值观，而在于帮助学生澄清其自身的价值观。因此，价值教育的重点应当是通过澄清价值的过程帮助学生减少价值观的混乱，确定个人珍视而又愿意维护的价值观，以适应不断变化的社会。

> 认为价值是相对的、个人的、不存在普通化的原则或准则，人的价值源于个人的经验并随经验的不同而不同。

价值澄清理论将价值教育的中心由对价值观内容的关注，转向了对价值观获得过程的探讨，强调通过一系列价值澄清的方法，教给学生澄清自己价值观念的技巧，以及自我评价、自我指导的能力，并使其将这种能力转化为行为。对价值观认知过程和价值行为方式的指导，实际上反

---

① 拉思斯. 价值与教学. 杭州：浙江教育出版社，2003：47-48.
② 拉思斯. 价值与教学. 杭州：浙江教育出版社，2003：7.
③ 拉思斯. 价值与教学. 杭州：浙江教育出版社，2003：7.

映着对价值观心理机能部分的改变与提升，也可以看做心理教育的过程，从这个意义上来理解，价值澄清理论也可称为是一种心理教育的理论。

在心理教育的指导与帮助阶段，价值澄清的侧重点同样应当定位于个体获得价值的过程，而不是其经验的特定价值结果。"因为生活因时空而异，我们无法肯定个体会有怎样的经验。我们因而不能确定什么样的价值观、何种生活方式最适合于个体。然而，我们确实知道什么样的过程对于获得价值最有成效。"① 在价值澄清理论的视野中，价值观就是人们在不断探求和学习的生活指导准则，价值观来源于经验，不同的经验产生不同的价值，经验的变化会导致价值观的变化，因此，价值是个人的、相对的，每个人都有自己的价值观，每个人也会按照自己的价值观行动。既然价值观是个人的，那么，价值观就不能靠教来形成，教给一个人价值观也就失去了价值的意义。"价值是个人的事情，如果它们不是被自由地接受的，它们就不可能是针对个人的，如果它们不能被融入人们的生活之中，它们就不可能富于重大的意义。"② 因为无法确定什么样的价值观、什么样的生活方式最适合于某个人，因此，价值澄清的核心就转向了什么过程对获得价值观是最有效的，而价值观形成的过程就是一个价值观心理建构的过程。

◀ 因为价值不是教授的结果，而是选择的产物。

按照价值澄清理论的基本观点，价值观的心理建构过程实际上是一个"评价的过程"，"我们感兴趣的是进行评价的过程，我们对确定这些过程的结果，即儿童最终拥有怎样的价值观不甚关心，我们对获得价值的过程更感兴趣，因为我们相信，生活在这样瞬息万变的世界上，儿童想找

---

① 拉思斯. 价值与教学. 杭州：浙江教育出版社，2003：25.
② 拉思斯. 价值与教学. 杭州：浙江教育出版社，2003：38.

> 价值澄清是教授"评价的过程",而不是一系列固定的美德或价值准则。

到令人满意的整合自己的思维、情感和行为以及与周围世界发生联系的方式,他们就必须养成检查个人的抱负、目的、态度、情感、活动、兴趣、信仰和苦恼的习惯"[1]。由此我们可以将价值观的心理建构过程描述为:通过评价的过程,在认知、情感与行为活动的基础上,以价值内容为载体,重在形成价值评价能力、价值态度和价值行为习惯。

价值观的干预过程,其焦点是促进同一价值观的形成,并在这一过程中有效地发展学生认识和理解人类价值观的能力。心理教育中的价值澄清,作为指导与帮助阶段的一种价值互动的方法,更关注的是作为操作层面上的价值澄清方法,为此,价值澄清法倡导和使用的"三阶段七步骤"的评价过程对心理教育过程有着更为直接的借鉴意义,可以在心理教育的指导与帮助阶段,在价值尊重的基础上具体予以实施。

拉思斯等人将价值澄清的过程具体划分为选择、珍视和行动三个阶段,而整个价值获得的过程,就是个体对选择的行为思考、评估最后通过行为检验形成一定的生活方式的过程。而这三个阶段又可以分为以下七个步骤:

(1) 完全自由地选择;
(2) 在尽可能广泛的范围内进行选择;
(3) 对每一种可能选择的后果进行充分考虑后作出选择;
(4) 喜爱作出的选择并感到满足;
(5) 愿意向别人确认自己的选择;
(6) 根据选择行动;
(7) 作为一种生活方式加以重复。

其中,前三个步骤是选择阶段,重点解释如何选择自己的价值观问题;第四、第五步骤是珍视阶段,重点是对

---

[1] 拉思斯. 价值与教学. 杭州:浙江教育出版社,2003:36.

自我价值观的评价；后两个步骤是行动阶段，重点是根据价值作出行动。针对价值澄清的七个步骤，教育者在心理教育的指导与帮助阶段进行价值澄清时，就要有意识地做到：

（1）鼓励儿童自由地作出更多的选择；

（2）在面临诸多选择时，帮助他们发现其他的可能选择；

（3）帮助儿童审慎地权衡各种可能选择，同时思考每种选择的可能后果；

（4）鼓励儿童思考他们珍视和珍爱的事物；

（5）向儿童提供确认其选择的机会；

（6）鼓励儿童按照自己的选择行动；

（7）帮助他们意识到不断重复的行为或生活方式。[①]

即在进行价值澄清时，教育者的作用不是进行价值灌输，而是鼓励和帮助学生自己选择、澄清自己的价值和行为，并根据自己的选择来行动，以形成自己特定的生活方式。如果说拉思斯的价值澄清过程带有明显的价值观教育的倾向，那么，价值澄清理论的后期代表人物柯申鲍姆（H. Kirschenbaum）提出的价值澄清过程则更带有心理层面的特点。柯申鲍姆将价值澄清过程划分为五个阶段：

一是思维，包括不同水平上的思维、批判性思维、更高水平上的道德推理、发散性思维或创造性思维；

二是情感，包括珍视与珍爱、自我感觉不错和意识到自己的情感；

三是选择，包括从各种可能选择中选择、考虑后果之后选择、自由选择和成就设计；

四是交流，包括清晰地传递信息的能力、移情和积极地倾听或接受他人的参照标准、解决冲突；

◀ 价值澄清理论更注重主体的作用，认为只有经过主体自己思考选择、珍爱并付诸行动的，才能形成价值，重视情感与认知、情感与行动的结合。

---

① 拉思斯. 价值与教学. 杭州：浙江教育出版社，2003：37.

五是行动，包括依据信仰反复行动、前后一致地朝向目标行动和熟练地行动。[1]

这一观点虽然并没有脱离拉思斯"评价过程"的七个步骤，但它进一步将价值澄清的过程聚焦于思维、情感、选择与交流能力及行为方式的调整上，则更强调了价值澄清过程中的心理教育过程。

3. 价值澄清的过程与方法

在价值澄清的过程中，不仅要遵循基本的澄清步骤，而且要想达到最佳的效果还应当使用一定的价值澄清策略，拉思斯认为，最灵活的价值澄清策略是"澄清反应"，它是针对学生所说的话或所做的事而作出的反应，旨在鼓励学生进行特别的思考，以促使学生检查并思考自己的生活和思想。由此也反映出价值澄清法的一个突出特点，即其具有很强的可操作性，可以为心理教育的指导与帮助阶段进行价值澄清提供具体的操作方法。

> 价值澄清策略表现为一些具体的价值观教育的方法和技术，一般都需经历认知选择、情感投入和行动践履几个主要过程。

在心理教育的指导与帮助的过程中，需要教育者能够对学生表现出来的"价值指示"予以选择，并在此基础上进行"澄清反应"。价值澄清理论认为，并非一切事物都是价值，但价值经常产生于目的、抱负和信仰之中，例如，学生的态度、情感、活动、信仰、目标、抱负、兴趣、烦恼等方面的内容，能够表明价值的出现却又异于价值，这是一种表现潜在价值的原型，可以称其为"价值指示"。价值指示显示了学生价值形成的基本线索，教育者可以以此为据进行澄清反应。

有效的澄清反应具有一些必不可少的要素[2]：（1）澄清

---

[1] 王向华，颜晓丽. 认知发展道德教育理论与价值澄清. 安徽教育学院学报，2004（1）：105.
[2] 拉思斯. 价值与教学. 杭州：浙江教育出版社，2003：54—56.

反应要避免道德说教、批评、向儿童灌输价值观或进行评价；(2) 它使学生有责任检查自己的行为或思想，并独立思考和决定他们的真正需要；(3) 澄清反应是非强制的，不是强人所难；(4) 澄清反应的作用是激发学生思考他们的言行，目的在于创造出一种氛围；(5) 澄清反应不在于获得资料，而是帮助学生在需要时澄清自己的思想和生活；(6) 澄清反应的目的是使学生进行思考，不必要求他向成人证明自己的思想是正当合理的；(7) 澄清反应经常是针对个人进行的，价值是个人的事情；(8) 教师不对每一名学生在课堂上的一切言行作出反应；(9) 澄清反应并不适于使学生趋向预定的答案；(10) 澄清反应并不是严格遵循某种格式的呆板事物。

上述有效澄清反应的要素，也可称为有效澄清反应的10种条件，目的在于使教育者认清教师的作用在于帮助学生澄清其头脑中的某些困惑，不是增加儿童的观点，而是激励儿童澄清他已持有的观点。换句话说，只有符合这10种条件的反应才是富有成效的澄清反应，在与学生进行价值互动的过程中，教师作出的反应，其焦点是帮助学生思索他所说的话或所做的事，进行价值澄清，逐渐更好地认识自我，检查自己的选择，考虑他所珍视的一切，寻求自己的生活方式。

将这一方法运用到心理教育的过程中，意味着价值干预的侧重点是价值的形式而非价值的内容，当代社会多种价值观并存与冲突是导致个人价值混乱的主要原因，因此价值干预的核心应当是帮助学生自己确定哪些价值是重要的，哪些价值是自己要追求的，因为只有经过学生自己思考而选择来的，自己所珍爱并付诸行动的才能形成价值。因此，心理教育中的价值澄清更强调对认知、情感和行为方式的关注，重视情感、认知与行动的结合。学生价值观

◀价值澄清的的培养，专注于让学生掌握评价过程和评价策略。

的确立是在与教师进行价值互动的过程中完成的,价值澄清的重点在于发展学生澄清和实践个人价值观的能力,其中最重要的是澄清情感,特别是被珍视和珍爱的情感,因为一个经过行为主体审慎选择出来并且为他所珍爱的价值,才是主体能够认真执行的价值,主体才能言行一致并始终对自己的行动负责。

相对于价值内容而言,这一阶段的价值干预仍然停留在价值形式的干预上,即对价值的心理机能部分进行改变与提升,教育者持有的基本价值立场依然没有脱离"价值中立"的范畴,一方面教育者不能将特定的价值观或信仰强加给学生,另一方面,教育者也不能以个人的价值、信念、行为和生活方式影响心理教育的过程。对学生的价值观应当持有不干预的态度。

> "如何获得价值观比获得什么价值观更为重要。"

(三)价值引导:心理教育后期的价值处理方式

价值澄清理论将价值干预的重点放在对心理机能的调节上,认为只要引发学生自由地表达自己的心理活动,学会对价值观的认知与选择能力,培养学生的情感因素,在珍视自己的选择的基础上,经过反复就能够形成价值行为方式,学生在选择认知、情感评价和行动中进入到一种体悟状态,不用教育者的价值引导,学生最终就会自己走上正确的价值观选择之路,这似乎有些过于乐观了。前面的分析中我们已经明确提出,心理教育不同于形式训练,作为学校教育重要组成部分的心理教育,应当与学校教育的整体目标相协调、相一致,同时也应当与其他教育形式相辅相成、相互关照,服务于学校教育的大局。在学校教育的大系统内,心理教育处于基础和核心的地位,其作用在于为更高层次的教育提供支撑,虽然不同的教育形式各有不同的目标与功能,但心理教育不应与其他更高层次的教育发生导向性的错位,同其他教育形式一样,应当使被教育者沿着社会发展与文化发展的主流方向变化。因此，心理教育中的价值干预不能仅仅停留在价值尊重和价值澄清的层面上，还应当在价值尊重和价值澄清的基础上予以必要的价值引导，以发挥出心理教育的"教育性"功能。

1. 心理教育不是无导向的教育

价值澄清理论中的"价值澄清"是以"价值中立"为特征的，"我们极力强调的一种看法是，儿童应该自由地陈述他们自己的兴趣、目的与抱负、信仰与态度，以及其他许多或然价值指示"。而且，"我们还表达了这样的观点，即不同团体的人们或许拥有不同的价值观，只要不超出国家法律，一切观点都可以讨论、检查以及被确认、拒绝或怀疑。换言之，人们应当自由地拥有不同的价值指示，而且他们的态度应当受到尊重"。其核心是主张每个人都有自己的价值，这些价值都是合理的，值得尊重的，强调个人价值判断和价值选择的自由性。如果从道德教育的角度来看这种观点，很显然滑入了道德相对主义的方向，主张的是一种无导向的教育，每个人都可以根据个人的好恶作出道德决策和道德选择，每个人的任何行为都可以作出合理的解释，这必然会导致价值观的混乱，也是与道德教育的宗旨相背离的。

◀柯申鲍姆也承认，价值澄清的评价过程和策略中也隐含着重要的道德价值观。

虽然价值导向不是心理教育的目标与任务，但心理教育同样离不开价值引导，其原因一方面是因为心理教育不能偏离学校教育的总体目标，不能与学校教育的总体目标发生导向性的扭曲；另一方面，我们也不能否认，价值取向模糊、价值评价偏差、价值认同失衡、价值观念错位等也是心理问题产生的原因之一，是心理教育无法回避的现实。坚持教育者不能将任何特定的价值观和信仰强加给学生，对被教育者的价值观采取不干预的态度，其目的是为了反对传统教育简单的、单一价值观的灌输，发展学生的道德思维和价值选择能力，但矫枉未必一定要过正，在价值尊重和价值澄清的基础上，通过价值引导提升被教育者的价值追求、改变被教育者的不合理价值观，同样具有其存在的合理性与必要性。即使在学校心理咨询的过程中，这样的价值引导也是无法回避的，我们仅从心理咨询的认知理论与方法中就可窥见一斑。

认知理论是一类咨询方法的统称，它以人的认知过程会影响其情绪和行为作为基本的理论假设，认为只要通过认知技术来改变来访者的不良认知，就能够减轻或消除其情绪问题和非适应性行为，其主要着眼点是来访者的认知问题，企图通过改变来访者对自己、对他人或对事物的看法与态度，从而改变来访者呈现出的心理问题。它不仅重视异常行为的改变，更重视来访者认知和态度的重要性，重视意识过程中的事件。

> 认知咨询理论认为，"态度、期望、归因、范畴及其他认知活动构成了行为的基础——包括正常的、病理的、治疗的"。

每个人都会因对自己、他人、事物有不同的认识而产生不同的心理变化。认知是刺激与反应的中介，反应并不是刺激的直接后果，而是由认知引起的。存在于刺激与反应间的认知是一个复杂的变化过程：刺激通过感觉器官成为感觉材料，经过贮存的过去经验和人格结构的折射，加上思维过程为感觉材料赋予意义，由此构成一个知觉过程；通过这一知觉过程，个体可对过去事件作出评价，对当前事件加以解释，对未来可能发生的事件作出预期；这些评价、解释和预期激活了情绪系统和运动系统，产生各种情绪和行为。如果认知发生错误，就可能导致错误观念，继而产生不适应的行为与情绪。所以，心理咨询的认知理论强调，一个人的心理问题常常是受其错误的、扭曲的认知影响产生的，与其说是某种事件引起了心理问题，不如说是因为自己的认知偏差而产生了心理问题，因此，心理咨询的重心在于改变或修正扭曲的认知，而不是重点改变适应不良的行为。正如贝克所言:"适应不良的行为与情绪,都源于适应不良的认知。"即心理问题不一定都是由神秘的、不可抗拒的力量产生的,相反,它可以从平常的事件中产生,如错误的学习,依据片面的或不正确的信息作出错误的推论,以及像不能妥善地区分现实与理想之间的差别等。按照贝克的说法,每个人的情感和行为在很大程度上是由自身认识世界、处世的方式和方法决定的,也就是说一个人的思想决定了他的内心体验和反应。我们认为,这一理论的出发点在于确认思想和信念是情绪状态及行为表现的原因。贝克论证说,抑郁症病人往往由于作出逻辑判断上的错误而变成抑郁、歪曲事情的含义而自我谴责;一件在通常情况下很小的事情(如溅出饮料)会被他看成生活已完全绝望的表现,因而抑郁症病人总是对自己作不合逻辑的推理,用自我贬低和自我责备的思想去解释所有的事件。

◀抑郁症患者的"认知图式"存在缺陷:他们倾向于将"注了半杯水"的杯子看成"一半没水"的杯子。

而认知理论的另一个重要代表人物艾里斯的理性情绪理论,则进一步论证了人的信念在其心理问题产生中的重要作用。艾里斯认为,人生来便具有用理性信念对抗非理性信念的潜能,但人常常为非理性信念所干扰。例如:认为"人应得到生活中所有重要人物的喜爱和赞许;有价值的人应各方面都比别人强;任何事都要按自己的意愿发展,否则就很糟糕;总是担心灾祸降临;情绪由外界事件决定,自己无法控制;已经定下的事是无法改变的;不允许有任何问题得不到圆满解决;对不好的人一律严惩不贷;逃避困难和责任比正视它要容易得多;要有比自己强的人做后盾才行。人们所以会出现压抑、敌对、焦虑、挫折这类消极的情绪,皆因非理性信念所致。艾里斯在20世纪50年代创立了理性情绪疗法(简称RET),他把RET法归纳为ABC理论。认为人的情绪或行为反应不是由某一诱发性事

> 艾里斯指出，我无法确定自己是否成功地说服过别人改变自己持有的非理性信念，但可以肯定的是，我成功地让别人质问过自己臆断的人生信念。

件本身所引起，而是由经历了这一事件的人对这一事件的解释和评价引起的。

在ABC理论中，A指诱发性事件（Activatingevents），B指个体在遇到诱发事件后相应产生的信念（Beliefs），即他对这一事件的看法，解释和评价，C指特定情景下，个体情绪及行为的结果（Consequence）。对同一事件A，决定个体C的最直接原因是B而不是A。来访者中常常抱有一些不合理的信念（即B），而现实（即A）又很难满足他们不合理的期望，一旦现实与其信念相违背时，他们就将问题看得很严重，便产生病态的心理反应（即C）。因此必须采取适当的方法来纠正不合理的信念。在心理咨询过程中，咨询者要掌握不合理信念的特征，具体找出来访者的不合理信念，可以从ABC模型入手：

（1）以一典型性事件入手先找出诱发性事件A；

（2）询问来访者对这一事件的感觉和怎样对A进行反应的，即C；

（3）询问对方为什么会有此反应，即由不适当的情绪及行为反应着手找出其背后的看法，即认知评价B；

（4）分清来访者对事件A所持的信念中哪些是合理的，哪些是不合理的，因为人们对同一事件可能交替出现合理的与不合理的两种信念，而不适当的情绪反应的起因是不合理的信念，将不合理的信念作为B列出来。

寻找不合理信念时要格外注意，要通过对来访者表面想法的剖析，寻找到他对某类事物所持的信念。但这不同于心理分析的无意识动机，要找的不是看不到、摸不着的潜意识，而是明显、具体可用语言表述的认知，这就需要对来访者的认知内容加以分析，以此寻找其背后不合理的认知形式。

上述对认知咨询理论基本原理的介绍，似乎并没有反映出价值引导的特点，因为认知理论将心理咨询的重点放在了对认知的矫正上，而不合理的认知方式依然属于心理机能的范畴，但我们同时也能看到，不论是贝克还是艾里斯，均使用了"信念"一词，由于信念与人的价值观是密切相连的，改变信念事实上就是对价值观的改变过程。从认知理论的咨询过程中可以发现，咨询者的主要角色既是诊断者又是教育者，咨询者的任务就是采用积极的、说教的、指导性的语言，指出来访者认知系统中非理性信念的成分，促使来访者放弃原有的观点，达到治愈消极情绪的目标。告诉来访者哪些是理性的、合理的信念，哪些是非理性的、不合理的信念，并极力说服来访者用合理信念代替不合理信念。信念不只是一种价值形式（罗素认为，信念是身体上或心理上或者两方面并有的一种状态），同时也是一种观念性的东西，也属于思想意识的范畴。休谟认为，当观念出现于心中，心对之表示认可、肯定或拒绝的态度，就是有信念。信念改变我们设想任何对象的方式，它使我们的观念生动、活跃，富有力量，因为它引起相应的运动，即产生行为。因此，不合理信念不仅表现为不合理的思维方式，也表现为不合理的观念内容，改变不合理信念的过程也必然伴随着不合理价值观念的改变。合理的价值观念即正确的价值观念，如何确定正确的价值观念同样离不开教育者自身的价值判断，离不开价值导向的作用，所以，心理教育不是无导向教育。

◀ 至少认知咨询理论能够协助来访者对自己最重要的价值观作出了集中、彻底、深刻的解释。

2. 心理教育中的价值导向不是价值评判

在心理教育的过程中，完全的价值中立是不现实的，也是无法做到的，价值干预不可避免。但建立在价值尊重、价值澄清基础上的价值导向并不等于简单的价值评判。国内学者叶一舵认为：价值评判与价值中立一样是不可取的。第一，人类具有理性、情感和自由意志，人之主体性和选

◀ 价值观念的多元化并不意味着不存在社会主导的价值观，价值选择的多样化也不意味着应忽视社会价值导向，心理教育不是无导向教育。

择性的存在，决定了被教育者在通常情况下有自由选择和自我决定的权力。简单而直接的价值评判势必扼杀被教育者的价值追求，导致其自主权的丧失；第二，价值评判主要涉及价值的内容，这种重在对被教育者价值内容的干预似乎超越了心理学的传统限定，因为价值观的具体内容及其正确性通常属于伦理学的研究范畴，如果心理教育也去关注价值内容，就很容易将心理教育活动思想政治教育化。虽然在心理教育中不可能完全杜绝价值内容的干预，但我们依然要持有这样的理念：在心理教育过程中应给予被教育者以最大的主动权和最大限度的自由，不应存有直接地或暗示性地迫使其接受某种价值的企图。[①] 从价值参与的角度来看，心理教育中的指导与帮助实际上是一个促进被教育者价值观形成与改变的过程，这其中要在维持价值尊重的基础上进行必要的价值澄清和价值导向。在此，我们依然认为，心理教育的价值干预离不开以价值内容作为载体，要谨慎选择和看待被教育者不同的价值观体系，我们也同意这样的观点，即"教育者不应当通过灌输和操纵的方式作价值的裁判"[②]，但价值导向并不等于价值灌输和价值操纵，应当是在尊重被教育者已有价值观的基础上，在充分调动被教育者价值选择能力的前提下，通过解释与指导，以价值内容的改变达到促进价值形式提升的目的。所以，心理教育中的价值导向不同于德育、伦理学中的价值引导，因为价值观从其存在方式上，可以划分为作为社会意识形态的价值观和作为个人意识的价值观[③]，前者是社会存在的

[①] 叶一舵. 论心理辅导与咨询中的"价值参与". 福建师范大学学报：哲学社会科学版，2001（4）：127.

[②] 樊富珉，王宏宇. 论心理辅导的哲学基础. 清华大学学报：哲学社会科学版，2000（5）：89.

[③] 高玉祥. 健全人格及其塑造. 北京：北京师范大学出版社，1997：124.

反映，是对人、事、物的价值认识的理论体系；而后者则是存在于个人头脑中的价值观，成为人的个性系统的一部分。心理教育关注的重点不是作为意识形态的价值观，那是伦理学、德育等学科探讨的内容，心理教育的侧重点是作为人的个性一部分的价值观，关注的是价值观形成过程的分析，以及对价值观结构与功能的认识。心理学的研究表明，价值观涉及认知、情感、行为三种心理成分的活动，三种成分的活动与人的头脑中已有的价值观念相联系，成为推动、制约、支配、调控生活方式的重要动力。因此，对价值观进行心理干预依然离不开对认知、情感与行为的调整和改变。但认知心理咨询理论显示，情感与行为问题均源自于不合理的信念，帮助被教育者认识自己的不合理信念，不仅需要指明其逻辑上的错误与荒谬，还要通过验证价值观念内容的正确与否，以改变被教育者的思想，挑战习惯化的认知方式，从而用合理信念代替不合理信念。

3. 解释与指导：心理教育中的价值干预方式

在心理教育过程中，价值尊重有利于良好师生关系的建立，能够创建出一种有效的心理教育的环境。价值澄清虽然可以发展起被教育者的价值选择、价值评价能力，有助于增强被教育者对社会变化的适应。两者都有助于被教育者的成长，但仅仅依靠这些，其成长的过程将是困难和缓慢的，况且我们也难以抛开价值内容来发展价值形式。如果在心理教育的过程中，教育者能够运用一定的价值观念和个人生活经验来影响被教育者，从而使其受益，则能加速、增进被教育者的发展与成熟。因此，心理教育不止是保持价值中立，同样也需要给予必要的价值影响。这样才能充分体现心理教育的人际相互作用与影响的过程特征。

心理教育中的价值干预可以采用解释与指导等具体方法来实行。

解释是一种最重要，也是最复杂的影响技巧，是指教育者运用某种心理教育理论或自身的经验或观察，描述、分析被教育者心理问题的实质、原因和发展过程。它给被教育者提供一种全新的角度，来认识心理困扰、面对生活环境、审视自身的认知、情感与行为，从而有助于被教育者的改变与成长。指导就是教育者直接告诉被教育者说某些话、做某件事或以某种方式行动，这是一种最具影响力的技巧。

为什么我们把解释和指导看做一种价值干预的方式？其原因在于解释和指导不是从被教育者自身的参考体系出发；而是为被教育者提供其自身情境之外的另一种参照体系，这种体系来自于教育者的经验与价值观念，或是来自于某一心理教育理论。例如，教育者由于其所依据的心理教育理论不同，可以对同一个心理问题作出极不相同的解释。心理分析理论会根据被教育者幼年的生活经验作出解释；行为主义理论则可能认为其心理问题是不适当的学习所致；而认知理论却强调认知结构的原因。指导也同样如此，即不同的心理教育理论有不同的指导行为。如心理分析理论会指导被教育者进行自由联想，"带着这种情绪进行联想，回想一下你儿童时代的经历……"，"保持这种情绪进行联想，请告诉我，你想到了些什么？"以帮助被教育者发现问题的根源；行为主义理论常指导被教育者进行行为训练，像系统脱敏法、行为塑造法、角色练习、放松训练等；认知理论则指导被教育者修正不合理的观念，如指导被教育者把"我应该……"改为"我希望……"，把"我不是块学习的材料"改为"上学期的考试成绩不理想"，把"这简直糟糕透了"改为"这比较糟糕"。通过具体指导其改变不良认知达到消除和克服不良情绪和行为反应的目的。不同的心理教育理论对同一问题会作出不同的解释与指导，

> 即教育者运用某一心理教育理论来描述学生的思想、情感和行为的原因、过程、实质等。

就会有不同的干预重点，而教育者自身的价值观念就将有意识地表现在心理教育的过程中。

但解释和指导不是简单的灌输，解释和指导的复杂性在于教育者能够创造性地运用，即根据被教育者的具体情况灵活运用，对其问题作出合理的分析、说明。这种能力除了教育者具有扎实的理论功底、必要的心理教育实践之外，还有赖于对被教育者情况的准确掌握，理论联系实际，使解释和指导能够具体、灵活、有真实感和说明力。

教育者根据自身的生活经验或社会主流的价值规范，对被教育者的心理问题作出解释和指导，在学校心理教育中也是常见的。不能说这种解释和指导不适当，关键问题是能使被教育者信服并有所获益。而做到这一点，就需要教育者的解释和指导深刻、透彻、独到。如果教育者只凭朴素的感觉，一般的生活常识，教条的价值准则，缺乏理论的高度，则解释和指导就会失之于肤浅、表面化。因为这种解释和指导的方式、角度、层次，往往是被教育者已经熟悉甚至拥有的，对其不可能具有影响的意义。这个问题是现实中影响学校心理教育效果的重要原因。

总之，应以让被教育者理解并相信为原则。遵循这一原则，教育者的解释和指导的时机要适当，解释和指导应建立在价值尊重的基础上，在被教育者已有一定的价值评价与价值选择能力的基础上进行，如此容易被理解和认同。解释和指导过早，则难以被领悟，因此，我们将价值导向定位于心理教育的后期，一则教育者需要详细、准确地了解情况，二则教育者了解情况的过程也是引导被教育者由浅入深地探索问题的过程，这个过程就为被教育者接受最后作出的解释和指导做好了心理准备，使得解释和指导的出现显得自然、必要，被教育者对解释和指导的理解与接纳也达到了水到渠成的效果。

综上所述，通过对心理教育作用过程的分析表明，同心理咨询过程一样，心理教育过程中的价值问题，其核心依然是如何对待和处理教育者与被教育者双方的价值观问题，并非不承认价值的存在，而是要小心处理双方各自拥有的价值观。教育者要对自己的价值观保持必要的警觉，避免对被教育者的价值观进行价值评判，更不能强迫被教育者接受自己的价值观念；同时，要尊重被教育者的价值观，承认被教育者拥有自己独特价值观的权利；赞同存在着社会主流的价值准则，并在价值尊重和价值澄清的基础上，进行必要的价值引导。

> 心理教育要引导人的心理发展，价值干预是无法避免的，心理教育作为整体教育的有机组成部分，在引导发展方面应当有一致的价值导向。

所以，心理教育的过程也可以看做一个价值互动的过程，是一个将"价值中立"与"价值干预"有效结合的过程。我们需要明确的是：在心理教育的过程中，纯粹的价值中立是不现实的，并与心理教育的"教育属性"相背离，但放弃价值中立也是不可取的，因为其同样有存在的必要性与必然性。因此，心理教育过程中的价值互动应当是"价值中立"与"价值干预"的协调整合，在心理教育过程的不同阶段，应体现出不同的价值处理策略。如果将心理教育过程分成初期、中期、后期三个阶段，则初期应遵循"价值尊重"的原则，中期应遵循"价值澄清"的原则，而后期则应遵循"价值引导"的原则。当然，这样的划分和规定并不是绝对的，实际上，价值尊重是贯穿于整个心理教育过程之中的，价值澄清有时也能起到价值引导的作用，所以做不同阶段的划分，不过是强调各个时期应有不同的侧重点，或者说，价值澄清、价值引导应以价值尊重为基础，价值引导应以价值澄清为前提。

结　语

价值与事实融合：心理教育学科发展的必然选择

　　作为一门正在形成与发展中的学科——心理教育，探讨其学科形成的走向，分析其学科建立的价值与基础，以及学科学方面的"是什么？"（研究对象问题），"为什么？"（研究的任务、意义问题），"怎么样？"（研究的方法问题）等问题，都是必要的、现实的研究课题。但随着对这些问题认识的不断延伸，不仅在心理教育研究中没有形成较为一致的理论范式和为大多数研究者认同的一致的实践模式，而且出现了内容庞杂、体系凌乱的局面。理论研究依然停留在表层问题的争论上，观点纷呈、莫衷一是；实践研究则更多局限在操作的层面上，表现出实用与功利的倾向，将心理教育仅仅看做一种方法，而没有看到心理教育更是一种新型的教育理念，是传统教育向现代教育转变的重要推动力量，是学校教育的基础与核心。这些现象预示着心理教育自身的理论建设需要更高层次的理论整合，这也成为制约心理教育学科形成与发展的核心议题。

　　超越现有研究现状的局限，则需要从更高的层面上去思考人，思考心理教育研究主体的特征，因为心理教育研究的是活生生的人，而非自然现象，或者说心理教育是一门关于人的学问。心理教育的一切工作都是围绕着对人的不同认识而展开的，对"人是什么？"这一古老问题的回答，则构成了心理教育学科形成与发展的逻辑起点。人是什么？不同学科有不同的研究视角，对于心理教育而言，"人是一个主题（Subject），又是一个对象"①。作为主题的人表达了心理教育应该具有本体论关切，即对人生态度、价值方向和道德理想的关切；作为对象的人则为心理教育提供了所把握的人的心理世界的客观存在状态。以此反观目前我国心理教育的现实：极力宣染心理教育与德育的差异，划清心理教育与德育的界限，将研究的重点放在以解决心理问题为重心的心理咨询方法上，以培养心理素质为重心的课程教学上，……类似的现象均反映出，目前研究的重点集中于把人作为对象的大量经验研究之中，反而忽视了对人的关切，特别是对作为主题的人的关切，没有能够系统地回答"人是什么"这个问题，研究的不是完整的心理教育现象。因此，心理教育应该研究既作为主题的人又作为对象的人，既需要研究心理教育中的事实问题，也不能忽视或回避心理教育中的价值问题。

> 价值与事实的融合，体现的是事实与价值维度整合的哲学观，在这一哲学观的引领之下，心理教育才能走出片面与偏执，迈向协调与和谐。

> 心理教育是"人的科学"，因此不能失去对人的主体性的关注。

人类认识所要揭示的问题有两大类，一类是回答"是什么"的事实问题，另一类是回答"应该如何"的价值问题，而事实问题与价值问题的区别成为实证科学和人文科学相区别的内在根据。作为实证科学的"心理学"更多关注的是事实问题，以发现心理事实的真相为目的，以获取心理形成与发展的规律为目标，主要接受知识论的指导；作为人文科学的"教育学"，虽然也思考事实问题，但最重要的任务是探索价值，不能用自然科学的方法加以分析，需要用价值哲学的方法论加以诠释。所以，心理学与教育学的主要区别之一，就是对价值的关注，而融合心理教育两大研究视域的核心就是理清心理教育中的价值问题，而

---

① 姚大志. 人的形象：心理学与道德哲学. 长春：吉林教育出版社，1999：3—4.

问题的关键则在于说明心理学视域下的心理教育中的价值蕴涵。

心理学视域下的心理教育是与心理学的理论分不开的。心理学科在自身的理论发展过程中，实际上已经看到了科学与信仰、事实与价值之间的断裂，看到了科学心理学拒斥价值研究的现实，马斯洛直接指出："我们时代的根本疾患是价值的沦丧……这种危险状况比历史上任何时候都严重。"[1] 究其原因，就在于价值研究始终未能进入科学心理学的视野，仅仅关注事实研究，一味坚持"价值无涉"的立场。因此，马斯洛认为，心理学必须介入价值研究，价值研究亦需纳入科学轨道，成为价值科学。使心理学在揭示人性奥秘的同时，也能够为人提供生活的意义与理想。但人本主义心理学在修正将自然科学的研究范式作为心理学方法论的唯一选择，重建被科学心理学消解的人的完整形象之时，却将目光局限在了人的生物性本能及其在现实社会中的成长上，将人对真、善、美等存在价值的追求均看做人的生物学秉性所固有的，没有看到或忽略了社会要求内化或道德灌输也是个体价值观形成的重要途径。所以，科学主义心理学和人本主义心理学都将人从其特殊的文化背景中抽取、抽象出来，认为行为和意识都与其内容，即它所产生的社会文化背景无关，社会文化的内容被视为偶然的、局部的，而心理过程则被看成本质的、普遍的了。而兼具"心理学"与"教育学"特点的心理教育，此时的应运而生，自然就要肩负起这一心理学自身发展的历史任务，事实与价值的融合是心理学理论自身的超越与完善，是心理教育学科发展的必然选择。

---

[1] 马斯洛. 人类价值新论. 沈阳：辽宁人民出版社，1988. 1.

心理教育是"心理"与"教育"的结合，但这一结合不是内容上的简单叠加，不是功能上的简单互补，它是一种重构与创新，是一种整合与超越，应当是"心理学"与"教育学"两大学科融合、孕育出的一个充满生机的新生命。它带有的"心理学"基因，使得"教育学"学科增加了一个直指人的心理机能，更具人性化教育特质的新成员；它带有的"教育学"基因，也使得"心理学"学科拥有了一个直接以提升心理成长为核心的新个体。这一新生命的身体中，不仅应当流动着心理学、教育学两大学科知识内容的血液，而且还应具有支撑两大学科方法、方法论的骨骼，因此，单纯内容上的输送与移植只会强化心理教育的躯壳，方法及方法论上的变革与创生，才会使心理教育具有自己的灵魂。

对心理教育中的价值问题的探索，主要是对心理学研究视域下心理教育研究的方法论的一种变革。西方的科学主义心理学，直接影响着心理学视域下心理教育的理论建构和实践方向，"科学化"是其最显著的特征，不能否认，坚持科学化是心理教育得以存在与发展的必要前提，而科学观的正确确立是心理教育需要进一步厘清的基本问题。西方主流心理学的科学观并不是所有心理学科共同的研究范式，也不是心理学研究唯一、终极的科学观。同时，科学的发展在不断昭示着一个事实：科学不是绝对的、终级的，科学也同样具有文化的相对性。随着后现代思潮的兴起，科学正在从决定论走向突现论，从还原论走向多元论，后现代的文化精神就在于反对实证科学对人文科学的侵吞，而提倡理论与研究方法与研究方法的多元化。① 由此不难看出，科学与人文正在发展的过程中走向融通，而其实质是事实与价值的融合。所以，坚持事实与价值的融合是心理教育顺应科学观发展潮流的必然选择。

事实与价值融合是心理教育学科发展的必然选择，但如何在这一科学观与方法论的引领下去建构心理教育的学科体系，仍然是一个待解之谜，本文只是对这一问题作了一个粗浅的尝试，尚属于提出问题的阶段，离真正破解这一问题还有很长的路需要走，作为一个充满生机的新学科，心理教育的未来令人向往、令人期待！

---

① 杨鑫辉等. 危机与转折：心理学的中国化问题研究. 哈尔滨：黑龙江人民出版社，2002：87.

主要参考书目

[1] [俄]维果茨基. 维果茨基教育论著选. 北京：人民教育出版社, 1994.

[2] [俄]维果茨基. 教育心理学. 杭州：浙江教育出版社, 2003.

[3] [奥]弗洛伊德. 精神分析引论. 北京：商务印书馆, 1984.

[4] [奥]弗洛伊德. 精神分析引论新编. 北京：商务印书馆, 1987.

[5] [奥]弗洛伊德. 论创造力和无意识. 北京：中国展望出版社, 1986.

[6] [德]李凯尔特. 文化科学与自然科学. 北京：商务印书馆, 1986.

[7] [法]笛卡尔. 第一哲学沉思集. 北京：商务印书馆, 1986.

[8] [法]卢梭. 爱弥尔：上卷. 北京：商务印书馆. 1978.

[9] [美]奥图. 人的潜能. 北京：世界图书出版公司, 1998.

[10] [美]杜威. 人的问题. 上海：上海人民出版社, 1965.

[11] [美]戈布尔. 第三思潮：马斯洛心理学. 上海：上海译文出版社, 1987.

[12] [美]路易斯·拉思斯. 价值与教学. 杭州：浙江教育出版社, 2003.

[13][美]马斯洛. 存在心理学探索. 昆明：云南人民出版社，1987.

[14][美]马斯洛. 人性能达的境界. 昆明：云南人民出版社，1987.

[15][美]马斯洛等. 动机与人格. 北京：华夏出版社，1987.

[16][美]马斯洛等. 人的潜能与价值. 北京：华夏出版社，1987.

[17][美]马斯洛主编. 人类价值新论. 石家庄：河北人民出版社，1988.

[18][美]奈尔纳. 心理学：适应环境的心灵. 台北：弘智文化事业有限公司（台湾），2000.

[19][美]斯金纳. 超越自由与尊严. 贵阳：贵州人民出版社，1988.

[20][瑞士]皮亚杰. 儿童的智慧起源. 北京：教育科学出版社，1990.

[21][瑞士]皮亚杰. 发生认识论原理. 北京：商务印书馆，1981.

[22][苏]巴克拉捷. 近代德国资产阶级哲学史纲要. 北京：中国社会科学出版社，1980.

[23][苏]列昂节夫. 活动　意识　个性. 上海：上海译文出版社，1980.

[24][英]维特根斯坦. 文化与价值. 北京：清华大学出版社，1987.

[25][英]休谟. 人性论. 北京：商务印书馆，1997.

[26]班华. 现代德育论. 合肥：安徽人民出版社，2001.

[27]班华. 心育论. 合肥：安徽教育出版社，1994.

[28]岑国桢，李正云. 学校心理干预的技术与应用. 桂林：广西教育出版社，1999.

[29]车文博. 人本主义心理学. 台北：东华书局（台湾），1998.

[30]车文博. 西方心理学史. 台北：东华书局（台湾），1996.

[31]车文博主编. 弗洛伊德主义论评. 长春：吉林教育出版社，1992.

[32]车文博主编. 心理咨询大百科全书. 杭州：浙江科学技术出版社，2001.

[33]陈会昌. 德育忧思录. 北京：华文出版社. 1999.

[34]陈家麟. 学校心理教育. 北京：教育科学出版社，1995.

[35]陈琦，刘儒德. 当代教育心理学. 北京：北京师范大学出版社，1997.

[36]陈学屏. 云五社会科学大辞典：心理学分册. 台北：中国台湾印书馆. 1979.

[37]陈仲庚，张雨新. 人格心理学. 沈阳：辽宁人民出版社，1986.

[38]邓明昱，郭念峰. 咨询心理学. 北京：中国科学技术出版社，1993.

[39]丁钢主编. 中国教育：研究与评论（第2辑）. 北京：教育科学出版社，2002.

[40]董纯才. 中国大百科全书：教育卷. 北京：中国大百科全书出版社，1985.

[41]董泽芳. 教育社会学. 武汉：华中师范大学出版社，1990.

[42]杜·舒尔茨. 现代心理学史. 北京：人民教育出版社，1981.

[43]冯平. 评价论. 北京：东方出版社，1995.

[44]冯忠良等. 教育心理学. 北京：人民教育出版

社．2000．

[45]傅统先，张文郁．教育哲学．济南：山东教育出版社，1986．

[46]高峰强．现代心理范式的困境与出路．北京：人民出版社，2001．

[47]高玉祥．健全人格及其塑造．北京：北京师范大学出版社，1997．

[48]葛鲁嘉．心理文化论要：中西心理学传统跨文化解析．沈阳：辽宁师范大学出版社，1995．

[49]郭占基，张世富．心理学教学参考资料选辑．北京：人民教育出版社，1988．

[50]哈里斯．我好！你好！．北京：光明日报出版社，1988．

[51]洪谦．逻辑经验主义．北京：商务印书馆，1984．

[52]黄济．教育哲学通论．太原：山西教育出版社，2000．

[53]贾晓波．中小学生心理健康教育概论．天津：天津教育出版社，1996．

[54]江光荣．人性的迷失与复归：罗杰斯的人本心理学．武汉：湖北教育出版社，2000．

[55]江光荣．心理咨询与治疗．合肥：安徽人民出版社，1995．

[56]康德．纯理性批判．北京：三联书店，1957．

[57]库恩．必要的张力．福州：福建人民出版社，1989．

[58]李超杰．理解生命．北京：中央编译出版社，1994．

[59]李得顺．价值论：一种主体性的研究．北京：中国人民大学出版社，1987．

[60]李德顺．价值论．北京：中国人民大学出版社，1987．

[61]李德顺．价值新论．北京：中国青年出版社，1993．

[62]李凯尔特. 文化科学与自然科学. 北京：商务印书馆，1982.

[63]李连科. 价值哲学引论. 北京：商务印书馆，1999.

[64]李其维. 破解智慧胚胎学之谜：皮亚杰的发生认识论. 武汉：湖北教育出版社，1999.

[65]李维. 人格整合. 杭州：浙江人民出版社，1998.

[66]廖其发. 先秦两汉人性论与教育思想研究. 重庆：重庆出版社，1999.

[67]林崇德等. 学校心理学. 北京：人民教育出版社，2000.

[68]林孟平. 辅导与心理治疗. 香港：商务印书馆（香港），1996.

[69]刘华山. 学校心理辅导. 合肥：安徽人民出版社，1998.

[70]刘翔平. 学校心理学. 北京：世界图书出版公司，2000.

[71]刘晓明. 中学生心理健康与心理咨询. 长春：东北师范大学出版社，1999.

[72]刘晓明等. 学校心理咨询模式. 长春：吉林大学出版社，2000.

[73]刘永富. 价值哲学的新视野. 北京：中国社会科学出版社，2002.

[74]罗炳之. 外国教育史（上）. 南京：江苏教育出版社，1984.

[75]罗素. 宗教与科学. 北京：商务印书馆，1982.

[76]马建青. 辅导人生：心理咨询学. 济南：山东教育出版社，1992.

[77]马克思. 资本论：第1卷. 北京：人民出版社，1975.

[78]马志政等. 哲学价值论纲要. 杭州：杭州大学出版社，1991.

[79]莫雷等. 中小学心理教育基本原理. 广州：暨南大学出版社，1997.

[80]墨菲. 现代心理学历史导引. 北京：商务印书馆，1980.

[81]欧阳谦. 20世纪西方人学思想导论. 北京：中国人民大学出版社，2002.

[82]潘菽. 意识：心理学的研究. 北京：商务印书馆，1998.

[83]彭运石. 走向生命的巅峰：马斯洛的人本心理学. 武汉：湖北教育出版社，1999.

[84]齐隆鲲编译. 咨询技术与策略. 台北：复文图书出版社，1987.

[85]钱铭怡. 心理咨询与心理治疗. 北京：北京大学出版社，1996.

[86]申荷永，高岚. 心理教育. 广州：暨南大学出版社，1995.

[87]沈贵鹏. 心理教育课程论. 徐州：中国矿业大学出版社，2001.

[88]舒新城. 中国近代教育史资料. 北京：人民教育出版社，1962.

[89]苏富忠，董操. 心理学的沉思：心理学基本理论的系统研究. 济南：济南出版社，2001.

[90]孙伟平. 事实与价值. 北京：中国社会科学出版社，2000.

[91]孙正聿. 哲学通论. 沈阳：辽宁人民出版社，1998.

[92]王克千. 价值是什么：价值哲学引论. 广州：中山大学出版社，1992.

[93]王坤庆. 精神与教育. 上海：上海教育出版社，2002.

[94]王坤庆. 现代教育哲学. 武汉：华中师范大学出版社，1996.

[95]王玉樑. 当代中国价值哲学. 北京：人民出版社，2004.

[96]王玉樑. 价值哲学. 西安：陕西人民出版社，1989.

[97]王玉樑. 价值哲学新探. 西安：陕西人民出版社，1993.

[98]魏庆安. 学校心理学概论. 北京：高等教育出版社，1997.

[99]沃建中. 中小学心理素质教育的探索. 北京：科学出版社，2000.

[100]邹昆，李建群. 价值哲学问题研究. 北京：中国社会科学出版社，2002.

[101]邹昆，李建群主编. 价值哲学问题研究. 北京：中国社会科学出版社，2002.

[102]吴武典. 辅导原理. 台北：心理出版社，1990.

[103]吴增强，沈之菲. 学校心理辅导研究. 上海：上海科学技术文献出版社，2000.

[104]夏正江. 教育理论哲学基础的反思：关于"人"的问题. 上海：上海教育出版社，2001.

[105]肖汉仕. 学校心理教育研究. 北京：科学出版社，2000.

[106]徐光兴. 临床心理学. 上海：上海教育出版社，2001.

[107]徐光兴. 学校心理学：心理辅导与咨询. 上海：华东师范大学出版社，2000.

[108]杨眉等. 大学生健康人格塑造. 北京：中国青年出

版社，1999.

[109]杨鑫辉. 危机与转折：心理学的中国化问题研究. 哈尔滨：黑龙江人民出版社，2002.

[110]杨鑫辉等. 危机与转折：心理学的中国化问题研究. 哈尔滨：黑龙江人民出版社，2002.

[111]姚大志. 人的形象：心理学与道德哲学. 长春：吉林教育出版社，1999.

[112]叶浩生等. 西方心理学的历史与体系. 北京：人民教育出版社，1998.

[113]叶澜. 教育概论. 北京：人民教育出版社，1991.

[114]于鲁文. 心理咨询导论. 北京：清华大学出版社，2000.

[115]袁贵仁. 价值学引论. 北京：北京师范大学出版社，1991.

[116]曾钊新，李建华. 道德心理学. 长沙：中南大学出版社，2002.

[117]张履祥，李学红等. 学校心理素质教育. 合肥：安徽大学出版社，2000.

[118]张述祖. 西方心理学家文选. 北京：人民教育出版社，1983.

[119]张一兵. 西方人学第五代. 上海：学林出版社，1991.

[120]郑和钧. 学校心育系统协同构建的理论与实践. 长沙：湖南师范大学出版社，2000.

[121]郑日昌，陈永胜. 学校心理咨询. 北京：人民教育出版社，1994.

[122]周辅成. 西方伦理学名著选辑：上卷. 北京：商务印书馆，1964.

[123]周冠生. 素质心理学. 上海：上海人民出版社，2000.

[124]周国韬. 教育心理学专论. 北京：中国审计出版社，1997.

[125]朱晓曼主编. 道德教育论丛：第2卷，南京：南京师范大学出版社，2002.

[126]白新欢. 心理哲学与哲学的心理维度. 理论与现代化，2004（3）.

[127]班华. 心育刍议. 教育研究，1991（5）.

[128]常丽. 论西方心理学的两种价值取向. 商丘师范学院学报，2004（4）.

[129]陈传林. 试论学校心理咨询的一些理论问题. 中国教育学刊，1996（4）.

[130]陈华. 心理咨询中价值干预的有关问题. 内蒙古师范大学学报：哲学社会科学版，2000（2）.

[131]陈建文，王滔. 关于社会适应的心理机制、结构与功能. 湖南师范大学教育科学学报，2003（4）.

[132]陈立. 平话心理科学向何处去. 心理科学，1997（5）.

[133]陈旭，张大均. 心理健康教育的整合模式探析. 教育研究，2002（1）.

[134]陈佑清. 教育促进学生发展的机制. 中国教育学刊，2001（6）.

[135]陈云恺. 人性教育与教育的人性化. 教育评论，2003（2）.

[136]陈中永. 论心理教育研究的社会意义. 心理学动态，1992（1）.

[137]陈中永. 心理教育学的未来发展. 内蒙古师范大学学报：哲学社会科学版，2002（4）.

[138]程利国. 建构主义心理疗法中的德育因素探析. 福建师范大学学报：哲学社会科学版，1998（4）.

[139]程利国. 论心理咨询的哲学方法论基础. 福建师范大学学报：哲学社会科学版, 2001 (4).

[140]程利国. 皮亚杰建构说在心理治疗中的临床价值. 心理发展与教育, 1996 (3).

[141]崔景贵. 我国学校心理教育的反思与发展. 中国教育学刊, 2003 (2).

[142]崔景贵. 我国学校心理教育的研究困境与变革. 教育研究, 2001 (5).

[143]崔景贵. 现代人性观与心理教育人性化. 教育研究, 2004 (7).

[144]崔景贵. 心理教育模式的建构与整合. 现代教育科学, 2004 (1).

[145]邓如陵. 人格整合：大学生心理健康教育的目标追求. 现代教育科学, 2004 (3).

[146]刁生富. 科学的价值中立与价值负载. 学术研究, 2001 (6).

[147]丁道群, 叶浩生. 人格：从本质论到社会建构论. 心理科学, 2002 (5).

[148]丁立平. 论心理健康教育的价值观干预. 现代大学教育, 2004 (1).

[149]杜彩芹等. 心理健康教育的学科性质与价值导向. 教育与职业, 2003 (11).

[150]樊富珉, 王宏宇. 论心理辅导的哲学基础. 清华大学学报：哲学社会科学版, 2000 (5).

[151]傅文弟. 当前中小学心理健康教育存在的问题及对策. 教育理论与实践, 2001 (8).

[152]高申春. 机能心理学历史形态剖析. 吉林大学社会科学学报, 1998 (5).

[153]高申春. 论美国心理学的机能主义精神. 吉林大学

社会科学学报，1996（3）.

[154]高伟."阐释"与拒绝：教育的话语权力．海南师范学院学报，1998（4）.

[155]葛操．教育的人性化与学生的心理健康．浙江海洋学院学报：人文科学版，2001（1）.

[156]耿志涛．心理健康教育理想：教育的一种哲学反思．连云港师范高等专科学校学报，2004（2）.

[157]郭本禹．重评斯顿夫的机能心理学．南京师范大学学报：社会科学版，2002（4）.

[158]郭永玉，陶宏斌．现代西方心理学的实证主义与现象学方法论之比较．华中师范大学学报：人文社科版，1999（6）.

[159]韩东屏．论价值定义困境及其出路．江汉论坛，1994（7）.

[160]郝翠荣，吴沁芳．价值取向与价值导向现实运行机制比较研究．山东理工大学学报：社会科学版，2002（4）.

[161]胡朝兵，王磊．人性与心理素质教育．教育实践与研究，2002（7）.

[162]胡颖峰．哲学价值范畴本质新探．江西财经大学学报，2001（2）.

[163]黄汀．实施心理教育要防止德育化倾向．中山大学学报论丛，2002（3）.

[164]黄辛隐．对学校心理教育的哲学解读．教育评论，2003（2）.

[165]贾林祥．论西方心理学的价值取向．南京师范大学学报：社会科学版，2000（3）.

[166]贾晓波．心理适应的本质与机制．天津师范大学学报：社会科学版，2001（1）.

[167]江光荣，林孟平．我国学校心理辅导模式探讨．教

育研究与实验，2000（2）.

[168]江光荣. 关于心理健康标准研究理论分析. 教育研究与实验，1996（3）.

[169]江光荣. 心理咨询中的价值干预. 心理学动态，2001（3）.

[170]江光荣等. 关于价值干预与价值中立的讨论（2）. 中国心理卫生杂志，2004（5）.

[171]蒋京川. 试论心理学研究困境. 三峡大学学报：人文社科版，2002（4）.

[172]孔红伟. 价值澄清理论在心理咨询中的作用. 枣庄师范专科学校学报，2000（3）.

[173]赖金良. 人道价值的概念及其意义. 天津社会科学，1997（3）.

[174]兰久富. 走出价值哲学的理论困境. 哲学动态，2004（7）.

[175]李炳全. 论科学主义心理学的困境与出路. 南京师范大学学报：社会科学版，2002（3）.

[176]李国榕. 评人本主义心理健康观. 中国心理卫生杂志，1988（6）.

[177]李洪卫. 事实与价值的分离与融通：艾耶尔与普特南的观点与启示. 燕山大学学报：哲学社会科学版，2004（2）.

[178]李家成. "学校教育价值取向"研究的反思. 南京师范大学学报：社会科学版，2003（5）.

[179]李建华，陈晚云. 意义性学习：人文知识内化的主体性动因. 现代大学教育，2003（3）.

[180]李建群. 关于价值研究若干问题的思考. 西安交通大学学报，2001（2）.

[181]李林. 心理健康教育中的若干概念的比较与辨析. 教育评论，2003（1）.

[182]李毅."以人为本"对教育发展的启示：罗杰斯的人本主义心理学理论与教育浅析. 三峡大学学报：人文社会科学版，2004（2）.

[183]李毅."以人文本"对教育发展的启示：罗杰斯的人本主义心理学理论与教育探索浅析. 三峡大学学报：人文社会科学版，2004（2）.

[184]梁次红. 论学校心理健康教育的实质. 湖北农学院学报，2003（6）.

[185]梁红. 心理学四大学派的内化观比较. 广西社会科学，2003（11）.

[186]廖娅晖. 试论21世纪视野下的中小学心理辅导. 成都中医药大学学报：教育科学版，2004（1）.

[187]林崇德，魏运华. 试论学校心理学的未来趋势. 教育研究，2001（7）.

[188]林崇德. 简论学校心理学的研究. 北京师范大学学报：社会科学版，1995（1）.

[189]林孟平. 中国的心理辅导与治疗迈向专业化之路. 教育研究与实验，1999（3）.

[190]林增学. 心理健康结构维度的研究概述及理论构想. 社会科学家，2000（6）.

[191]刘华山. 台湾心理辅导的理论与实践. 教育研究，1996（1）.

[192]刘华山. 心理健康概念与标准的再认识. 心理科学，2001（4）.

[193]刘化军. 事实与价值关系的探讨. 石河子大学学报：哲学社会科学版，2004（1）.

[194]刘金平. 心理素质的本质和结构新探. 河南师范大学学报：哲学社会科学版，2002（4）.

[195]刘启珍. 心理咨询与治疗发挥有效作用的心理机

制．湖北大学学报，1996（3）．

[196]刘胜江．哲学引导：一种不可或缺的心理治疗方法．重庆大学学报：社会科学版，2003（6）．

[197]刘宣文．心理健康标准与学校心理辅导．教育研究，1999（3）．

[198]鲁洁．实然与应然两重性：教育学的一种人性假设．华东师范大学学报：教育科学版，1998（4）．

[199]路瑞峰，蒋伟龙．对心理咨询过程中"价值中立"的认识．理论月刊，2002（8）．

[200]罗红．人文精神的现代复兴与学校心理健康教育．社会科学家，2003（9）．

[201]马建青．再论学校心理咨询与思想政治教育关系．浙江大学学报，1997（2）．

[202]孟建伟．试析科学教育与人文教育分离的根源：从科学观与人文观的角度看．教育研究，2004（1）．

[203]孟四清．我国中小学心理健康教育二十年回顾．天津市教科院学报，2003（5）．

[204]宁虹．重新理解教育．教育研究，2001（11）．

[205]欧阳华．析西方心理咨询中对价值问题的处理．镇江师范专科学校学报：社会科学版，1996（2）．

[206]潘艺林．论教育价值论的分裂与统一．教育理论与实践，2000（11）．

[207]彭运石．事实与价值的融合：马斯洛内在价值述评．求索，1999（1）．

[208]漆明龙．台港地区心理健康教育发展的历史与现状．川北教育学院学报，2002（2）．

[209]秦越存．价值评价的本质．学术交流，2002（2）．

[210]桑志芹等．关于价值干预与价值中立的讨论（1）．中国心理卫生杂志，2004（4）．

[211]沈贵鹏．试论心理教育目标的厘定．当代教育科学，2003（11）．

[212]沈贵鹏．西方心理教育思想的历史演进．教育理论与实践，2003（3）．

[213]石凤妍．从心理的文化建构看人类心理的文化本质．自然辩证法研究，1999（2）．

[214]石文山，陈家麟．学校心理健康教育中的几个基本概念辨析．教育科学研究，2004（1）．

[215]宋尚桂．对我国学校心理教育工作的思考．济南大学学报，2000（3）．

[216]宋尚桂．学校心理健康教育的本质属性与基本特点．济南大学学报，2002（1）．

[217]孙少平．香港中小学心理辅导的现状探析．华东师范大学学报：教育科学版，1997（4）．

[218]孙喜亭．教育价值问题再论．教育研究与实验，1988（1）．

[219]唐芳贵．心理教育简论．云南师范大学学报，2002（4）．

[220]唐平，汪强．异常心理病理机制的哲学思考．医学与哲学，2004（5）．

[221]唐平，汪强．从价值中立原则和灌输原则谈心理健康教育与德育．中小学心理健康教育，2004（1）．

[222]唐松林等．我们应该具备哪些教育观念．教育理论与实践，2003（4）．

[223]万增奎．价值澄清：德育建构的一种新思维．思想理论教育，2003（1）．

[224]王凡．东西方道德教育灌输法与价值澄清法之比较．佛山科学技术学院学报：社会科学版，2001（3）．

[225]王福兰．近十年我国心理健康教育研究综述．教育

理论与实践，2002（7）.

[226]王汉澜，马平．浅谈教育的价值．华东师范大学学报：教育科学版，1991（1）.

[227]王强．试论道德接受的主体心理机制．青海师专学报：教育科学版，2004（2）.

[228]王卫东．教育价值概念的历史考察与理论分析．北京师范大学学报：社会科学版，1996（2）.

[229]王希永．对心理教育的几个基本问题的认识．中国青年政治学院学报，2002（4）.

[230]王向华，颜晓丽．认知发展道德教育理论与价值澄清．安徽教育学院学报，2004（1）.

[231]王晓辰等．关于人的心理实质观几个理论问题的思考．龙岩师范专科学校学报，2003（1）.

[232]王聿泼．素质教育视野中的心理教育．江西社会科学，2003（9）.

[233]邬昆．天道价值与人道价值．与价值哲学相关的几个问题的探讨．社会科学辑刊，1999（5）.

[234]邬昆．一般价值哲学论纲．人文杂志，1997（2）.

[235]吴薇莉等．关于中小学心理咨询中价值干预与价值中立问题的讨论，中国心理卫生杂志，2004（6）.

[236]项传军等．论学校心理健康教育的实质与主要原则．广西教育学院学报，2001（2）.

[237]肖汉仕．论心理素质教育的目标构建及要求．中国教育学刊，1997（2）.

[238]肖昭理．论社会科学的价值中立性．河北广播电视大学学报，2002（4）.

[239]谢红仔．道德价值教育：德育与价值教育的整合．教育探索，2003（2）.

[240]辛志勇，金盛华．西方学校价值观教育方法的发展

及其启示. 比较教育研究, 2003 (4).

[241]熊卫等. 治疗师的价值观对治疗关系及治疗过程的影响. 中国心理卫生杂志, 2002 (6).

[242]徐学俊. 构建中小学心理辅导体系的研究. 教育研究, 2000 (12).

[243]许有云. 学校心理咨询工作中的价值问题. 江苏教育学院学报: 社会科学版, 2004 (2).

[244]薛晓阳. 价值中立与教育研究的学术立场. 教育科学, 2003 (4).

[245]荀振芳. 教育: 对生命本原的追问和超越: 雅斯贝尔斯什么是教育述评. 大学教育科学, 2004 (2).

[246]严由伟. 反映论心理本质观的几点思考. 赣南师范学院学报, 2001 (5).

[247]严由伟. 现代西方心理学实证主义内涵的再反思. 赣南师范学院学报: 社会科学版, 2002 (2).

[248]燕国材. 关于心理教育的几个问题. 江西教育科研, 1993 (2).

[249]燕国材. 论心理素质及其教育. 云梦学刊, 2000 (3).

[250]杨国荣. 自我与群体: 价值选择的历史走向. 社会科学, 1994 (5).

[251]杨宏飞. 我国中小学心理健康研究的回顾. 中国心理卫生杂志, 2001 (4).

[252]杨新华. 心理本质的社会文化理解. 社会心理科学, 2004 (3).

[253]姚本先. 当前学校心理健康教育的消极倾向及发展趋向. 中国教育学刊, 2000 (4).

[254]姚本先. 我国学校心理健康教育: 问题及对策. 中小学心理健康教育, 2001 (6).

[255]姚本先. 学校心理健康教育基本概念辨析. 课程·教材·教法, 2001 (6).

[256]姚本先. 学校心理健康教育论纲. 教育发展研究, 2001 (3).

[257]姚远峰. 论人性及其教育的价值导向. 教育理论与实践, 2002 (3).

[258]叶一舵. 论心理辅导与咨询中的"价值参与". 福建师范大学学报: 哲学社会科学版, 2001 (4).

[259]易莉. 西方德育"价值澄清法"之借鉴. 思想教育研究, 2004 (3).

[260]易秋霖. 科学事实的价值关联. 自然辩证法研究, 1995 (5).

[261]尹星凡. 价值的本质和本体. 学术研究, 2003 (4).

[262]余敦旺. 关于心理本质问题之我见. 池州师专学报, 1998 (4).

[263]余小茅. 试论心理学研究的人文视野. 心理科学, 2004 (3).

[264]俞国良. 中小学心理健康教育的进展. 教育情报参考, 2001 (3).

[265]俞少华, 张亚林. 我国大学生心理辅导现状. 中国心理卫生杂志, 2002 (2).

[266]张大均. 加强学校心理健康教育培养学生健全心理素质. 河北师范大学学报: 教育科学版, 2002 (1).

[267]张海钟, 马红霞. 学校教育的人性化及其实现. 教育评论, 2002 (2).

[268]张华夏. 科学本身不是价值中立的吗?. 自然辩证法研究, 1995 (7).

[269]张声远. 心理辅导的人性观. 国家高级行政学院学报, 2002 (4).

[270]赵冰洁. 对来访者中心疗法的"价值中立"的思考. 西南师范大学学报:人文社会科学版, 2003 (4).

[271]赵翠娥. 社会科学中的事实与价值问题. 山西教育学院学报, 2002 (3).

[272]赵风雪, 唐讯. 学校心理辅导新理念. 广州大学学报:社会科学版, 2002 (2).

[273]郑莉君. 中国心理健康教育的回顾与展望. 内蒙古师范大学学报:哲学社会科学版, 2000 (4).

[274]郑信军. 学校心理教育的几个基本问题. 温州师范学院学报:哲学社会科学版, 2002 (5).

[275]钟小石. 论科学的"价值中立"性. 江西社会科学, 2001 (3).

[276]周天梅. 知识内化的心理机制. 江西社会科学, 2004 (7).

[277]周燕. 关于我国小学生心理健康研究的几点思考. 教育研究与实验, 1995 (1).

[278]周燕. 析心理健康标准研究中存在的问题. 教育研究与实验, 1996 (4).

[279]周耀威, 徐钟庚. 当前学校心理健康教育的误区分析. 全球教育展望, 2001 (3).

[280]朱新秤. 进化与适应:心理实质新探. 中山大学学报:社会科学版, 2003 (5).

[281]佐斌. 中国传统文化中的心理健康观. 教育研究与实验, 1994 (1).

后　记

　　本书的初稿是我2005年6月在南京师范大学完成的博士后研究报告。2006年1月，该课题又申请成为全国教育科学"十五"规划重点项目。一直想进一步对这一内容加以深入的探讨，予以补充和完善，因此迟迟没有让这篇研究报告面世。也许是觉得自己的思考还很不成熟，总之，直到现在对这一课题的探讨依然不够深入，今天的心情也仍然像当初刚刚完成这篇研究报告时一样，没有一点轻松的感觉，反而越加惶恐不安，心存忐忑。

　　这是我第一次运用人文社会科学的方法进行的系统理论探讨，第一次进入"价值"的视野进行的思辨性研究，也是第一次从"心理学"转换到"教育学"的视角去分析和研究问题。从关注"事实"研究到关注"价值"研究，从"微观"研究到"宏观"研究，从"实证"研究到"理论"研究，近几年的时间里，似乎一直都被这种思维方式的转型、研究范式的转换折磨着，经历着思想的磨难与痛苦，感受着自己知识与能力的不足，体味着哲学、社会科学底蕴的空乏，在自己十多年的学术生涯里，从未如此强烈地体验过这种自卑感和学术压力。

　　为什么要从"心理学"学科领域转向"教育学"学科领域？经常会有人对我的这种选择感到不解和困惑，实际上，这既是由"心理教育"学科的性质决定的，也是自己研究内容的一种自然延伸，研究兴趣的自然拓展和研究志向的自然追寻。研究内容从心理咨询、心理辅导到心理教育，从矫正、预防到发展，研究兴趣从微观、可操作的层面到宏观的理论建构，研究志向从解决现实问题到期待形成中国的心理教育学科体系，这一发展轨迹自然需要心理教育的教育学关照，但自身教育理论修养的匮乏，教育科学方法论的欠缺，却与此形成了强烈的反差，就在迷茫与徘徊之际，是班华教授的文章、著作中的学术思想使我看到了中国心理教育的发展方向，看到了缩短这一研究落差的希冀。

非常荣幸能够拜班华教授为师，没有先生的帮助，我是难以完成这一研究的，从选择研究课题，到每一部分的精心指导，特别是适时的鼓励与肯定，让我一次次重新鼓起勇气，能够坚持地走下来。是先生的每一次指导和点拨，让自己真正经历了追寻学问的快乐。可以说，在与先生的交往中，感受到的不仅是长者的风范、智者的敏锐、师者的循循善诱，也在进行着自身精神成长的洗礼，由此我也开始逐渐领悟到：先生给予我的不仅仅是开启"心理教育"之门的钥匙，和先生的学习过程本身就是一个完整的心理教育的历程，先生用自己的知识、智慧和人格的力量让我的心理也"在路上"，感受着心理成长的乐趣！

这篇研究报告即将出版之时，于我而言，实际上对心理教育这一课题的理论探讨才刚刚开始，也许我的研究也像"心理教育"学科本身一样稚嫩、幼稚，但我会继续努力下去，努力去追寻中国的心理教育之道。

刘晓明